Manfred Dierks

ADOLF MUSCHG

Lebensrettende Phantasie

Manfred Dierks

ADOLF MUSCHG

LEBENSRETTENDE PHANTASIE

Ein biographisches Porträt

C.H.Beck

© Verlag C.H.Beck oHG, München 2014
Umschlaggestaltung: Anzinger | Wüschner | Rasp, München
Umschlagabbildung: Adolf Muschg, 1980
© B. Friedrich / ullstein bild 00974472
Satz: Fotosatz Amann, Memmingen
Druck und Bindung: CPI – Ebner & Spiegel, Ulm
Gedruckt auf säurefreiem, alterungsbeständigem Papier
(hergestellt aus chlorfrei gebleichtem Zellstoff)
Printed in Germany
ISBN 978-3-406-65962-1

www.beck.de

INHALT

VORWORT 9

I HERKUNFT
Nur die Schrift 1934–1950

Vater liest 11
Pietismus und Schriftstellersucht 21
Zuflucht vor der Schneiderlehre: Schiers 29
Im Mutterhaus: ein wenig Gottes Sohn 36
Das Ressentiment: aus Not schöpferisch 40
Wiedergeburt im Nein: *Le Pendu* 46

II LETZTE SCHULJAHRE UND STUDIUM
Weitere Urszenen 1950–1958

Anwältin des «Anderen»: Fanny Moser 51
Heimwehland: Japan und Zen 57
Das Studium: Emil Staiger, Karl Schmid,
        Max Wehrli 62
Urszenen der Seele: Griechenland und
        die Psychoanalyse 66
Urszene einer Bewährungshilfe: Tödliche Krankheit 70

III DER FAMILIENROMAN
Vater und Großer Bruder 1958–1959

Traumangebote: Prinz Georg und Prinz Karl 76
Die Künstlerfamilie: Du gehörst dazu! 81
Der stärkste Name: Vater 86
Unwillige Konkurrenz: der Große Bruder 89
Die Dissertation: der Vater, der Sohn
        und das Andere 97

IV AKADEMISCHE KARRIERE
Und ein plötzlicher Schreibfluss 1960–1969

Die Mutter ist glücklich 102
Japan: Experimente mit dem ganz Anderen 106
Göttingen: Universitätsassistent bei Walther Killy 112
Überlistung der Schreibblockade: der erste Roman 116
Cornell University, Ithaca/NY: Assistant Professor 119

V PROFESSOR UND SCHRIFTSTELLER
Dr. Albissers Grund 1970–1975

Zürich: die Professur, Geschriebenes
        und Ungeschriebenes 128
Therapieversuche: Was fällt dir dabei ein? 134
«Albissers Grund» (1974): Lektüre des Biographen 139
«Albissers Grund»: Wer ist Zerutt? 144
Kein Glück: Hermann Burger 152

VI RES PUBLICA UND HEIMATLAND
Le Pendu als Staatsbürger

Öffentliche Person 158
Res Publica: Pflicht und Schuldigkeit 161

VII AM AUSGANG DER MODERNE
Eine Poetik der Gegenwart 1976–1981

Ein Manifest: Fritz Zorns «Mars» 171
Krankheit als Metapher: Krebs 175
Ein psychologisches Zeitzeichen 178
Zürcher Narzissmus 180
Narzisstisches Selbstbild 189
Konservatismus und Zeitgeist:
           Das Zürcher Thomas-Mann-Archiv 195
Ausbildung der eigenen Statur 202
Hanna Muschg beginnt zu schreiben 205

VIII JAPAN UND *DAS ANDERE*
Zen und Meister Eckhart

Das ausgeschlossene Dritte 208
Klostergast 212
Japan und die deutsche Mystik 215
Transzendenz und Mystik:
           «Das Licht und der Schlüssel» 219

IX BETRIEB UND KLAUSUR
Der Rote Ritter 1982–1994

Literaturbetrieb und schwierige Texte 226
Neues Leben: Atsuko Kanto 229
Erziehungsroman eines Muttersohns 233
Die Muster und das Eigene: zur Erzähltradition 237
Unterkunft fürs eigene Leben 238

X FAMILIENSACHE THOMAS MANN
Das Doppelzüngige

Kein rettender Gedanke 244
Ambivalenz 247

XI PRÄSIDENT DER BERLINER AKADEMIE
Das Geisterhaus 2003–2005

Die Akademie 251
Ein Programm für eine Akademie 254
Reformversuche und Rücktritt 262

XII POLIS EUROPA UND SPÄTE ROMANE
Offene Kunstwerke 2005–2014

Zeit des Übergangs 264
Der Europa-Diskurs 265
Muschgs Europa 270
Späte Romane 275
Die drei Bücher «Sax» 276
Erzählteppich der Assoziation 281
Phantasie vom geretteten Selbst 284

ANHANG
Adolf Muschg über WOHNEN und SCHREIBEN

Zweihäusigkeit 285
Aspekte des Schreibens 288

Literaturverzeichnis 297
Dank 301
Bildnachweis 302
Vita 303
Personenverzeichnis 304

VORWORT

Dies biographische Porträt Adolf Muschgs ist vor dem Hintergrund einer Zeit- und Kulturgeschichte geschrieben, deren Erfahrung ich mit ihm geteilt habe. Seit den Siebzigerjahren erscheint mir der Schweizer Erzähler und Essayist Muschg als ein Autor, der die Bewusstseinslagen und kulturellen Veränderungen der Schweiz und der beiden Bundesrepubliken (und zunehmend auch Europas) am eindringlichsten reflektiert.

Auf diesem Wege hat sich auch seine Literatur verändert – von einem streng und raffiniert komponierten Japan-Roman (*Im Sommer des Hasen*, 1965) hin zu einem gelassenen Weben von erzählerischen Assoziationsteppichen (*Löwenstern*, 2012). Es ist der literarische Weg vom Ausgang der Moderne hinüber in die Spät- oder Postmoderne. Er spiegelt die Verfassung des modernen Subjekts, das ihn gegangen ist – gemeint sind damit sowohl die literarischen Subjekte in den Romanen wie aber auch das empirische Subjekt des Autors Adolf Muschg selber. Wo es notwendig war, folgt ihm dies Porträt deshalb auch in komplizierte Lebensumstände.

Die eigene Lebens- und Literaturerfahrung war für mich zu diesem Buch das wichtigste Erkenntnismittel. Ich habe meinen wissenschaftlichen Weg mit einer Arbeit über Thomas Mann begonnen. Als ich 1961 im Zürcher Thomas-Mann-Archiv erstmals dazu recherchierte, unterrichtete hundert Meter davon entfernt der Gymnasiallehrer Dr. Muschg deutsche Literatur. Es war das Jahr der endgültigen Beendigung der Nachkriegszeit durch den Mauerbau – im Mann-Archiv aber traten mir der Nationalsozialismus und der Zweite Weltkrieg als Wiedergänger vor Augen. Das war, in Schweizer Brechung, auch der zeitgeschichtliche Hintergrund Adolf Muschgs. Von solchen Ausgangspositionen her haben mich der Autor Adolf Muschg und sein seismografisches, sehr weltoffenes Werk über die Jahrzehnte fasziniert.

Manfred Dierks

Kursive bezeichnen Fachausdrücke, zeitgenössischen O-Ton oder Anführungen aus dem Werk Adolf Muschgs und vor allem Zitate aus Gesprächen mit ihm, deren Tondateien mir vorliegen. Um den Text nicht mit Anmerkungen zu übersäen, sind nur wichtige oder abgelegene Zitate nachgewiesen.

I   HERKUNFT
Nur die Schrift 1934–1950

Vater liest

Friedrich Adolf Muschg wurde am 13. Mai 1934 in Zollikon am rechten Ufer des Zürichsees geboren. Sein Vater, der Grundschullehrer Adolf Muschg, war da schon über sechzig und hatte die Mutter – eine Krankenschwester – in zweiter Ehe geheiratet. Zollikon liegt nicht weit von Zürich an der *Goldküste*, die so heißt, weil sie, nordöstlich gelegen, besonders viel Sonnenschein abbekommt. (Das gegenüberliegende Ufer, früh durch die eigenen Berge verschattet, heißt Pfnüsel- oder Schnupfenküste, weil es dort einige Grade kälter und feuchter ist. Es ist vorwiegend Gewerbegebiet.) Seit dem Ausgang des 19. Jahrhunderts bauten Zürichs begüterte Familien am rechten Seeufer ihre Villen, und *Goldküste* war bald keine Sonnenmetapher mehr, sondern meinte den hier versammelten Reichtum.

Der Grundschullehrer Adolf Muschg erhielt ein mäßiges Gehalt und zählte nicht zu den Alteingesessenen Zollikons. Er war das Kind von Kleinbauern aus dem Zürcher Oberland und hatte sich nur mit einem Stipendium das Lehrerstudium ermöglichen können. Eigentlich hatte er Pfarrer werden wollen. Sozial gehörte die Familie Muschg zum Zolliker Kleinbürgertum. Auch ihre streng pietistische Lebensführung passte dazu, der Lehrer Muschg war darin aufgewachsen, denn die Kleinbauern und Knechte, Seidenwirker und Garnspinner des Oberlandes bekannten sich zur Evangelisch-reformierten Kirche Zürichs. Deren Reformator Ulrich Zwingli hatte den Blickwinkel des einfachen Volkes in seine Lehre aufgenommen: als ein erneuertes Urchristentum in Schlichtheit, Strenge und Konzentration auf die *Schrift*. Als der Lehrer Muschg seine Stelle in Zollikon antrat, fand er hier dieselbe Glaubenstradition vor und zwar um einiges verschärft. Zollikon war eines der Zentren der europäischen Täuferbewegung gewesen, und Erinnerungsspuren an diese radikal Reformierten waren hier lange noch lebendig, so unter den Arbeitern der Textilindustrie. Der Lehrer Muschg hatte derart im traditionell frommen Kleinbürgertum ein Umfeld, in dem sein starres Religionsverständnis respektiert wurde. Und die Villenbewohner störten sich nicht daran.

Er mag der nicht seltene Fall gewesen sein, dass eine schwierige Persönlichkeit einen religiösen Charakterpanzer ausbildet, der sie stützt und rechtfertigt. Jemand, der mehrere hoch talentierte Kinder in die Welt gesetzt hat, wird auch selber nicht einfach gewesen sein. Denn Friedrich Adolf hatte aus des Vaters erster Ehe noch vier Geschwister, deren Mutter früh gestorben war – sie waren über drei Jahrzehnte älter als er. Der Halbbruder Walter lehrte als Professor in Basel. Er kam nur ganz selten in sein Elternhaus, und für den Vater war er längst der *Verlorene Sohn*, denn er hatte aufbegehrt gegen seine strenge Seelenzucht.

Seit der Lehrer pensioniert war, drehte sich das Familienleben fast nur noch um die *Schrift*. Am Morgen erhob er seine Stimme und las artikuliert und laut einen Bibel-Abschnitt, die Wörter drangen in jeden Raum. Irgendwann am Nachmittag schlug er das Buch wieder auf und rief nach seiner Frau – gemeinsam *nahmen* sie nun die Verse *durch*, die er ihr anwies. *Durchnehmen,* das war: vorlesen, artikuliert und laut; das Ge-

Die Eltern: Adolf Muschg (1872–1948) und Frieda, geb. Ernst (1898–1983)

lesene genau verstehen, auf Fragen antworten; das Verstandene schließlich auf seinen gottgewollten Sinn hin auslegen. (Die Frau des Lehrers, Friedrich Adolfs Mutter, seine zweite Frau, war sechsundzwanzig Jahre jünger als er und ließ sich leiten.) Einmal die Woche kam ein Trupp alter Männer, und man las die Schrift im *Kränzchen* – der Lehrer saß vor. Am Wochenende aber wurde Rechenschaft abgelegt. Wo hatte man gegen *die Gebote* verstoßen und warum? Wie war tätige Reue zu bewähren? Was demgegenüber hatte man in dieser Woche für Gott zu leisten vermocht? Jetzt war der Lehrer ein Richter, lobte und strafte.

Sola scriptura – das war das Herz aller Reformationen gewesen: Nur die Bibel ist die Glaubensautorität, nicht ihre Auslegungstradition in der Kirche. Nur ein Text und sein Leser – doch der Leser muss genau lesen können, begrifflich und historisch richtig, und der Text muss philologisch korrekt übersetzt

Mit dem Vater im Garten des Elternhauses (1938)

sein. Luther hatte für beides gesorgt – für einen guten Bibel-
text und für gute Leser – und Zwingli, mit der *Zürcher Bibel*,
auf seine etwas trockene Weise auch. Als er, recht früh, lesen
kann, bekommt Friedrich Adolf eine Kinderbibel (mit dem
adretten Jesus des Schnorr von Carolsfeld) und wird in die
tägliche Bibelarbeit einbezogen. Zu den Geschichten seiner
Kindheit werden so nicht die Märchen und Sagen, sondern

die großen biblischen Erzählungen. Denen fügt der Vater noch einige Apokryphen hinzu und erschreckt seinen kleinen Sohn mit dem Wüten der Seleukiden wider die Juden und mit *Aschmodai*, dem mörderischen Dämon im *Buch Tobias*.

Und natürlich gehört es hier unbedingt dazu: Der Lehrer schrieb auch selber. Gewiss verstand er das als Fortsetzung seines religiösen Lehrauftrags – als Aufsicht über die öffentliche Moral und Anmahnung ihrer allfälligen Korrektur. Viele Jahre war er Redaktor des *Zolliker Boten*, des Lokalblattes, und geißelte Missstände wie die Verbreitung des Lippenstiftes oder die Idee des Frauenstimmrechts. Im Krieg nahmen die Zolliker das hin, sie hatten andere Sorgen. Als die Goldküstenbewohner sich in den Vierzigerjahren aber wieder jenen Freiheiten und Annehmlichkeiten zuwandten, zu denen sie das Geld hatten, verdarb ihnen der Bußprediger die Stimmung, und sie setzten ihn als Redaktor ab. Doch er schrieb weiter. Er verstand sich nämlich noch auf ein anderes Genre, auf Erzählungen – er schrieb Novellen und Romane.

Es waren Erbauungsgeschichten, und sie folgten meist demselben Schema: Ein herausragender Mann, ein künstlerisches Genie etwa, kommt vom rechten Wege ab und strauchelt schon gefährlich, als ihn eine so schöne wie fromme Frau (gern eine Lehrerin) auffängt und ihm – mit Erfolg – das große Kunstwerk abverlangt. Das Erlösungsthema steht hier immer im Vordergrund, doch die Geschichten sind grundiert von Liebesverzicht und Verdrängung der Sexualität. Der Lehrer ist nur einen einzigen Roman an einen Verlag losgeworden, 1908 wird er gedruckt – doch die kürzeren Erbauungsfabeln nehmen die Zeitungen ganz gern. Man kennt den Verfasser allmählich, und Robert Walser beispielsweise bekommt 1927 persönlich Ursache, sich über den eifernden «Pfarrer Mutschkatnuss» zu ärgern: «Unbeugsame» hatten Walser wegen seiner Laschheit in Glaubensdingen gerüffelt, wobei sich Lehrer Muschg besonders hervorgetan hatte.*

Seinem Sohn sind dessen Produkte heute noch peinlich, und er kann ihnen nichts Vorgängerhaftes abgewinnen – allerdings schätzt er sie nur nach ihrem Kunstwert ein, und das ist hier zu viel oder zu wenig. Nimmt man ihn in den Blick, lohnt sich das durchaus, man bekommt zwei wichtige Einsichten. Einmal: Der schriftstellernde Lehrer Muschg gibt nicht auf, als sich für seine Romane kein Verlag mehr findet. Über viele Jahre setzt er sich täglich hin und füllt kartonierte Hefte mit seinen Geschichten, so kennen ihn die vier Halbgeschwister, und noch Friedrich Adolf erlebt ihn so. Ein Publikum findet er nicht, doch er schreibt weiter. Zum Schluss hat sich ein umfangreiches Œuvre handschriftlicher Romane und Novellen angesammelt und zeugt von einem kreativen Druck, für den die Begründung, nur erbauen und belehren zu wollen, einfach zu schwach ist – die Empfänger dafür fehlen ja. Es bleibt nur der Schluss, dass schon Friedrich Adolfs Vater jenen wunderbaren *Flow* beim Schreiben erlebt hat, jene Wahrnehmung, dass sich warm die Erde zum Ganzen verspinnt, und dass er das deshalb immer wieder gesucht hat. Er mag es für Frömmigkeit gehalten haben.

Eine zweite Einsicht: Natürlich wird der Vater als Lehrer und Schreiber zum Vorbild und die *Schrift* zum Monument. Auch wenn die interessanten Geschichten aus der Kinderbibel Friedrich Adolf wie der Katechismus abgefragt werden und dabei in Stücke gehen – es bleibt noch genug übrig von ihnen, um sie weiterzuträumen und ihre Wörter nachzusprechen. Und der Vater war zwar ein kleinlicher Moralist und Schriftpedant, doch er beschäftigte sich dabei zweifellos auch mit etwas unanfechtbar Sakralem. Friedrich Adolf hat

---

* Christoph Gellner: *Westöstlicher Brückenschlag. Literatur, Religion und Lebenskunst bei Adolf Muschg*, Zürich: Pano 2010, S. 123.

ihn gezeichnet (welches zwölfjährige Kind zeichnet andächtig seinen Vater als Leser?), und man sieht einen straffen alten Mann, der konzentriert einen Text aufnimmt: VATER LIEST steht darunter. Es ist eine sakrale Handlung. Irgendwann beginnt Friedrich Adolf, in des Vaters Geschichten zu lesen, und wenn die Zeitungen doch etwas davon gedruckt haben, sammelt er die eintreffenden Belege. Der einzige veröffentlichte Roman des Vaters ist gut sichtbar im Wohnzimmer ausgestellt – fester Karton, farbiger Titel. Friedrich Adolf liest immer wieder den Namen des Verfassers, es ist der eigene: Adolf Muschg. Mit zehn Jahren schreibt er dann schon selber, einen kleinen Reisebericht schickt er ein, und er wird von der Zeitung tatsächlich abgedruckt.

Die meisten Geschichten im späteren Werk Adolf Muschgs haben einen Subtext: die Klage um Liebe, Leib und Leben, zu denen die Kindheit ihm den Weg versperrt habe. Der verbietende Vater steht im Weg, die prüde Mutter und das unvergängliche Schuldbewusstsein, das beide ihrem Sohn eingepflanzt haben. Diese Klage im Subtext bedient sich zumeist der Sprache der Psychoanalyse, mit der die Familienverhältnisse gut erfasst werden konnten. Doch dies analytische Seelenmodell mit seinen klinischen Begründungen trifft zwar zu, verdeckt aber auch eine wirksame kulturelle Schicht: das psychologische Milieu, in dem Muschgs literarisches Werk wurzelt – das des Schweizer Pietismus.*

An einer der bekanntesten Erzählungen Muschgs *Der Zusenn oder das Heimat (1970)* lässt sich diese Motivschichtung gut erfassen: Ein verwitweter Bergbauer ist durch Armut gezwungen,

---

* Gemeint ist hier eine der Fortsetzungen des klassischen Pietismus, wie sie sich im 19. Jahrhundert als Erweckungsbewegung im Zürcher Oberland fand. In ihr wurde der Vater erzogen. Eine Familienanekdote – zwei radikal fromme alte Frauen renommierten ständig damit, dass bei ihnen «der Böhm jeden Tag komme» – zeigt auf die *Gichtelianer*, bei denen die Mystik Jakob Böhmes eine große Rolle spielte.

Das Elternhaus in der Rotfluhstraße in Zollikon bei Zürich.
Die Familie bewohnte drei Zimmer im 1. Stock.

mit seinen beiden Töchtern auf eine einsame Alp zu ziehen. Die älteste, schon verblühende, sehnt sich vergeblich nach einem Mann und entwickelt neurotische Symptome der Verdrängung. Der Vater, dem der erotische Verzicht ebenso nervlich zusetzt, erbarmt sich schließlich ihrer beider Not und schläft mit seiner Tochter. Es ergibt sich zwischen beiden eine prekäre «Ehe», in der sie aber besser leben können als zuvor – und das gilt bald für alle drei, als nämlich die jüngere Tochter aus Gründen der «Gerechtigkeit» einbezogen werden muss. Diese *Liebesgeschichte* hat die Form eines Geständnisbriefes – der nun wegen Inzests inhaftierte Vater schreibt an das Untersuchungsgericht und stellt die Vorgänge dar, wie er sie versteht. In seiner unbeholfenen Sprache erscheinen die Gegebenheiten unentwirrbar ineinander verhakt: die geschlechtliche Not, die heuchlerische Härte der Gesellschaft und der schuldhaft erworbene «Frieden». Es gibt Anspielungen auf die Bibel, doch auch sie sind *verkehrt* wie alles, was geschehen ist: Als der Bauer mit seiner Tochter nun wie Mann und Frau lebte, lag *ein Segen* auf dem Inzest, und Vieh und Hof gerieten wohl.

Diese Erzählung nach einer «wahren Begebenheit» ist 1970 entstanden und hat als Kontext die große Diskussion um Herbert Marcuses *Triebstruktur und Gesellschaft*. In ihr versuchte die 68er-Bewegung, Freuds Triebtheorie mit marxistischen Gesellschaftskonzepten zu vereinbaren – *Der Zusenn oder das Heimat* wurde vielfach als Beitrag dazu gelesen. Sicherlich war das auch richtig. Das *Lustprinzip* wird hier durch die Verhältnisse gerechtfertigt, sodass es produktiv (zum *Segen*) wird. Der aktuelle Erzählvorwurf von 1970 jedoch, die tatsächliche Begebenheit (als eine Zeitungsmeldung), bezog sich im Verfasser unbewusst zurück auf ein sehr viel älteres Muster als das Inzestschema der Psychoanalyse – nämlich auf die biblische Erzählung von Lot und seinen Töchtern (1. Mose 19): Lot flüchtet aus Sodom, zieht in die Berge und lebt mit seinen Töchtern in einer Höhle. Die Töchter aber glauben, sämtliche Männer seien im Feuerregen verdorben, und halten sich an ihren Vater. Sie machen ihn betrunken, legen sich nacheinander zu ihm und werden schwanger. *Lot und seine Töchter* ist ein alttestamentarisches Exempel auf das Inzest-Verbot, und der sexuelle Skandal mag sich Friedrich Adolf sogar im Protokolldeutsch der Zürcher Bibel eingeprägt haben. Die sinnenfeindliche Bibel der Reformierten lieferte deren Kindern mit dem Sündenkatalog ja zugleich auch die erotischen Phantasiemuster. Sie steigen auch im Erwachsenen noch auf, wenn die Gegenwart sie anspricht, und kleiden sich dann psychoanalytisch ein.

Im Wintersemester 1979/80 hält Adolf Muschg an der Frankfurter Universität Gastvorlesungen auf dem Suhrkamp-Lehrstuhl für Poetik. Das Thema hat er auf sich selbst zugeschnitten: *Literatur als Therapie?* Kann man durch Schreiben leben lernen? Natürlich nicht, sagt der daraus entstandene Essay und umkreist mit Ideen und schönen Worten diese Unmöglichkeit – bis er ihr am Ende doch eine Art Verheißung abgewinnt: *Kunst – oder Literatur – ist keine Therapie, aber sie*

macht Mut dazu, den Weg zur Therapie im Ganzen weiterzugehen.
Etwas undeutlich, zugegeben, aber genauer kann man es
wohl nicht sagen. Diese undeutliche Hoffnung aber erwächst
aus dem konkreten Boden einer Selbstanalyse, wie sie Muschg
vor diesen Frankfurter Vorlesungen so unvermittelt und un-
geschützt noch nicht unternommen hat. Er nutzt dabei das
gerade neu aufkommende psychoanalytische Persönlichkeits-
Konzept vom gestörten Narzissmus. Die Schweizer Psychoanalytikerin Alice Miller hatte es auf die Pädagogik übertragen
und irritierte mit ihrem Buch *Das Drama des begabten Kindes*
(1979) die europäische Mittelschicht, die es in vielen Überset-
zungen las. Narzissmus war in Millers Augen eine durchaus
positive psychische Besetzung des eigenen Selbst, doch gerade
bei begabten Kindern wurde er von den ehrgeizigen Eltern
manipuliert und damit «gestört». Das *begabte Kind* steht dann
unter doppeltem Druck: Es entwirft für sich ein übergroßes
Selbstbild (wie es ja offenkundig den Wünschen der Eltern
entspricht), und es unterdrückt zentrale eigene Wünsche (die
den Eltern nicht genehm sind). Miller entwirft ein Szenario,
das erstaunlich genau auf das Zolliker Milieu des Lehrers
Muschg passt.

Dieses Milieu aber kann beanspruchen, nicht allein mit
psychoanalytischer Begrifflichkeit verstanden zu werden – es
ist beispielsweise ein Unterschied, ob man nur von einem In-
zest-Tabu spricht oder auch der komplexeren Wirksamkeit
nachspürt, die eine Erzählung wie die von Lots Töchtern entwickeln kann. Adolf Muschg hat sie in einer klassischen pietistischen Lebenswelt kennengelernt, und von dort her hat er
auch 1980 die zwei zentralen Begriffe im *Literatur als Therapie?*-
Essay: *Schuld* und *schlechtes Gewissen*. Sie sind kulturell noch
ganz anders beschwert als nur durch den ödipalen Ursprung,
den die Psychoanalyse annimmt. In *Literatur als Therapie?*
treibt Muschg deshalb nicht nur psychoanalytische Introspektion, sondern auch protestantische Gewissenserforschung,

wie er sie früh an jedem Samstag geübt hat, wenn der Vater Gerichtstag hielt: Die ödipale Schuld war immer auch eine Schuldigkeit an Gott.

Pietismus und Schriftstellersucht

Man könnte als Vergleichsfall hier den Sohn des sächsischen Pfarrers Nietzsche heranziehen, der in einem Kapitel der *Genealogie der Moral (1887)* über *Schuld, schlechtes Gewissen und Verwandtes* das Eindringlichste gesagt hat. Doch Friedrich Nietzsche kam nicht aus kleinbürgerlichem Haus, und damit fehlt seinem Beispiel ein wesentliches soziales Element, das zum deutschen Pietismus dazugehört: der Drang, aufzusteigen. Karl Philipp Moritz (1756–1793), Sohn eines Hamelner Militärmusikers (später Professor in Berlin), und Ulrich Bräker (1735–1798), der Kleinbauernsohn im schweizerischen Toggenburg (er wird schriftstellern), sind hier zuständiger. Sie entwickeln zwangsläufig diesen Drang nach oben. Und sie sind auch für ein bestimmtes Medium begabt, das ihrer sozialen Schicht als einziges zum Aufstieg zur Verfügung steht: zur Schrift – sie lesen viel, und vor allem können sie selber interessant schreiben. Im achtzehnten Jahrhundert steigt die Literatur ja auf zum zentralen Ort eines «Raisonnements, in dem sich die Subjektivität kleinfamilial-bürgerlicher Herkunft mit sich selbst verständigt» (Habermas). Dies neue soziale Ansehen der Literatur verschränkt sich eigentümlich mit der pietistischen Hochschätzung der biblischen Literatur – auch auf die dichterische Schrift fällt jetzt sakraler Glanz.

Anton Reiser, der stark autobiographische Romanheld des Karl Philipp Moritz, erlebt den Moment, als er erstmals vor Publikum eigene Verse deklamiert, als *neue Epoche seines Lebens*. Seine Erhöhungsträume heften sich jetzt an *das Buch*. Es ist ihm *eine heilige und wichtige Sache,* und er denkt sich einen Autor wie *eine unter den Menschen wandelnde Gottheit.* Vom bäuerlichen Autodidakten Ulrich Bräker druckt der Zürcher Verleger Füssli einige Tagebücher und dann seine Lebensgeschichte *Der arme Mann im Tockenburg (1789)* – beides mit großem Erfolg. Bräker wird Mitglied einer gutbürgerlichen *Reformierten Moralischen Gesellschaft* und sieht sich durch seine *Authorschaft* sehr hervorgehoben. Beide Pietistenzöglinge erfahren, dass das Instrument einer frommen Lebensverengung – die *Schrift* – zugleich Werkzeug der Befreiung sein kann, wenn man selber schreibt.

Es ist erstaunlich, wie bald in diesem pietistischen Schreibmilieu auch die seelischen Komplikationen auftauchen, die sich dann in der bürgerlichen Literatur mit Autorschaft verbinden. Da ist die *Schreibsucht.* Ulrich Bräker setzt sich jeden Abend hin und führt zwanghaft Tagebuch, und danach skribbelt er unermüdlich noch dies und das. Nur zur Selbsterforschung? Oder um seine wirtschaftliche Misere zu vergessen? Nein, das Schreiben ist bei ihm schon eine Sucht an und für sich. Er könnte nie darauf verzichten: *Ich – nicht schreiben? Nicht schreiben, wann ich voll bin wie der Vollmond?* Und Bräker kennt den *Flow* bereits und preist ihn in fließenden Bildern: *Nicht schreiben – wann ich trunken bin von Strömen himmlischer Wollust – und's mir ist, ich greife mit Händ und Füßen lauter Himmelsgüter? Schwimme, im Paradis.* Auch der Anton Reiser des Karl Philipp Moritz erlebt die *Schriftstellersucht,* und doch ist das hier etwas ganz anderes, und vergeblich suchen wir bei ihm das Zeugnis der Schreibseligkeit, den *Flow.* Denn Anton erfährt als einer der ersten intellektuellen Aufsteiger eine neue Gefahr, die sich jetzt mit dem Schreiben verbindet: die Größenphantasie. Sie kann den *Flow* mächtig in Gang bringen – sie kann ihn unter anderen Umständen aber auch absolut blockieren.

Die Literatur stellt in diesem 18. Jahrhundert in ungleich

höherem Maße als zuvor Anerkennung, ja Ruhm in Aussicht. Sie ist nicht nur Mittel sozialer Emanzipation, sondern sie verspricht auch darüber hinaus eine direkte Realisierung des Tagtraums von der eigenen Grandiosität: als Autor. Seitdem die Literatur ein hohes bürgerliches Gut geworden ist, kann sie das. Und natürlich phantasieren besonders die Kinder aus dem pietistischen Kleinbürgerstand ganz enorm, um die Verzichte und Zwänge ihres Milieus zu überstehen. *Schriftsteller sein* – das war nun eine gängige Größenidee. Bei Anton Reiser taucht sie schon im neunten Lebensjahr auf, und mit einem Freund fasst er den Plan, dass sie dereinst zusammen ein Buch schreiben würden. Dem Ruhm, den es ihnen zweifellos eintragen würde, träumen sie fortan heftig entgegen. Viele Jahre später ist diese *Ruhmbegierde* immer noch nicht erloschen, doch jetzt ist Anton gefordert, die dafür nötige schriftstellerische Leistung auch zu erbringen. Nun aber, da er realisieren soll, was er geträumt hat, leidet er die schlimmsten Qualen: «Alles, was er niederschreiben wollte, löste sich in Rauch und Nebel auf, und das weiße Papier blieb unbeschrieben.» Anton Reiser hat eine Schreibblockade. Dies Phänomen ist nicht neu, schon Dante hat es beschrieben, doch erst die jungen Intellektuellen des 18. Jahrhunderts wie der Anton Reiser des Karl Philipp Moritz haben es richtig verstanden. Ein Hauptgrund für die Schreibblockade ist: Der Schreiber benutzt das Schreiben nur dazu, um äußeres Ansehen – Größe – zu gewinnen, doch er hat eigentlich keinen inneren Drang, einem bestimmten Inhalt eine besondere Form zu geben. Ihm fehlen Motiv und Talent – er hat eben keine *poetische Ader*. Oder aber, ein zweiter Grund: Motiv und Talent sind vorhanden, doch der Schreibwillige stellt so hohe Ansprüche an seinen Text, dass er vor ihnen unbewusst kapituliert.

Nun, Anton Reiser bescheidet sich und legt die *Schriftstellersucht* ab. Die reine *Ruhmbegierde* schafft noch kein Werk, erkennt er, wenn die *poetische Ader* fehlt. (Er wird Schauspieler, da kann er von der Poesie anderer leben.) Was aber, wenn Anton eine *poetische Ader* besessen hätte? Das *weiße Papier* hätte sich auch dann nicht ohne Weiteres beschreiben lassen, denn immer noch stünde das falsche Schreibmotiv im Vordergrund: die *Ruhmbegier*. Die Schreibblockade wäre wohl bestehen geblieben. Geradezu musterhaft zeigt sich das 1964 beim ersten Roman Adolf Muschgs *Im Sommer des Hasen*: Er soll sofort das *längst fällige Meisterwerk* werden. Seitdem er etwa zehn Jahre alt ist, schreibt Adolf Muschg ja nach dem Vorbild des Vaters. Vom Sechzehnjährigen existieren differenziert durchgearbeitete Roman-Entwürfe, die manchmal auch ausgeführt und mehrfach überarbeitet werden – etwa eine Geschichte um den Literaten Kallimachos im ptolemäischen Ägypten. Später geht Friedrich Adolf zu Lyrik über – Rilke ist sein Leitstern. Die *poetische Ader* ist also vorhanden.

Die Größenphantasie aber auch. Kann das überraschen? Es ist dieselbe Fluchtphantasie ins Grandiose, die auch den Anton Reiser beherrscht – im gleichen pietistischen Milieu entstanden, mit derselben Fixierung auf die Schrift. Sie zeigt sich als *Ruhmbegierde*. Nach den Regeln des Tagtraums überspringt sie dabei die dazugehörige Leistung. *Schon als Zehn-, erst recht als Zwanzigjährige*r, erinnert sich Muschg im *Therapie*-Essay, *wollte ich eigentlich gar nicht schreiben. Ich wollte Schriftsteller sein*. Vorsichtshalber – jetzt versteht man's – schreibt er als Zwanzigjähriger dann nur noch Gedichte, denn das ist keine richtige Schriftstellerei und stellt nicht die Größenphantasie auf die Probe. Die schlägt nämlich sofort zu, wenn er schriftstellert – sie will nicht durch ein mögliches Scheitern der Versuche infrage gestellt werden und blockiert ihn deshalb: Geformte Prosa darf ihm nicht gelingen. *Wenn ich gewöhnliche Sätze frei aneinander reihen sollte, verwickelten sie sich so unentwirrbar, dass ich in meiner Verzweiflung anfing, das Tischtuch zu beschreiben, auf dem* *mein Schreibpapier lag.* Die Schriftstellerei (und das meint immer: erzählende Dichtung) darf nicht gelingen – eine elegant und flüssig gehaltene Dissertation dagegen legt der Germanistikstudent Adolf Muschg 1959 hin, scheinbar mühelos.

1964 wird es dann ernst. Muschg nimmt sich einen Roman vor – *den* Roman: *Zu schreiben war augenblicklich und ohne Umschweife das längst fällige Meisterwerk, das alles klar machte.* Und, natürlich, es geht ihm wie Anton Reiser: Auf dem *weißen Papier* stehen am Ende nur *ein paar unansehnliche, durch- und durchgestrichene Zeilen* – sie können das längst fällige Meisterwerk nicht dementieren, denn sie haben es ja gar nicht erst begonnen. Dass Adolf Muschgs erster Roman – *Im Sommer des Hasen* – dann 1964/65 doch noch geschrieben wird und erscheint, ist ein späteres Kapitel für sich. Es hat mit sehr günstigen Umständen zu tun, die es der *poetischen Ader* erlauben, die *Ruhmbegierde* zu überlisten. Das Buch spielt im fernen Japan und soll vom *ganz Anderen* handeln, einem von der bisherigen Existenz Muschgs völlig Verschiedenen. Tut es das wirklich? Eine der beiden Kerngeschichten spielt zwischen dem in der Schweiz lebenden Konzernlenker Manuel Inauen und seinem nach Japan gereisten Werbechef namens Bischof. Bischof will sich aus seinem Beruf zurückziehen und hat einige Jungschriftsteller mit nach Japan genommen, um dort unter ihnen seinen Nachfolger als Werbechef des Unternehmens auszuwählen. Darüber berichtet er nun in einem langen Brief seinem in der Schweiz gebliebenen Konzerndirektor.

Dieser Brief hat nun einen persönlichen Unterton: Bischof wirbt sehnlich um die Zuwendung seines Chefs. Doch Manuel Inauen antwortet nicht, der Brief bleibt eine Einbahnstraße. Und übersetzt man sich die Eigennamen von Werber und Umworbenem, wird deutlich, welche Dimension hier mitspielt: (Im)manuel besagt hebräisch *Gott mit uns,* und

Kleiner Vaterlandsverteidiger (1939)

Bischof (Episkopos) ist der von ihm eingesetzte Hüter oder Aufseher über die jungen Schriftsteller, um die es in Japan geht. So gelesen, ist der Roman ein langer handschriftlicher Werbungsbrief Bischofs an den fernen, schweigenden Manuel – die Bitte um Gehör beim Vatergott. Im angeblich *ganz*

«Als Primarschüler, ca. 10 jährig, als sein erster Reisebericht in der Zeitung erschien» (Notiz der Mutter)

Anderen dieses Japan-Romans steigt damit die Urszene von Muschgs eigener pietistischer Kindheit auf, ein stummes Bild: VATER LIEST.

Solche Muster können den Kindern dieses Milieus nicht verloren gehen, und das heißt: Sie werden sie auch beim besten Willen nicht los. Sie kommen ja direkt aus der *Schrift* oder haben doch mit ihr zu tun oder mit Leuten, die auch unter ihrem Diktat gelebt haben. Im Dezember 1998 fand in Zürich am *Collegium Helveticum* ein Symposion zur Erinnerung an Ulrich Bräker statt. Es war überschrieben mit *Weil doch die Schreibsucht mich beherrscht.* Leiter des *Collegiums* war damals Adolf Muschg, der dann auch den Tagungsband mit einer privaten Kindheitserinnerung eingeführt hat: Die Zolliker Dreizimmerwohnung der Eltern erscheint in diesem Rückspiegel, die Wohnstube, die auch als Schreibzimmer diente, und der Bücherschrank, in dem ganz vornean ein schwarzbrauner Pappband mit Kunstlederrücken stand: *Lebensgeschichte und natürliche Abentheuer des Armen Mannes im Tockenburg von Ulrich Bräker.*

Das Buch kam von einer glaubensstarken Tante, Schwester der Mutter, die solche exemplarischen Lebensgeschichten zu verschenken pflegte. Friedrich Adolf beginnt schon als Zehnjähriger mit der Lektüre und macht es in den folgenden Jahren zu *seinem* Buch – obschon ihm der ungelenke, abgelegene Dialekt fremd ist. *Ich kannte keinen Menschen, der so redete, und doch war es meine Sprache wie noch keine andere.* Es war die Sprache der kleinbürgerlich-pietistischen Lebenswelt – ihrer Gedrücktheit und ihrer Schrecken. Sie zeigte, aber sie erläuterte nicht. Als Bräker beispielsweise an sein Mädchen kommt, hat sie ihn bald zum Tanz gebeten: «‹Uli! Führ du mich auch Eins herum!› Ich feuerroth erwiederte: ‹Ich kann's nicht, Aennchen! Gewiß, ich kann's nicht!›» Dieser Antwortsatz verselbstständigt sich für Friedrich Adolf. Er passt auch auf alles Andere, was sich da zwischen Uli und Ännchen abspielt: «‹Ich kann's nicht, Aennchen! Gewiß, ich kann's nicht.›» *Wort für Wort war das wahr* und beglaubigte Friedrich Adolf *die schauderhaften Dinge, die ich von außen, aber auch im Innern auf mich zukommen sah [...] Ich grübelte jahrelang über diesem prophetischen Text, in dem meine Schuldigkeit stand und über den ich niemanden zu befragen wagte. [...] Diese Armut, die sich vor der Lust fürchtete, die sie sich herausnahm: Das war ein Stück von mir.**

Zuflucht vor der Schneiderlehre: Schiers

Die Mutter hatte manchmal Anfälle von Depression, in denen ihre Kräfte für die häusliche Arbeit nicht mehr ausreichten. Man schonte sie dann, die gemeinsame Bibel-Lektüre fiel aus, sie ging erschöpft umher und klagte. Der Grund für ihre Verdunkelung war lange nicht bekannt, er hing wohl mit den Nerven zusammen. Doch 1945 fand er sich. Die Mutter Frieda Muschgs war gestorben, und sie hatte sie nicht begraben lassen, sondern, wie schon lange durchaus üblich, ins Krematorium gegeben – nur ihre Urne wurde beigesetzt. Es war eine Nachbarin, die Frieda auf ihre schwere Verfehlung aufmerksam machte: Sie hatte die leibliche Auferstehung ihrer Mutter verhindert und ihr die ewige Verdammnis eingebrockt. Und im Übrigen war Feuerbestattung eine Sache der Freidenker und der Sozialdemokraten.

Etwas in Frieda Muschgs Seele griff sich bereitwillig diesen Vorwurf und machte ein tiefes Schuldbewusstsein daraus. Die Depression hatte jetzt eine Begründung gefunden, die jedermann verstehen musste. Eine Folge war eine Verschlimmerung der Krankheit – die Depression war nun Schuldbewusstsein und Buße zugleich. Einmal, Friedrich Adolf war zwölf, kam er aus der Schule, und die Mutter schlief immer noch. Eine geleerte Tablettenschachtel zeigte an, warum. Der vom Vater benachrichtigte Hausarzt hatte schon einen Kran-

---

* Adolf Muschg in: Alfred Messerli (Hg): *Schreibsucht: autobiografische Schriften des Pietisten Ulrich Bräker (1735–1798)*, Göttingen: Vandenhoeck & Ruprecht 2004, S. 11.

kenwagen bestellt. Im Hospital wurde ihr der Magen ausge-
pumpt, und sie kam nach einigen Tagen wieder nach Haus.
(Der Vorfall wurde in der Familie nie beredet.) Es wurden
Klinikaufenthalte nötig. Eigentlich wäre das *Burghölzli* die
zuständige Klinik gewesen – das durch die Psychiater Eugen
Bleuler und C. G. Jung hochrenommierte Kantonskranken-
haus über Zürich –, doch scheute man den Makel. Ein Aufenthalt im *Burghölzli* bedeutete so viel wie geisteskrank sein. Die
christlich-philanthropische Heilstätte Hohenegg bei Meilen,
spezialisiert auf *Gemütskrankheiten*, nahm Frieda Muschg auf
und in der Folge immer wieder und immer länger.

Ein Problem wurde die Diagnose. Versündigung und
Schuldbewusstsein passten gut ins Milieu, das fanden auch die
Ärzte und suchten nicht weiter. Doch bemerkenswerterweise
machte hier der Lehrer Muschg nicht mit – er sah in der Feuerbestattung keine Versündigung, die für eine Bußdepression
ausreichte, und hielt die psychiatrische Diagnose für falsch,
was sie wohl auch war. So versuchte er, seiner Frau ihr schlechtes Gewissen auszureden. Doch sie war nicht davon abzu-
bringen. Sie kämpfte um ihre Schuld, offenbar hatte sie sie
nötig. Es kam zu furchtbaren Auftritten mit ihrem Mann,
wenn er ihr die Diagnose entwinden wollte – einmal lief sie
mit dem Messer hinter ihm her. Ihre Schwester, die manchmal zu Besuch kam, ließ sich anstecken. Sie war Gemeinde-
schwester in einem Dorf am Bodensee, alleinstehend, fromm
und erzählte vorwiegend von ihren Pflegefällen, den Kranken
mit stechendem Dauerschmerz und den Todeskandidaten.
Zum Sündenthema leistete sie ihren eigenen Beitrag: Sie
erinnerte ihre Schwester daran, dass ihr Vater sich an seinen
Kindern zu vergehen pflegte. Die stritt das ab und hielt sich
die Ohren zu. Aber die andere blieb dabei und benannte die
Umstände. Da schrie Frieda Muschg, laut und lang gezogen –
wie ein Tier, fand ihr Sohn.

Der Lehrer Muschg kam mit der Situation nicht mehr

zurecht. Er war jetzt weit über siebzig, hatte – darüber war er sich mit seiner Frau von Anfang an einig gewesen – auf ein ruhiges und umsorgtes Alter gesetzt und sah nun seine Familie in Auflösung. Friedrich Adolf besuchte 1948 im zweiten Jahr das kantonale Literargymnasium in Zürich, als sein Vater einen rapide wachsenden Darmkrebs entwickelte und bald starb. Der Kassensturz, den der Wechsel von seiner Pension zur schmaleren Witwenrente der Mutter nötig machte, ergab, dass die Familie hoch verschuldet war. Das lag vor allem an den Klinikkosten, die die Schwermut Frieda Muschgs verursacht hatte. Denn im Vertrauen auf Gottes rechte Fügung hatte der Lehrer Muschg nach der Heirat die Krankenversicherung seiner Frau gekündigt. Zur Beerdigung kamen die Halbgeschwister – Elsa, die energische Jugendbuchautorin, die in Zürich mit einer Tanzmeisterin zusammenlebte; Hedwig, pensionierte Volksschullehrerin in einer Seegemeinde, nervös und oft krank; Hans, der anthroposophische Steinmetz und Bildhauer; schließlich Walter, angesehener Literaturprofessor an der Universität Basel, den der Vater exkommuniziert hatte.

Sie bildeten einen Familienrat, der über das weitere Schicksal ihres Halbbruders befinden sollte. Zwei Tatsachen wollten berücksichtigt werden – einmal: Friedrich Adolf war offensichtlich recht begabt und ein guter Schüler, sein Talent zur Literatur war überdies kaum noch mit frühreif, sondern geradezu als *monströs* zu bezeichnen. Zum anderen aber waren da die hohen Schulden. Mutter und Sohn waren, bis auf die Witwenpension, jetzt mittellos, und das Gymnasium einfach nicht länger bezahlbar. Eine Übersiedlung des Halbbruders ins Waisenhaus wurde erörtert. Schwester Elsa schlug eine Schneiderlehre vor. Walter Muschg dachte ähnlich: Was das Bürschchen jetzt wirklich brauche, sei angesichts der Lage *statt Bildung eine Ausbildung*. An einen eigenen Beitrag zu den Bildungskosten Friedrich Adolfs zu denken, hatten die Halbgeschwister wenig Ursache: Als der Vater seine zweite Ehe mit Frieda Muschg einging, hatte er seine Kinder zugunsten seiner jungen Frau enterbt. Dem Sohn dieser Frau fühlte man sich jedenfalls finanziell nicht verpflichtet.

Der hatte aber schließlich Glück. Die Muschgs waren mit einem Nachbarn gut bekannt, Hans Pallmann, der Professor an der Eidgenössischen Technischen Hochschule Zürich war und dort eine bedeutende Rolle spielte – er wurde bald Rektor und später auch Schulratspräsident der ETH. Pallmann konnte die Fähigkeiten des Lehrersohns einschätzen und nahm ihn für ein halbes Jahr – die Mutter war wieder in der Klinik – in seine Familie auf. Dann besorgte er ihm ein Stipendium für das evangelische Mittelschulinternat Schiers in Graubünden. Im Herbst 1948 setzt sich ein Onkel mit ihm in den Zug und liefert ihn dort ab. Erst einmal muss er eine Aufnahmeprüfung bestehen. Er überlegt sich ernsthaft, sie absichtlich zu verpatzen – denn er hat Heimweh nach dem bedrückenden Elternhaus. Es ist in der Tat ein Problem: Er kann sich nicht trennen. Der Vater ist zu früh gestorben. Halbbruder Walter, den der Lehrer und Sittenrichter ähnlich eingezwängt und schuldig gesprochen hatte, fand als Student die Kraft, sich aufzulehnen. Er wurde verstoßen, und seitdem war er selbstständig. Dem vierzehnjährigen Friedrich Adolf war eine solch radikale Auseinandersetzung natürlich noch nicht möglich gewesen, und er wird sie mit dem Toten später nur schwer und zögerlich vollziehen. Ihm fehlt dann der erwachsene Blick auf einen lebenden Vater.

Schiers ist ein Dorf im Kanton Graubünden, im Bezirk Prättigau, eine halbe Stunde mit der Rhätischen Bahn von Davos entfernt. Es ist Mittelpunkt einer kleinen Talgemeinde und liegt am Fluss Landquart. Schiers hat ziemlich früh die Reformation angenommen, St. Johann, ein spätgotischer Saalbau, ist heute noch die Mutterkirche des Prättigaus. Die *Evangelische Mittelschule* (mit Langzeitgymnasium) wurde als christliches Lehrerseminar im frühen 19. Jahrhundert gegründet und legte sich später auch ein gymnasiales Internat zu. Das Ausbildungsniveau war achtbar, und allein mit dem Stamm streng reformierter Lehrer hätte man es nicht unterhalten können – so unterrichtete hier zeitweise auch mancher Dozent, der eine wissenschaftliche Laufbahn im Auge hatte. Adolf Muschg hatte beispielsweise Deutschunterricht bei Kurt Ruh, dem später hochrenommierten Mediävisten und Mystikforscher. – Bis Zürich sind es von Schiers 120 Kilometer.

Schiers war angesehen, spielte aber nicht die Eliteschule. Für viele war es nur die Vorstufe für ein Volksschullehrerstudium. Elemente der Landschulbewegung und der Reformpädagogik waren in den Schulbetrieb längst integriert – man verwaltete sich teilweise selbst, hatte einen Hausvorstand, trieb alpinen Sport. Oberstes Erziehungsziel aber war eine Lebensführung in *christlicher Werthaltung*. Adolf Muschg blieb hier bis zu seinem 16. Lebensjahr.

Zu berichten wären nun zwei klassische Internatsjahre – mit allen neuen und förderlichen Erfahrungen, die sie bereithalten, mit Verwirrungen natürlich und Angstträumen, die sich festsetzen. Diese Jahre aber entziehen sich unserer Berichterstattung – ihr Medium wäre besser der Roman. Dafür wurden oben Ort und Umgebung geschildert, innerhalb deren sie verlaufen sind. Das Wichtigste wie bei jedermann sind jetzt die Urszenen, die sich für Friedrich Adolf ereignen: die erotischen (eine Schlittenfahrt mit der hinreißenden Schwester eines Junglehrers), ungerechte Strafen (als Gartenarbeit), die Entdeckung eines verpönten schwarzmagischen Bereichs (Spuk) ... Ein Mitschüler hat sich einen erotischen Übergriff zuschulden kommen lassen. (Was genau, wird nicht gesagt.) Er muss sofort den Koffer packen, seine erschütterten Eltern holen ihn noch am selben Tag ab. Der Direktor steht vor der Generalversammlung und schildert das Entsetzliche mit verklemmten Umschreibungen, die es kaum fassbar, doch unauslöschlich ahnbar machen. Die Ansprache ist als Abschreckung gemeint. Sexualität, Friedrich Adolf weiß es längst, ist mit Schuld und Schrecken verbunden.

In den zwei Internatsjahren ereignet sich nichts Katastrophales und doch allerhand Gutes, wie: Friedrich Adolf darf die Bibliothek registrieren. Er ist erst vierzehn, aber das wird ihm schon zugetraut. Die Mutter ist stolz, denn der Direktor hat das Besondere an ihrem Sohn erkannt. Und der Sohn bekommt es das erste Mal beglaubigt, dass jedenfalls die Bücher seine Sache sind. Er hat in Schiers durchaus viel dazugewonnen. Doch noch heute hat Muschg einen Groll auf diese Zeit: Sie hat ihn von zu Hause ferngehalten, aus der Familie gerissen. Hier vertauschen sich natürlich Ursache und Wirkung. Familie und Elternhaus waren schließlich aufgelöst und Schiers eine recht passable Zuflucht vor der Schneiderlehre. Doch diese zwei Landschuljahre unterliegen fortan dem Ressentiment: *Exil* nennt sie Muschg, *Verbannung*.

Es sind aber auch Jahre der Pubertät, und so wird Schiers zum Ort, an dem die neuen erotischen Phantasien erscheinen und zu dauerhaften Bildern werden. Heute kommen sie als Erinnerung zurück und tauchen nun auch in dem Medium auf, das ihnen zusteht – in Adolf Muschgs Romanen. So geistern sie durch *Sax* (2010): Hubert Achermann, Zürcher Rechtsanwalt, durchstößt im Jahr 2011 die Zeitschranke zurück ins sechzehnte Jahrhundert. Im Dorf Salez, unterhalb der verfallenen Burg derer von Hohensax, trifft er auf einen maliziösen Intellektuellen (Gregor, er könnte sein Bruder sein), der ihn zu einer Reise einlädt. Sie rasen davon wie auf Mephistos Mantel und gelangen bei Nacht in die Bündner Herrschaft, wo sie ein Sträßchen ins Gebirge nehmen. Nach einer lebensgefährlichen Bergfahrt landen sie vor einem Herrensitz mit schwarz und orange geflammten Läden. «Das ist Aspermunt», sagt der Begleiter zu Achermann. Die Tür steht offen, sie betreten eine Diele, die an den Eingang zu einem Bergwerk erinnert …

Es ist auch der Eingang zu einer seelischen Unterwelt, in der sich nun wie im psychoanalytischen Traumtheater bizarre Szenen um den Inzest, um frühe anale und urogenitale Lüste, um die Vagina als Weltenquelle und um den Tod abspielen. Das eigentliche Thema aber ist *Blasphemie*. Die Hure sieht der Gottesmutter ähnlich, der *Cunnilingus* wird zur Andacht. Hubert Achermann, der eigentlich hätte Priester werden sollen, feiert mit «Gregor» eine schwarze Messe:

Achermann löste Adrianas Arme, fiel auf die Knie, umfaßte ihre Hüften, preßte das Gesicht gegen ihren Schoß und verschloß die Quelle mit den Lippen. Was in seinen Mund floß, war Meerwasser mit dem Geschmack von Salz, Muscheln und Tang. Er schluckte mit Andacht, dann trocknete er, immer noch kniend, zuerst Adrianas Schoß, dann seine Lippen und richtete sich auf.

Stell den Kelch zurück, wohin er gehört, sagte er in schroffem Ton, und als Gregor zauderte, packte er ihn beim Kragen und schüttelte ihn. – Benimm dich, du Teufel.

Was soll das? zischte Gregor.

Weißt du nicht, wie man mit einem Andenken umgeht? sagte [Achermann], und zu Adriana: Steh auf und wandle.

Sucht man die Burg Aspermunt auf der schweizer Landkarte, entdeckt man sie etwa zehn Kilometer von Schiers. Sie war das Ziel von Klassenausflügen und Gegenstand mancher Phantasien Friedrich Adolfs gewesen. Im Roman *Sax* von 2010 öffnet sich hier der Zeitschacht auf die Internatsjahre, und es steigen die *Andenken* auf. Der Roman weiß jetzt, spät, *wie man mit ihnen umgeht* – man holt an ihnen das damals Versäumte nach: Früheste kindliche Erotik – orale, anale –, spätere ausgiebige Sexualphantasien werden dann vom *Anathema* befreit, mit dem der Vater und die *Schrift* sie belegt haben, und in einer Art Gottesdienst realisiert und anerkannt. Gregor, der Teufel, macht verkniffen mit. Wer will, kann manches aus dem Regelwerk der Freudschen Traumdeutung erkennen – hier schieben sich *Es* und *Über-Ich* zu surrealen Bildern ineinander. Ist das die spät geglückte Befreiung aus der pietistischen Seelenzucht? Eines macht daran skeptisch: Diese späten Blasphemien sind drastisch, aber nicht reizvoll, sie holen keine rechte Lust nach, und sie haben einen Grundzug: Sie sind grotesk. Adriana, die Unfigur im blauen Muttergottesmantel, zeigt das am deutlichsten an: Die Lust wird jetzt durch Komik abgewehrt.

Im Mutterhaus: ein wenig Gottes Sohn

Frieda Muschg stammte aus der Ostschweiz. Der Vater hatte als Bahnwärter begonnen und war zäh zum Bahnmeister aufgestiegen. Ihre ältere Schwester, die robuste Gemeindepflegerin vom Bodensee, verriet Frieda irgendwann ein weiteres Familiengeheimnis: Die Mutter, vernachlässigt, hatte die junge Ehe gebrochen, und nicht alle Kinder waren wohl vom Vater.

Der Drang, aufzusteigen: Bahnmeister Ernst ließ seine Töchter etwas werden – Frieda besuchte die angesehene Schwesternschule *Lindenhof* in Bern und bekam hier ihr Diplom. In ihren Zwanzigern nahm sie Stellungen als Gouvernante in französischen und englischen Familien an – sie sprach und schrieb die Sprachen ihrer Arbeitgeber nach einiger Zeit fließend. Mit dreißig ging sie als Pflegerin in die Schweiz zurück, und 1933 machte ihr der verwitwete, soviel ältere Primarschullehrer den Antrag – sie nahm ihn an, weil sie ein Kind wollte. Als es kam, unterwarf sie sich im Gegenzug dem biblisch-patriarchalen Regiment, das der Lehrer im Haus aufrichtete, und war von der eigenen Frömmigkeit bald völlig überzeugt. (Der Sohn bezweifelt sie im Nachhinein und hat sie gegen das Lebensende Frieda Muschgs bei ihr nicht mehr vorgefunden.) Sie hatte wenig innere Gründe, sich auf die sinnlichen Angebote des Lebens einzulassen, und vor der Sexualität hatte sie Angst. Ihr Sohn erfuhr nicht nur vom Vater, sondern auch von ihr, was sich mit der Lust am Fleische notwendig verband: Schuld und Schrecken.

Ihr Lebensprojekt wurde dieser Sohn. Der eigene, nicht recht erfüllte, Drang, aufzusteigen, ersah den Sohn zum Nachfolger, dem das schier Unerhörte glücken musste. (Sie hat das Unerhörte dann auch noch erlebt: Er wurde Professor.) Vermutlich wurde auch schon früh erkennbar, dass Friedrich Adolf dazu in hohem Grade taugte – so intelligent und so anleitbar. Was hier beginnt, hat die schon zitierte Psychoanalytikerin Alice Miller später als *Drama des begabten Kindes* beschrieben. Es besteht darin, dass das Kind schon früh ein Sensorium für die unbewussten Bedürfnisse seiner Eltern entwickelt und sich ihnen anpasst, damit es ihre Liebe nicht verliert. In dieser Anpassung versäumt es jedoch oft seine eigenen intensivsten Gefühle, die es als «nicht erwünscht» erkennt. Es wird so ganz entgegen seinen innersten Wünschen *gefällig*.

Schon die Mutter Friedrich Adolfs ist es ja: gefällig. Diese Haltung verdichtet sich in ihrer erlernten und beruflich ausgeübten Tätigkeit, dem *Pflegen*. Pflegen, das war Selbstopfer. *Fast bis zuletzt habe ich sie in jeder Klinik, in die sie als Notfall eingeliefert wurde, spätestens am dritten Tag wieder als Pflegerin ihrer Mitpatienten erlebt.* Nach den Schilderungen ihres Sohnes hat sie ihn als Kind gewissermaßen pflegerisch in einen Kokon eingeschlossen – sein Körper wurde übermäßig umhüllt und umsorgt. *Da war ich ja Mutters Kind, auch wenn die Beziehung meine Unbeweglichkeit voraussetzte. Aber ich war bedeckt und behütet, und das Richtige, vom heißen Zwiebelwickel bis zur stündlichen Lüftung, geschah im Übermaß.* Sein Körper erhielt Aufmerksamkeit, sofern er krank war – Krankheit und Krankheitsvorsorge waren die erlaubten Gründe, sich mit ihm zu befassen. Ansonsten aber sollte man mit ihm nicht so viel hermachen.

Als Friedrich Adolf mit sechzehn aus dem Internat zurückkommt, ist er fortan mit der Mutter allein. Das gemeinsame

Aufstiegs-Projekt kann jetzt konzentriert angegangen werden, und das bedeutet auch, dass alle für das Fortkommen eines Sechzehnjährigen notwendigen Aktivitäten ermöglicht werden: die Mitgliedschaft im Turnverein, dann die bei den Pfadfindern (der Zolliker Pfadfinderstamm ist eine Eliteeinheit), Bildungsveranstaltungen in Zürich und Unternehmungen mit den Schulfreunden. Und doch bestehen in diesen Freiheiten die inneren Einschränkungen fort, sie müssen gar nicht mehr ausgesprochen werden – auf Vergnügen, Sinnlichkeit, Lust steht ein unverrückbarer Preis: *schlechtes Gewissen.*

Adolf Muschg hat später zwei Phantasien ausgesponnen, die die Symbiose mit seiner Mutter darstellen, und alle selbstironische Überzeichnung kann ihnen nicht ihren autobiographischen Ernst nehmen. Da ist, erstens, 1981 – im Essay *Literatur als Therapie?* – der blasphemisch getönte Vergleich seiner Familie mit der *Heiligen Familie:* Der Vater ist erhöht und abwesend wie der Gott des Alten Testaments; der Mutter ist mit dem Kind ein ganz außerordentliches Geschenk widerfahren, das (hier weicht das Marienbild notwendig ab) allerdings in Sünde empfangen ward und nun zu äußerster Veredelung bestimmt ist. *Sie gab sich Mühe, ein Gotteskind aus mir zu machen, hatte mich zu ihrem Erlöser bestimmt, eine Art Jesus im Tempel, dessen Gelehrigkeit man schon anmerken durfte, daß er ein wenig Gottes Sohn war.* Und dieser Sohn wirkt natürlich mit an der Größenphantasie seiner Mutter, aus *Gefälligkeit* und weil ihm gar nichts anderes übrig bleibt, und irgendwann ist es auch seine eigene: *Niemand brauchte mir mehr zu sagen, daß mein Leben dazu diente, Gott und den Menschen etwas ganz Besonderes zu bieten.*

Zweite symbiotische Phantasie: Zehn Jahre nach diesem Biographiespiel mit der *Heiligen Familie* schreibt Adolf Muschg den *Roten Ritter* (erschienen 1993), *seine* Geschichte von Parzivâl. Die Vorlage ist das mittelalterliche Epos Wolframs von Eschenbach – es hat starke Motive darin gegeben, die Muschg zur Nacherzählung gereizt haben, aber sicherlich war einer der stärksten Anreize die Kernfabel dieses Ritterromans: Sie ist die uralte vom Auszug Eines, der zu Großem bestimmt ist, jedoch lange in Schuld und Unwissen gefangen bleibt, bis er endlich erhöht wird. Das ist zugleich die Struktur des narzisstischen Erhöhungstraums, der sich trotz schlimmer Anfänge seines grandiosen Schlusses immer gewiss ist. Er wird in der Jugend oft geträumt. Muschg erzählt die Geschichte aber gerade gegen diese Grandiosität an, er mäßigt, er humanisiert sie: Parzivâl wird zwar Gralskönig, doch ohne dessen sagenhafte Größe – er muss niemanden erlösen, und auch die Welt muss er nicht zusammenhalten. Am Schluss ist es dann doch weniger ein Erhöhungsepos als eine Familiengeschichte: Parzivâl bekommt eine ganz normal glückliche Familie, aber eine *Königliche Familie* bleibt sie dann doch – soviel Höhe muss sein.

Den Ausgang nimmt Parzivâls Erhöhungsgeschichte von Soltâne, dem Mutterhaus in der Einöde: Herzeloyde, als man ihr den Mann getötet hat, zieht mit dem Söhnchen Parzivâl hinaus in die Wildnis, um ihn vor den Gefahren der Welt zu bewahren. Und der Roman zeichnet das Bild einer mit Nettigkeit und Verharmlosung ausgepolsterten Kindheitsidylle, deren neurotisches Elend aber nur zu deutlich wird.

Das Kind Parzivâl aber – und hier verlässt der Verfasser des *Roten Ritter* die autobiographische Spur – weiß und kann es besser als die *kümmerhafte* Mutter: Es spürt die *starken Gefühle* und freut sich daran, nimmt Kränkungen einfach nicht wahr und *gedeiht unverdrossen*. Für die, die ihm zusehen, und die, die er anrührt, ist Parzivâl *ein Glück*. Hier verkehrt der Verfasser das eigene biographische Muster in eine glückliche, kraftvoll gelingende Kindheit, die er nicht hatte. Hatte er sie etwa doch? Ja, über die Wörter. In ihnen, recht gesetzt, ist die glückliche Kindheit immer schon enthalten, die wörtliche Erinnerung ans Paradies – mit ihnen kann sie nachgeholt werden, als sei sie einst wirklich gewesen. Kurzum: Der Ort glücklicher Kindheit ist die Literatur. Hier fabelt der Verfasser des *Roten Ritter* aus, wie er dem einst so realen Mangel entrinnen konnte – indem er Erträumtes und Geschriebenes an seine Stelle setzte.

Das Ressentiment: aus Not schöpferisch

Das Aufsteiger-Klischee traf zu: Die Witwe Muschg sparte eisern, damit ihr Sohn das Gymnasium besuchen konnte. Und gerade weil er dort zu den Besseren gehörte, spürte er selbst es früh, dass er in anderer Hinsicht keineswegs zu den besseren Leuten gezählt wurde. Vermutlich hat er weitaus deutlicher empfunden, dass zwischen ihm und den Söhnen der Goldküstenfamilien sich ein Riss auftat, als es diese selber bemerkten.

Jahrzehnte später bekam Muschg eine besondere Gelegenheit, sich sein Außenseitertum wieder einmal vor Augen zu führen, und zwar in staatlichem Auftrag. Und jetzt erfasste er in diesem frühen Riss das Typische, die spezifisch schweizerische Angelegenheit, die es auch immer gewesen war. Sein Zolliker Einzelfall nahm jetzt allgemeine Züge an, die für die ganze Schweiz gelten konnten.

Im Mai 1997 trafen sich im Berner Bundeshaus zwei Arbeitsgruppen zur Vorbereitung eines im Grunde politischen Projekts: Eine *Schweizer Solidaritätsstiftung* sollte gegründet werden. Sie war bestimmt, *künftige menschliche Not als Folge von Armut, Katastrophen und schweren Menschenrechtsverletzungen im In- und Ausland zu lindern und zu verhüten.* Diese humanitäre Einrichtung wurde nicht ganz selbstlos geplant. Sie war eine Reaktion auf massive Vorwürfe – vor allem von Seiten des Jüdischen Weltkongresses –, die Schweiz habe viele der im Weltkrieg *nachrichtenlos* gewordenen Bankvermögen (darunter die Einlagen ermordeter europäischer Juden) skrupellos einkassiert. Die Stiftung war als Reparatur am beschädigten Ruf der Schweiz gedacht und bot mit ihren jährlichen dreihundertfünfzig Millionen Franken Gelegenheit für höchst sinnvolle Aktivitäten. In den Planungsgruppen saßen Vertreter unterschiedlichster gesellschaftlicher Bereiche, die ihre Vorstellungen einbringen sollten. Adolf Muschg war in die Arbeitsgruppe von Alt-Nationalrat Fehr berufen worden: «Stiftungsaktivitäten».

Die zweite Arbeitsgruppe kümmerte sich um die Finanzierung der Stiftung und wurde geleitet vom Unternehmer und Alt-Nationalrat Ulrich Bremi. Muschg, als er ihn begrüßte, nannte ihn vertraut bei seinem Spitznamen: *Brums*. Brums war in den Vierzigerjahren in Zollikon sein Pfadfinderführer gewesen, schon damals ein *Unschlagbarer* mit leiser, sicherer Stimme. Sein Lebensweg schien ihm vorgezeichnet, und er besaß auch alles, um ihn zu gehen und schließlich richtig anzukommen: als Unternehmer für Sicherheitstechnik, als Präsident wichtiger Aufsichtsräte, darunter der der *Neuen Zürcher Zeitung*, als führender Politiker bei den Schweizer *Freisinnigen*, der herrschenden Staats- und Wirtschaftspartei. Es ist vor allem diese Begegnung mit Brums, dem Kindheitsidol, die Muschg zu einer stark autobiographischen Bilanzschrift angestiftet hat: *O mein Heimatland!* (1998). Es ist ein essayistisches Buch über die republikanische Kultur der Schweiz. Darin sieht er auf sein Land aus einem doppelten Blickwinkel — durch die zufriedenen Augen der Staatstragenden und mit dem irritierten Blick der Außenseiter. Mit dieser doppelten Optik überprüft er die Geschichte der *republikanischen Kultur* seit der Revolution von 1848 — insbesondere das zentrale Axiom vom *Gemeinsinn als identitätsstiftendem Grundwert der Schweiz*. Bestätigen kann er solchen Gemeinsinn für das eigene Leben nicht. Der Sohn des Zolliker Grundschullehrers ist Außenseiter in seiner reichen Gemeinde, und das ist ein Zustand, der sich auf viele Lebensbereiche überträgt. Seine Identität findet er nicht im *Gemeinsinn,* es bleibt eine erhebliche Differenz zu *den Anderen.* Was daraus mit der Zeit auch erwächst, ist ein Sinn für *das Andere* überhaupt – das Fremde, das außerhalb unserer Identität dennoch existiert.

Eine solche Außenseitergeschichte kann ihre Wurzeln natürlich in vielen sozial-moralischen Milieus haben. Von Muschg wird sie – über sich selbst – erzählt als typische Geschichte aus dem pietistisch-protestantischen Milieu. Auch Karl Philipp Moritz hat sie in seinem *Anton Reiser* erzählt, und Ulrich Bräker, der Kleinbauernsohn aus Toggenburg, hat sie genauso erlebt: Als er einiges Wissen erworben hat und nun sogar schriftstellert, glaubt er, ein Gleichartiger zu sein in der gutbürgerlichen *Moralischen Gesellschaft,* die ihn gefördert und bei sich aufgenommen hat. Doch letztlich ist er den neuen Freunden fremd geblieben, und als sie ihn wieder fallen lassen, weiß er längst selbst, dass er von Anfang an nicht dazugehört hat. Anton Reiser und Ulrich Bräker ziehen sich, nachdem sie auf diese Weise *bürgerlich gestorben* sind, auf das Einzige zurück, was sie über das Kleinbürgertum erhoben hat: auf die Schauspielkunst der eine, der andere auf das Schreiben. Der *Riss,* der sie vom Gutbürgerlichen schied, wird ihnen jetzt als ihr Eigenes bewusst. So hatte es auch Friedrich Adolfs Vater, der Grundschullehrer an der *Goldküste,* gehalten. Er hatte sich hinter der *Schrift* verschanzt, hinter ihrer moralischen Unbedingtheit, die er gegen die Laxen und Lebensfrohen richtete – und das zielte vor allem auf jene, bei denen der kleine Lehrer nicht genug galt. *Sein irdischer Gottesbeweis blieb die Zerstörung derer, die Seiner und damit auch seiner gespottet hatten,* schreibt der Sohn über ihn.

Das ist die Haltung des *Ressentiments,* der Groll der Zukurzgekommenen, der hier seinen charakteristischen Ausdruck findet – als Moral. Diese Haltung bietet keinen schönen Anblick: eng, selbstgerecht, rachsüchtig. Doch birgt das *Ressenti-*

ment eine eigentümliche Chance für den Kleinbürger, besonders wenn er das fragwürdige Glück hat, im protestantisch-
pietistischen Milieu aufzuwachsen: Es kann ihn schöpferisch
machen. Einiges muss zusammenkommen – Talent natürlich,
auch neidisches Einfühlungsvermögen in *die Anderen* –, und
dann wird der geübte Umgang mit der *Heiligen Schrift* und
ihren Wörtern auf ganz weltliche Weise fruchtbar. Das protestantische *Ressentiment* hat immer wieder große Schriftsteller und Philosophen gezeugt.

Es gibt eine klassische Analyse dieses kulturstiftenden Vor-
gangs – sie stammt vom Sohn eines früh verstorbenen protestantischen Landgeistlichen, der Kindheit und Jugend allein
mit der Mutter verbrachte: Friedrich Nietzsche. Im Sommer
1887 – anderthalb Jahre vor dem Zusammenbruch – fasst er
seine verstreuten Gedanken zur Moralkritik in einem Buch
zusammen: *Zur Genealogie der Moral.* Der zentrale Wert ist für
Nietzsche jetzt *das Leben,* und eine Moral wird daran gemessen, ob sie es fördert oder hemmt.

Die *Genealogie der Moral* führt nun den entscheidenden
Winkelzug vor, mit dem das Christentum zur Herrschaft gelangt sei: Der dem Leben eigene Machtwille wurde von der
neuen christlichen Lehre gezielt umgelenkt, indem Mitleid
mit den Schwachen, Kranken, *Schlechtweggekommenen* gepre-
digt wurde. Die Starken, Vornehmen hatten sich dem Mit-
leidsgebot zu unterwerfen und durften ihre Macht nicht aus-
üben. Da aber die *Schlechtweggekommenen* nun einmal die
große Mehrheit bildeten, gelangten sie sogar zur Herrschaft.
Das war der Sieg der *kranken Herde* und ihres Hirten – in jedem christlichen Gottesdienst zu besichtigen. Biographisch
verstanden, verwendet Nietzsche hier die Erfahrungen seiner
Kindheit, über der das idealisierte Bild des verstorbenen Vaters
steht und in der die Pfarrerswitwe Nietzsche ihren Sohn wiederum zum Pastor zu bestimmen versucht. Es ist zwar kein
Kleinbürgerhaushalt, in dem er aufwächst, die kirchliche Hin-

terbliebenenrente reicht zu, und man ist respektiert – und doch ist dieser Kindheitshintergrund Teil des kargen protestantisch-pietistischen Milieus mit seinen Zwängen und Verzichten.

Friedrich Nietzsche ist hoch talentiert – er neigt früh dem Schreiben zu, von der zwangsläufigen Befassung mit der *Schrift* geht er mit elf Jahren dann zu eigenen Gedichten über, verfasst auch bald seine Autobiographie. Und er ist ein Musterknabe in jeder Hinsicht, gegen die Mutter und jedermann gefällig – *beflissen* nennt er es später. Doch irgendwann öffnet sich der *Riss* zwischen ihm und *den Anderen,* schon in der Bürgerschule ist er isoliert und heißt dort *der kleine Pastor.* Auf der frommen Privatanstalt, die er danach besucht, ändert sich daran nichts. Die soziale Herkunft ist es nicht, was hier als Trennungsmotiv wirkt – doch Gefühle der Fremdheit und auch der physischen Unterlegenheit (er ist ein sehr schlechter Turner) mögen es gewesen sein. Dagegen kommt frühe Genialität erst einmal nicht auf. Vermutlich passt das Wort darauf, das Nietzsche dann in der *Genealogie der Moral* für solch mangelndes Selbstgefühl findet: *schlecht weggekommen.* Und das meint immer: schlecht ausgestattet für die Hauptsache, *das Leben.*

Es geht um die richtige Methode, *das Leben* zu bestehen. Nietzsche bezeichnet in der *Genealogie der Moral* genau die Operation, mit der die *Schlechtweggekommenen* den christlichen *Sklavenaufstand* gegen die *geborenen Herren* betrieben haben – durch systematische Negation alles dessen, was *das Leben* ausmacht: Sinnlichkeit, Körperlichkeit, Unbedenklichkeit. Solche Lebenswerte werden durch Nein-Sagen moralisch umgewertet: Sinnlichkeit in Askese, Körperlichkeit in geistige Raffinesse, Unbedenklichkeit in Schuld und schlechtes Gewissen. Indem es diese neuen Werte gebiert, wird das christliche *Ressentiment* schöpferisch und entwirft eine neue Lebenswelt der Schwachen – zu der als Herrschaftsideologie nach Nietzsche auch die Demokratie gehört.

Die Psychologie der Moralschrift Nietzsches – und besonders deshalb geht sie uns hier etwas an – ist die des protestantischen Pfarrerssohnes, der seinem Milieu auf die Schliche gekommen ist. Er erkennt das *Ressentiment* als dessen Fundament: Dass dies Milieu Rache an den Stärkeren nehmen und Herrschaft über sie erlangen möchte – indem es sie unter seine Demutsreligion zu zwingen sucht. Nietzsche erkennt aber auch, was er seinem Milieu verdankt: die Analysefähigkeit; die Raffinesse beim Argumentieren über *Schleichwege und Hintertüren*; die Fähigkeit, *Verstecktes*, noch nicht Entdecktes, zu finden und ans Licht zu bringen; aus Not schöpferisch zu werden ... Nietzsche gibt deshalb zu: *Eine Rasse solcher Menschen des Ressentiment wird notwendig endlich klüger sein als irgendeine vornehme Rasse, sie wird die Klugheit auch in ganz anderem Maße ehren: nämlich als eine Existenzbedingung ersten Ranges, während die Klugheit bei vornehmen Menschen leicht einen feinen Beigeschmack von Luxus* hat.

Bekanntlich wäre Nietzsche, als *aristokratischer Rebell* (Losurdo), aber sehr gern aus dem angestammten Milieu der *Klugheit* ins Lager der *vornehmen Menschen* übergewechselt – die *Genealogie der Moral* schwenkt ja schon die Flagge des Parlamentärs. Das ist dann Nietzsches eigener Versuch, den *Riss* zu überwinden – durch Überlaufen. Doch darin und in den daraus folgenden steilen Machtsprüchen ist er uns nicht mehr interessant. Wertvoll aber ist er als Psychologe einer pietistisch-protestantischen Lebenswelt, die ihr *Ressentiment* kulturell ungeheuer fruchtbar gemacht hat – und das gerade auch in jenen ihrer Abkömmlinge, die sich schließlich von ihr abwenden. Zu diesen Abkömmlingen gehört Adolf Muschg. Seit er schreibt, beklagt er den Mangel an *Leib und Leben* wie Nietzsche in der Moralgenealogie.

Wiedergeburt im Nein: Le Pendu

Entscheidend aber ist, dass Muschg nicht übergelaufen ist. Die *vornehmen Menschen* – der *aristokratische* Nietzsche hat sie als Zielphantasie immer im Sinn – machen ihm ja durchaus das Angebot, sich bei ihnen einzureihen. Muschg hat die erforderlichen Qualitäten. Er hat es ja auch versucht – durch Anpassung, durch Heirat, durch sozialen Aufstieg. Freiwillig hat er sich zum Offiziersdienst gemeldet. Immer wieder einmal politische Dienste verrichtet, einmal sogar an der Bundesverfassung. Doch der Riss zwischen ihm und *den Anderen* blieb.

Adolf Muschg hat den Riss schließlich akzeptiert. Das führte dann in der Tat, wie er schreibt, zu einer kompletten *Wiedergeburt im Nein*. Es war – im Denkstil Nietzsches gesprochen – das Nein zu den *Starken* und *Vornehmen,* die die Macht haben. In der Sprache von Muschgs Bilanzschrift *O mein Heimatland!* war es das Nein zur Schicht der Mächtigen und Etablierten, das Nein zur *Goldküste,* die Absage an *Zollikon.* Es war das Sicheinrichten im Ressentiment. Und das war durchaus keine Heldentat, es blieb noch lange mit sozialer Angst verbunden – doch für die Kunst und das Denken erwies es sich als höchst einträglich: Das Ressentiment wurde *schöpferisch.* Denn wo es immer wieder Nein sagt zum Mächtigen, Etablierten, stellt es sich gegen das Ja, das die Mehrheit dazu sagt. Und das will gut begründet und ausgeführt sein – mit neuem Argument und in interessanter Form.

Biographische Marksteine dieser Art haben ihre Stiftungslegende. 1998, in der autobiographischen Bilanz *O mein Heimatland!* erzählt Muschg deshalb die Urgeschichte seiner *Wiedergeburt im Nein.* Diese Urgeschichte ist eine reale Erinnerung aus dem Zollikon der Vierziger-, Fünfzigerjahre. Dort gab es natürlich Vereine, und in einem davon musste man mitmachen. Für den Sohn des Grundschullehrers kam der Turnverein infrage, in dem Handwerker- und Bauernkinder ihre Kraft trainierten – dienstagsabends übte er an Reck, Barren und Schwebebalken. Über den Turnern aber standen die Pfadfinder. Die Pfadfinder rekrutierten sich aus den Söhnen der tonangebenden, besitzenden Familien und waren die nachwachsende Elite – schmuck uniformiert, mit Wimpel und eigenem Lied. Den Jungturner Friedrich Adolf zieht es insgeheim zu ihnen, obschon er weiß, dass der Vater die *Pfadis* als verkappte *Jeunesse dorée* abgelehnt hatte. Doch die Mutter spart auf die Uniform, und eines Tages trägt der Überläufer Hut und Schlips der *Kelten*, des Zolliker Pfadfinderstammes. Im Internat Schiers gab es dann ebenfalls eine Pfadfindergruppe, und in seinem letzten Halbjahr schleicht er sich *mit einer Spur von Selbstverachtung* dort noch rasch ein, denn die Prüfung zum *Oberpfadfinder* – der ein Stern-Abzeichen tragen durfte – war hier wesentlich leichter als in Zollikon. *Aber Stern am Ärmel blieb Stern, und wenn ich nach Hause zurückkehrte, musste ich wieder «bei den Leuten» sein.* «Bei den Leuten», das war oben, das waren die Oberpfadis.

Wieder zurück aus Schiers wird Friedrich Adolf Gruppenführer der *Greifen,* und damit hat er sich nach ganz oben, in die *Garde,* gedient. Erst hier fällt den andern auf, dass man mit seinem pfadfinderüblichen Beinamen nicht gut zurechtkommt – kaum einer benutzt ihn: Er lautet *Spirit*, Geist, er hat ihn schon aus dem Schierser Internat mitgebracht, und er hat mit seinem Faible für Spukgeschichten zu tun. Man beschließt, die offizielle Taufe auf diesen Namen nachzuholen, und bereitet eine Initiation mit allen jungmännlichen Schreckenszutaten vor – Krönung ist das Eintunken in die Taufbrühe aus Öl, Essig und stammeseigener Pisse. Dazu wird Friedrich Adolf in einen Sack gesteckt und – das nun entstehende Bild wird symbolisch – an den Füßen über dem Taufbottich aufgehängt. Sein Kopf soll eine Zeit in der Taufbrühe verweilen. Als er deren Zusammensetzung wittert, protestiert er – vergeblich.

Ich fühlte eine Ohnmacht kommen. Kalt vor Panik, leise vor gren-
zenloser Wut zischte ich noch einmal: Ich will hier heraus. Sofort. –
An meinem Ton – ich hatte aufgehört, mich zu winden – muß etwas
gewesen sein, das die Fröhlichkeit durchdrang. Erst folgte Schweigen,
dann hörte ich: «Ach was, laßt ihn heraus.»

Jemand knöpfte den Sack auf, ein anderer löste die Fesseln am
Fuß, an den Handgelenken. Ich hatte die Augen offen. Aber ich sah
die Kumpane nicht an.

Als ich aufstand, brachte ich nur drei Worte hervor: «Ich trete
aus.»

Das war immerhin eine starke Urszene, die als Erinnerung
vorhielt: der probierte Austritt aus der gutbürgerlichen Gesellschaft. Muschg konnte innerlich immer darauf zurück-
kommen und die Szene im Geiste wiederholen. Im täglichen
Leben der *gefälligen* Anpassung an die nun einmal vorhandene
Gesellschaft – mit Studium, Heirat, Beruf – schlug sie aber
keineswegs schon durch: Man muss schließlich erst einmal
richtig eintreten, um wirkungsvoll austreten zu können. Es
brauchte also Zeit, bis sich die Urszene im Leben Muschgs
durchsetzte. Aber auch das reine Körperbild, die Figur, die
mit diesem Taufverweigerungsakt zusammenhing, hielt sich
durch und wurde zum Existenzsymbol: Umgekehrt aufgehängt
an den Füßen, den Kopf nach unten, im Leeren pendelnd. *Ich*
kann mir nicht vorstellen, Brums, schreibt Muschg 1998 in O mein
Heimatland, dass du dir Tarotkarten legst oder legen lässt. Wenn
doch, würdest du dich kaum wundern, dass «Le Pendu» meine Karte
geworden ist. Die Karte, an der die größte Angst hängt, muss einem
immer wieder aufgedeckt werden, bis man damit leben lernt: bis
Verkehrtherum für einen das Richtige wird.

Le Pendu, der umgekehrt Hängende, als Lebenssymbol:
Hier ist das Kartenspiel *Tarot* von Muschg kaum in seiner
heute gängigen esoterischen Variante gemeint. Doch es hat
noch eine andere, durchaus klinisch erprobte Aussagekraft –
als psychologisches Projektionsverfahren (wie der Rorschach-

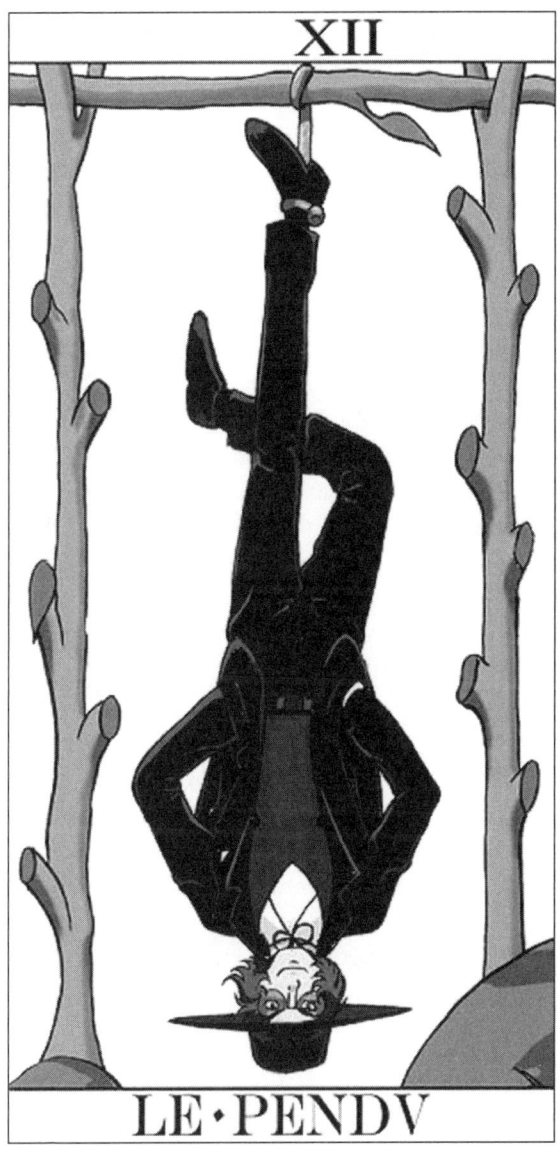

Ein Lebenssymbol: Die Tarotkarte «Le Pendu»,
der umgekehrt Hängende

Test). Es spricht seelische Tiefenschichten an. Die Karte *Le Pendu* (Der Hängende) zeigt einen Mann, der kopfüber von einem Balken herabhängt, an den er mit einem Fuß gefesselt ist. Das zweite Bein hat er frei und streckt es mutwillig auf verschiedene Weise in die Luft. Der Gesichtsausdruck des umgekehrt Hängenden ist ruhig und gefasst. Geradezu schlagend gibt das Bild die Urszene des Pfadfindertäuflings *Spirit* wieder – nur ruhig und gefasst war der nicht. Das wird er erst später, als Muschg *damit leben gelernt* hat, dass *Verkehrtherum für* ihn *das Richtige* ist. *Ich musste mich eine ganze Strecke von unserem Zürichseeufer entfernen, bevor ich andersherum dahin zurückkehrte. Die Zolliker Optik musste ausgewachsen sein, bis ich Boden fand in meiner Luft.* Insofern wird *Der Hängende* für Muschg zum Existenzsymbol. Das Bild von der *sozial frei schwebenden Intelligenz* (Karl Mannheim) ist auch nicht fern.

II LETZTE SCHULJAHRE UND STUDIUM
Weitere Urszenen 1950–1958

Anwältin des «Anderen»: Fanny Moser

Noch entfernt sich Friedrich Adolf *von unserem Zürichseeufer* nur, indem er täglich die sieben Kilometer zum *Literargymnasium Zürichberg* radelt – um dort im selben Milieu wieder anzukommen. Das Literargymnasium ist renommiert, gilt als streng und ist eine reine Jungenschule. Latein und Griechisch sind obligatorisch, Englisch und Französisch lernt man sowieso. Von hier kommt ein Großteil vom intellektuellen und künstlerischen Nachwuchs der Stadt. Man studiert dann nach der Matura ein Haus weiter an der Uni, wird gegebenenfalls selbst wieder Hauptlehrer am Gymnasium oder verteilt sich auf die anderen Bildungsinstitutionen. Dass einer *verkehrt-herum* aufgehängt ist, wird hier in der Regel rechtzeitig erkannt und korrigiert sich ganz von selbst.

Die Stadtgesellschaft, in der Friedrich Adolf aufwächst, trägt nach dem so glücklich bestandenen Krieg viele Züge der Beharrung und der Enge – während unterhalb des so gelebten Alltags aber der Prozess der Modernisierung anläuft. Doch Reformideen begegnen einem Zürcher Gymnasiasten nicht. Auch die Tagespolitik reicht nicht bis in die Schule.

Was ist zu berichten? Einige seelische und kulturelle Bildungserlebnisse – nicht alle können heute noch von Muschg erinnert werden, manche sind ja auch nicht mitteilbar, und vielleicht sind darunter gerade die wichtigsten.

Friedrich Adolfs Faszination durch *Spuk* hat früh angefangen. Hedwig, die hochneurotische Halbschwester und frühpensionierte Lehrerin, fürchtete sich vor Geistererscheinungen – und kaum hatte sie sich über ihre häuslichen Spukgeräusche etwas beruhigt, zog sie schon wieder in eine neue Wohnung. Dort lauerten dann wiederum lärmende Jenseitswesen, zu deren Abwehr sie ihren zwölfjährigen Halbbruder zu sich holte und die ersten Nächte bei sich schlafen ließ. Tatsächlich wurde er (in *Sax* hat er die Episode später aufgegriffen) *durch Klopfgeräusche aus dem Schlaf geschreckt,* dann war Stille, doch er *war kaum wieder eingenickt, als sich das Klopfen wiederholte, ein Wirbel wie von trommelnden Knöcheln.* Am Ende war es die Heizung gewesen.

Das alles wäre ohne Belang, hätte er nicht in der Zürcher Zentralbibliothek unter «Spuk» nachgeschlagen. Er stieß dabei auf den in der Schweiz berühmten Fall des Melchior Joller, eines Advokaten und liberal-aufgeklärten Politikers in Stans, der es bis zum Nationalrat gebracht hatte. Im Jahre 1861 hatte es in Jollers Haus drastisch zu spuken angefangen, und das hatte sich zu einem solch lärmenden Terror ausgewachsen, dass die Familie Joller ihr Haus schließlich aufgeben musste. Das Besondere an diesem Fall war, dass es zahlreiche renommierte Zeugen gegeben hatte, die den Spuk beglaubigten. Mit diesen Vorgängen befasste sich auch später noch der angesehene Psychiater Eugen Bleuler vom Burghölzli. Friedrich Adolf konnte das alles nachlesen – auch Jollers penibles Spuk-Tagebuch – in einer wissenschaftlichen Publikation, die 1950 gerade herausgekommen war: *Spuk. Irrglaube oder Wahrglaube. Eine Frage der Menschheit* von Dr. Fanny Moser. Mit einer Vorrede von Prof. C. G. Jung.

In diesem Buch, das sich vor allem als Dokumentation verstand, wurde der Jollersche Spuk (und manch anderer) als

Tatsache anerkannt. Die Autorin Fanny Moser – von Haus aus eine renommierte Biologin – wusste allerdings keine physikalische Erklärung dafür und hielt sich, obschon vom Faktum überzeugt, mit Spekulationen darüber zurück. C. G. Jung, der längst weltberühmte Zürcher Psychologe, ging allerdings in seiner Vorrede weiter. Spuk war für ihn eine noch unzureichend erforschte Manifestation des Unbewussten – wie beispielsweise die Exteriorisierung unbewusster Vorgänge. (Damit hatte er Sigmund Freud einmal erschreckt: Als er sich sehr über ihn geärgert hatte, dies sich aber nicht zugab, ertönte ein zweifaches Krachen in Freuds Bücherschrank – Veräußerung einer unbewussten Aggression.) Im Übrigen vertrat Jung hier seine Grundthese, dass gerade der Rationalismus selbst sein psychisches Gegenstück produziere: die okkulten Phänomene. Das eigentliche Wesen und die Spannweite seiner Seele habe der Mensch einfach noch nicht erfasst.

Was kann ein Gymnasiast aus diesem Buch profitiert haben? Gewiss nicht Jungs Erkenntnistheorie. Aber doch den Hinweis auf die begrenzte menschliche Welterkenntnis und auf eine Jenseitsregion, das Unbewusste, in der auch der Spuk sein Existenzrecht hatte. Zürich hat durchaus eine okkultistische Tradition, die sich hinter dem Rücken des reformierten Protestantismus – als sein Anderes, als sein Schatten – herausgebildet hat. Der angesehene Schizophrenie-Forscher Bleuler ist ein Beispiel dafür und natürlich C. G. Jung, der den Okkultismus in seine Seelenreligion einbezogen hat. Schon sein Großvater mütterlicherseits, Samuel Preiswerk, wortmächtiger Pfarrer von Sankt Leonhard in Basel, pflegte den Umgang mit Geistern. Schrieb er am Sonntagmorgen an der Predigt, fuhren sie höhnisch dazwischen und diktierten ihm sexuellen Unflat in die Feder.

Noch als Student befasst sich Adolf Muschg mit Okkultem, meist anhand jener Studie der Dr. Fanny Moser, die einen nüchtern wissenschaftlichen Zugriff aufs Geisterreich hat.

Der Grund für dies ungewöhnliche Interesse Muschgs liegt allerdings nicht in seiner Lektüre, sondern in einem bestimmten, abgeschlossenen Milieu, in das man den jungen Studenten eingeladen hatte. Es ist die *Geistige Loge Zürich*. Diese 1948 von dem Gärtner-Ehepaar Brunner gegründete Sekte gehört zu den *Neuoffenbarern* und ist eine ungenierte Mischung aus Pfingstlertum, Spiritismus, Mesmerismus und Bibelexegese. Sie versteht sich als Wiederanknüpfung ans Urchristentum und seine Offenbarungen. Diese Offenbarungen werden hier allerdings spiritistisch hergestellt. Man verfügt dazu über das *Tieftrancemedium* Beatrice, aus dem ein Jenseitsgeist namens Josef spricht – meist über die letzten Dinge. Manchmal geschehen auch okkultistische Imponierwunder: So erhebt sich vor Muschgs Augen ein Tisch und schwebt, unzweifelhaft aus eigenem Vermögen, fast bis zur Zimmerdecke.

Sekten haben Konjunktur im Nachkrieg (so kommen auch immer mehr Deutsche in diese Schweizer *Loge*), und das spirituelle Experiment eines Studenten Mitte der 50er-Jahre wäre heute kaum der Rede wert – wenn nicht daran erkennbar würde, dass Muschg auf seine Weise in der väterlichen Spur bleibt: Die spätgeborenen Urchristen der *Loge* ähneln dem evangelikalen Milieu, aus dem der Vater stammt, und besonders natürlich dem Konventikel im eigenen Elternhaus. Muschg, der beides hassen gelernt hat, gerät nun doch wieder in eine gleichartige Bahn. Die pietistische Erbschaft lässt sich nicht so leicht abschütteln. Wie oft er bei der Loge zu Gast war, ist heute nicht mehr erinnerbar. Doch unterschritt das dort verkündete Jenseits vermutlich bald die spirituellen Ansprüche eines Abiturienten, dann Studenten – Fanny Moser, als ausgewiesene Wissenschaftlerin, hatte doch Besseres zu bieten. An sie hält er sich noch einige Zeit.

In Muschgs spätem Roman *Sax* (2010) – er spielt mit Spuk und Totenwiederkehr, aber auch mit Phantasien aus dem zeitlosen Unbewussten – steht ein literarisches Denkmal für

Fanny Moser. Sie kommt aus guten Gründen darin vor: als wissenschaftliche Gutachterin für ein Spukhaus, das jenem historischen des Melchior Joller in Stans ähnelt. Als sie aber dem Geheimnis des Hauses sehr nahegekommen ist, stirbt sie plötzlich – und das dunkle Gemenge aus Blutrache, Schuldphantasien und Depression, aus Jenseitsahnungen und Psychoanalyse bleibt ungeklärt. Doch Fanny Moser hat jedenfalls geholfen, diese Themen im Roman zu etablieren, dafür war gerade sie die richtige Spuk-Gutachterin gewesen, denn mit ihr als historischem Vorbild öffnet sich der Blick nicht nur auf den Okkultismus, sondern auch auf die Frühzeit der Psychoanalyse. Okkultes und dann die Psychoanalyse bilden geistige Felder, in denen der Student Muschg sich umsieht. Was genau er dort sucht, weiß er noch längst nicht zu artikulieren, früh aber hat er schon einen so undeutlichen wie entschiedenen Namen dafür: *das Andere*.

In den letzten Schuljahren ist Fanny Moser (1872–1953) für den Zürcher Gymnasiasten eine ideale Repräsentantin für das ganz *Andere*. Sie ist die Tochter des legendären Schaffhauser Uhrenfabrikanten Heinrich Moser, der den gesamten Uhrenhandel in Russland beherrschte und, als er starb, seine junge Witwe, Fannys Mutter – auch sie hieß schon Fanny – zu einer der reichsten Frauen Europas machte. (Ihr hing allerdings auch an, sie habe ihn zu diesem Zwecke umgebracht.) Auf ihrem Schlossgut Au am Zürichsee empfing sie vielfältige europäische Prominenz, auch Bleuler, Freud und Jung verkehrten hier. Fanny Moser, die Ältere, hatte Gründe genug, ein hysterisches Symptom auszubilden – und als es sich einstellte, war es ein unwillkürliches Schnalzen mitten in der Rede, das dem Balzen des Auerhahnes glich. Nach einer Reihe vergeblicher Therapieversuche nahm 1889 Sigmund Freud sich ihrer an, und sie wurde – unter dem Pseudonym *Emmy v. N.* – eine der hysterischen Primadonnen, die er später als seine *Lehrmeisterinnen* bezeichnet hat. Sie halfen ihm durch ihre Mitarbeit, von der älteren hypnotischen Behandlungs-weise zur Methode der *freien Assoziation* überzugehen – wor-aus sich schließlich das psychoanalytische Seelenmodell ent-wickelte.

Die ältere Fanny hielt wenig von ihrer Tochter, was diese ihr durch eine wissenschaftliche Karriere energisch widerlegte: Sie promovierte 1903 als Biologin über ein entwicklungsge-schichtliches Problem bei Wirbeltieren. Darauf forschte sie im Auftrag verschiedener europäischer Institutionen – so be-arbeitete sie das Material der deutschen Südpolarexpedition 1901/1903 – und gewann einen internationalen Ruf. Ihr *Damas-kus* erlebte sie im Februar 1914, als sie in einer bescheidenen Berliner Mietwohnung einer Séance beiwohnte: Fernbewegt von einem träumenden Medium erhob sich vor aller Augen im Lichte der Lampe ein Tisch auf zwei Meter Höhe und verharrte dort. Fanny Moser berichtet ihre Reaktion als eine typische *Anomie*-Erfahrung: Die gewohnte Welt geht aus den Fugen, *nirgends ein Halt. Dieses Bewusstsein warf mich fast zu Boden.* Sie flüchtet sich zurück in ihre Wissenschaft, doch das hält nicht vor. Also beginnt sie ein methodisches Studium der okkultistischen Literatur, das sich über mehrere Jahre er-streckt. Das Resultat ist eine kritische Dokumentation okkul-tistischer Erfahrungsberichte seit Franz Anton Mesmer, die, tausendseitig, 1935 in München erscheint: *Der Okkultismus. Täuschungen und Tatsachen.*

Dieses Buch ist der Jugend gewidmet steht auf dem Vorblatt. Das gibt die Absicht des Werkes klar wieder. Es begründet sich zwar in einem typischen Erweckungserlebnis – der Tisch-levitation –, doch die Naturwissenschaftlerin Moser ordnet es ein in eine Zeitanalyse: Sie folgt 1935 dem allgemeinen Exi-stenzgefühl nach der Kriegskatastrophe und konstatiert eine umfassende Kulturkrise – ein Scheitern des Positivismus und des Rationalismus. Diese Krise nähre jetzt den Okkultismus als eine mögliche Alternative – obschon er durchaus auch eine

Riesentäuschung sein könne. Moser führt die damals üblichen Argumente für einen *Bankrott der bisherigen Wissenschaft* an – die Veränderung des Materie-Begriffs, das Unbewusste, den Vitalismus – und erhofft sich vom Okkultismus Zugang zu einer alternativen Weltdimension und damit zu einer neuen Zukunft. Dafür ruft sie das zuständige Bild auf: *wie wenn man plötzlich aus einer engen Kammer ins Freie tritt mit dem Blick ins Weite.*

Adolf Muschg hat zu Beginn der 50er-Jahre diese Zusammenhänge weder im Einzelnen gekannt noch überschaut – doch sie waren im Hintergrund präsent, wenn er sich mit den Arbeiten Fanny Mosers beschäftigte: die übernatürlichen Phänomene, das Unbewusste von Freuds Psychoanalyse und das Kollektive Unbewusste von C. G. Jung. Hier öffnete sich jenseits des väterlichen Pietismus eine spirituelle Dimension, die Niveau und Geltung besaß (der Okkultismus jedenfalls in Mosers Darstellung). Sie konnte von einem jungen Studenten nicht ausgeschöpft werden, aber sie war jedenfalls vorhanden für die Sehnsucht nach dem *Anderen.* Und im Übrigen konnte man in Zürich der Anwältin des *Anderen,* Frau Dr. Fanny Moser eben, immer wieder einmal persönlich begegnen – an einem Lesetisch in der Zentralbibliothek etwa: *Die Dame mit dem antiken Haarknoten und dem Perlenkranz auf der hohen Büste sah sinnend vor sich hin. – Sie war, trotz ihrer bald achtzig Jahre, immer noch eine sehr schöne und auch sehr vermögende Frau. (Sax)*

Heimwehland: Japan und Zen

Sie waren ein stadtbekanntes Paar – zwei Damen um die sechzig, hager, sehnig und dunkel die eine, sehr beleibt und nordschweizerisch hell die andere, die Verkörperung von *Yin* und *Yang*, wie der Schüler Muschg fand. Wenn er ihnen begegnete, hatte er gemischte Gefühle, denn für den Vater war das Paar ein Skandal gewesen, obschon lesbische Liebe in seiner Bibel ja als Sünde gar nicht vorkam. Es war aber schließlich seine Tochter Elsa, die sich da für jedermann sichtbar mit der Ballettmeisterin Miriam Forster unnatürlich zusammengetan hatte. Die Ballettmeisterin führte eine angesehene Tanzschule, in der die Mädchen von Zürichberg und *Goldküste* ihre ersten Schritte machten. (Sie sprach nur hochdeutsch, und auch *das Jüdische* drängte sich für den Vater etwas vor.)

Eigentlich aber sah Friedrich Adolf seine über drei Jahrzehnte ältere Halbschwester ganz gern – sie war Jugendschriftstellerin, und er verdankte ihr das Erlebnis des *ersten richtigen Buches,* das der Sechsjährige las: *Hansi und Ume unterwegs,* so hieß sein erster Teil. Hansi, das war der Sohn eines Lehrers in einem kleinen Ort am Zürichsee, und das fremde Mädchen Ume saß für einige Zeit in seiner Klasse. Ihre Mutter war Japanerin und ihr Vater ein reicher Schweizer Textilfabrikant – die Familie wechselte ihren Wohnsitz regelmäßig zwischen Japan und der Schweiz. Diesmal nahm sie Hansi als Reisekameraden für Ume mit nach Japan.

Das Buch gehört noch in das Genre Kolonialerzählung, es hat Elemente von *Völkerschau* und *Entdeckungsreise.* Im ersten Teil fährt Hansi mit seiner Gastfamilie durch Nordamerika, dann ins Wunderland Japan, in dem vieles so ganz anders ist. Muschg erinnert sich: *In der Stadt, wo Umes Mutter («Mamatschan») geboren wurde, sind die Häuser aus Holz und sehen wie kostbare Scheunen mit schweren Dächern aus. Die fremde Großmutter, die sie empfängt, hat geschwärzte Zähne, und wenn sie winkt, bewegt sie die Hand in der verkehrten Richtung, als wolle sie Hansi wieder verscheuchen.* Die merkwürdige Vertrautheit aber mit dieser Fremde, die der sechsjährige Leser empfindet, stellt sich ihm aus einem ganz eigentümlichen Grunde ein. Er erkennt das Ausgangsmilieu wieder, die Heimat Hansis, des Lehrersohns – es ist ja das eigene in Zollikon gewesen, das die Halbschwester Elsa geschildert hatte: der Ort am Zürichsee, das Schulhaus, der Vater. Insofern bekommt auch das wundersam Fremde in Japan einen vertrauten Hintergrund. Und der zweite Band der Geschichte – *Hansi und Ume kommen wieder* – setzt einen ähnlichen Effekt: Hansi und seine schweizerisch-japanische Gefährtin kommen heim, und Hansis Mutter nimmt ihn wieder in die Arme. Auch hier verbindet sich das Bild glücklicher Heimkehr zu den Eltern für Friedrich Adolf mit dem fernen Japan als Voraussetzung.

So entstehen kindliche Phantasieländer – im Tagtraum schieben sich heimatlich Vertrautes und das wunderbar Fremde ineinander und werden zu einer stabilen Verheißung: *Ich aber wünschte mir, eines Tages, wie Hansi und Ume nach Japan «unterwegs» zu sein. Für mich war es das gelobte Land, in dem ich zu mir selber kommen würde. Die Reise nach Japan sollte mich in die andere Hälfte der Erde führen, eine Fremde, die mir nicht fremd bleiben durfte. Dort mußte der Schatz versteckt sein, der mir zum Reichtum eines ganzen Lebens verhalf. Was mir zu Hause fehlte, suchte ich in «Japan».* [*]

Mit dem so früh entdeckten «Japan» hatte *das Andere* eine Bestimmung gefunden, es bedeutete: *was mir zu Hause fehlte.* Deshalb kann Muschg auch später den nur scheinbar paradoxen Namen für dies Japan finden: *Heimwehland.* Doch im Übrigen hatte es den Vorzug, dass es auch einen konkreten geografischen Ort darstellte – es konnte aufgesucht und angeeignet werden. Die Phantasien mochten sich hier an einer Realität befestigen und konkrete Gestalt annehmen. Diese Konkretheit unterschied Japan vom Ungreifbaren und Halbdunklen des okkultistischen Geisterreiches, mit dem es Muschg in der Schulzeit und zu Beginn des Studiums versuchte. Irgendwann um 1955 verlor Fanny Moser für Muschg an Bedeutung, und er begann, Suzuki zu lesen.

Taisetz Teitaro Suzuki (1870–1966) war einer der bedeu-

---

[*] IK, S. 22.

tendsten Vermittler des japanischen *Zen* an die westliche Welt. Er kannte sich in der europäischen Mystik aus, war persönlich bekannt mit C. G. Jung und Erich Fromm und verstand es, *Zen* in besonderer Hinsicht auf den westlichen Denkstil und seine Aporien darzustellen, etwa: *Satori [Erleuchtung] bedeutet die Enthüllung einer neuen Welt, die im Wirrsal des dualistisch gebundenen Geistes unerkannt bleibt.* So stand es in Suzukis anspruchsvoller Einführung in den *Zen*-Buddhismus *Die große Befreiung* (1935), die 1939 ein Geleitwort von C. G. Jung erhielt, der vor allem seine eigene Idee der *Ganzheit* hier wiederfand, wie er schreibt: *Zen zeigt, wie viel dem Osten die Ganzwerdung bedeutet. Die Beschäftigung mit den Rätseln des Zen mag vielleicht dem kleinmütigen Europäer den Rücken stärken oder seiner seelischen Kurzsichtigkeit eine Brille aufsetzen, so daß er von seinem «dumpfen Mauerloch» aus wenigstens die Aussicht auf eine Welt seelischer Erfahrung, die bisher vernebelt war, genießen kann.*

Suzuki benennt eine Brücke zwischen östlichem Einheitsstreben und westlichem Subjekt-Objekt-Dualismus: die europäische Mystik. Hier werde die dem westlichen Denkstil höchstmögliche Reduktion der Subjekt-Objekt-Spaltung geleistet – in der Vereinigung mit der Gottheit. Für Suzuki steht Meister Eckhart, der Erfurter Mystiker des 14. Jahrhunderts, dem *Zen* am nächsten, und er entfaltet anschaulich die Entsprechungen. Insbesondere das *Durchbrechen* des Individuums in den *grunt – daz ich und got einz sîn –*, wie es Eckhart hat, entspricht der *Satori*-Erleuchtung am ehesten.

Man kann solche Jugendlektüren nicht philologisch ausbeuten, auch geht es ja nicht um eine Lektürearchäologie Adolf Muschgs. Wie weit er um 1955 Suzukis Darstellung des *Zen* in sich aufgenommen – wie weit er damals schon «östliche» Denkmuster gebildet hat, ist heute nicht mehr rekonstruierbar, auch nicht von ihm selbst. Feststellbar aber ist der Grundcharakter des ja nicht zufällig neu entdeckten geistigen Bereichs: Er schließt an eine durchgehaltene Kinderphantasie von «Japan» an und hebt sie auf eine höhere intellektuelle Stufe, auf der sie weiter ihre primäre Dynamik entfalten kann. *Zen* versichert – als noch undeutliche Verheißung – spirituelle Befriedigung, und als Religion ohne Gott könnte es den verabscheuten väterlichen Schriftglauben ersetzen. Vor allem aber verspricht *Zen* die Lösung psychischer Konflikte, indem es sie auf das bipolare westliche Denken zurückführt und diese Polarität aufhebt: *Zen* kennt das *tertium datur* – neben *Ja* und *Nein* existiert immer noch ein *Anderes*, ein *Drittes*. Wer diese Struktur der Unentschiedenheit sowieso schon im Kopf trägt, kann sie mit *Zen* produktiv entfalten.

So viel sollte hier schon klar werden: Japan und *Zen* sind nicht nur Denkabenteuer – sie sind vitale Bedürfnisse. Das zeigt sich auch darin, dass beides in die ästhetische Lebenspraxis eingeht. Seit 1953 ist Muschg mit Helen Zangerl zusammen. Sie ist Textilgestalterin und Anhängerin der von Max Bill in Ulm propagierten *Guten Form*, einer Variante der Bauhaus-Tradition. Mit Helen, erinnert sich Muschg, geht er auf Japan-Recherche in der europäischen Formgebung. *Wir suchten seine Spuren in der europäischen Kunst und Architektur, die wir liebten, in den Bildern von Degas oder Toulouse-Lautrec, weil ihre Linien von denen des japanischen Farbholzschnitts inspiriert waren. Wir fanden unser Japan in den gedehnten Pflanzen des Jugendstils und in der methodischen Schlichtheit des Bauhauses. Gegen Gelsenkirchener Barock und Zopfstil spielten wir die Durchsichtigkeit der funktionellen Form aus, die Delikatesse einfacher Verhältnisse.* Natürlich ist das brave klassische Moderne. Was aber als *Zen*-Mode jetzt (1955) in Amerika zwischen Greenwich Village und San Francisco ausbricht – übrigens auch von Suzuki inspiriert –, hat ungleich stärkere existenzielle Wucht, macht aber vor Zürich Halt. Und als der epochale Beat-Roman *On the Road* des Jack «Buddha» Kerouac endlich auf Deutsch erscheint (1959), promoviert Adolf Muschg gerade über den Mystiker Ernst Barlach.

Das Studium: Emil Staiger, Karl Schmid, Max Wehrli

Adolf Muschg macht im Frühjahr 1953 sein Abitur. Im Wintersemester schreibt er sich an der Zürcher Universität für Germanistik ein – nur für Germanistik, was anzeigt, dass er nicht mit dem Lehrerexamen abschließen möchte. 1956 nimmt er dann doch noch zwei Nebenfächer hinzu: Anglistik und Psychologie.

Die Zürcher Hochschule ist eine Stadtuniversität und liegt am Fuße des Zürichbergs an der Rämistraße. Ihr Hauptgebäude ist ein Pendant zum klotzigen Semper-Bau der Eidgenössischen Technischen Hochschule, der gleich nebenan steht. Sie ist auf Repräsentation des bürgerlichen Bildungsideals angelegt, im Lichthof hängt der Parthenonfries als Gipskopie, und darüber dräut die riesige Nike von Samothrake. In Sichtnähe liegt das Bodmer-Haus, in dem der Philologe Johann Jakob Bodmer Goethe und Karl August, Klopstock und Wieland empfangen hat (und 1961 würde es das Thomas-Mann-Archiv aufnehmen). Daran vorbei geht man über die Treppen des Rechberggartens die letzten Hangmeter des Zürichbergs hinunter und landet vor der Zentralbibliothek. In deren Lesesaal tauchen immer wieder berühmte Gelehrte und Schriftsteller auf, die in seltenen Handbüchern nachschlagen. In Zürich sind in den 50er-Jahren noch auf knappem Areal die wichtigsten Bildungsinstitutionen versammelt, und die Akteure und ihr Nachwuchs sind gut überschaubar und kennen einander oft. Ein Ausbruch aus diesem Gehege liegt nicht nahe.

Die Universität hat natürlich alle Fakultäten, doch sie sind unterschiedlich ausgerüstet – die kostspieligen Naturwissenschaften werden ja überhaupt nebenan von der ETH beherbergt. Die Medizin dominiert die Universität, sie ist internationale Spitze. Die beiden philosophischen Fakultäten allerdings sind personell weitgehend eine schweizerische Angelegenheit, doch die Germanistik strahlt zur Zeit mächtig in den deutschen Sprachraum aus. Sie ist vom Nationalsozialismus nicht beschädigt worden und hat auch im Nachkrieg Ruhe zur Forschung gehabt. So gut wie die Zürcher Germanisten möchten es ihre Kollegen in der Bundesrepublik eigentlich auch haben und übernehmen jedenfalls einige ihrer Konzepte. In den Vorlesungen sitzen viele deutsche Studenten.

Die *Zürcher Germanisten:* Das ist einmal der renommierte Dialektologe Rudolf Hotzenköcherle, der den ersten Sprachatlas der Schweiz erstellt hat. Neben ihm rüstet sich der Privatdozent Hans Glinz für eine einflussreiche bundesdeutsche Laufbahn – er ist ein theoretisch fortschrittlicher «Sprachinhaltsforscher» und tritt auch als Didaktiker hervor. Max Wehrli wiederum hat einen Lehrstuhl für Ältere Deutsche Literatur inne, der ihm jedoch anachronistisch auf den Leib zugeschnitten ist: Sein Umfang reicht vom Hochmittelalter bis in die Moderne. Nach internationalem Renommee und Einfluss könnte man ihn «Großordinarius» nennen, wenn das Zürcher Selbstverständnis solche Ausmaße zulassen würde.

Und schließlich Emil Staiger: Er ist die Hauptattraktion und hat die meisten Hörer, auch aus der Zürcher Bildungselite. Staiger, man weiß das, hat sich Anfang der 30er-Jahre mit der Politik eingelassen, aufseiten der extremen Rechten, seine Probevorlesung in Zürich widmete er im Wintersemester 1934 Hans Grimms *Volk ohne Raum,* einem Klassiker der völkischen Literatur, auf den die Nationalsozialisten ihre Lebensraum-Ideologie gründeten. Gleichsam erschrocken aber zog sich Staiger 1936 ganz auf eine voraussetzungsfreie Wissenschaft zurück. Er verstand jetzt Dichtung als eine Äußerung über die Welt, der eine bestimmte ontologische Haltung zugrunde lag. (Im *Lyrischen* etwa spricht die menschliche Seele, und das Subjekt geht momentan im *Dasein* auf.) Alles dem Text Äußerliche – Persönliches, Historisches, Gesellschaftliches – war von der Interpretation zu trennen, die sich angeblich nur aus dem Text speiste. Seine Interpretationsbibel *Grundbegriffe der Poetik* (1946) hat einen *daseinsanalytischen* Ansatz und folgt dem Heidegger und Ludwig Binswanger nahen Gedanken, der literarische Text entwerfe eigentlich eine ganze Welt.

Als Adolf Muschg bei ihm hört (und später auch seine Doktorarbeit schreibt), kommt Staigers dreibändige Goethe-Biographie (1952–1959) heraus, und er steht im Zenit seines Ruhms. Gerade deutschen Kollegen erscheint er beispielhaft für das eigene Handeln: in seinem «politischen Irrtum» und dann mit seiner Selbstkorrektur hin zu einer reinen *Textimmanenz*. Nur in Basel gibt es einen Fachgenossen, der ihm kritisch seine Gesellschaftsferne und die Missachtung der literarischen Moderne vorhält: Adolf Muschgs Halbbruder Walter, dort Ordinarius für Neuere Deutsche Literaturgeschichte. (Diese Differenz der zwei literaturwissenschaftlichen Leitsterne der Schweiz wird für Adolf Muschg am Ende seines Studiums ganz konkrete Folgen haben.)

Auch die Anglisten stechen international hervor: der Shakespeare-Forscher und Kenner der modernen amerikanischen Literatur Heinrich Straumann und sein sprachwissenschaftlicher Kollege, der Semantiker Ernst Leisi. Leisi ist wie der Germanist Glinz «Sprachinhaltsforscher» – er geht davon aus, dass die Wortbedeutungen («Inhalte») dem Sprecher ein Weltbild seiner Sprachgemeinschaft vorgeben, dem er nicht entrinnen kann. Glinz wie Leisi leiden noch darunter, dass die Sprachinhaltsforschung sich in Deutschland mit dem verführerischen Konzept der nationalsozialistischen «Volksgemeinschaft» eingelassen hatte. Doch die vereinzelten Angriffe auf sie werden von der Fachwelt kaum registriert und von den Zürcher Studenten gar nicht wahrgenommen. (Ernsthafte Schwierigkeiten bekommt dieses Sprachkonzept erst im Zuge der 68er-Bewegung.)

Bleibt das zweite Nebenfach Muschgs: *Psychologie*. Sie wird hauptsächlich von einem Philosophen, dem Ontologen Wilhelm Keller, vertreten – es ist weitgehend Kathederpsychologie. Irgendwo in der Psychiatrie gibt es auch Psychoanalytiker (so Gustav Bally), aber die Studenten kommen nicht hin. Das Fach Psychologie wird von der *Daseinsanalyse* dominiert, einer Bestimmung des In-der-Welt-Seins nach Heidegger. Ihr Hauptansatz richtet sich gegen die kulturell hergestellte Subjekt-Objekt-Spaltung im westlichen Menschen. (Muschg wird das Thema *Daseinsanalyse* im Rigorosum wählen.)

An der ETH aber lehrt *hors concours* ein Germanist, dessen unspektakulärer Einfluss auf Literaturinteressierte gar nicht zu überschätzen ist – Karl Schmid. Er hat einen der beneideten Lehrstühle für Literaturwissenschaft inne, die die Technischen Hochschulen zur humanistischen Fortbildung ihrer Studenten eingerichtet haben. Schmid denkt liberal-konservativ, hat aber eine ausgeprägte Neigung zur Gegenwartsliteratur, immer wieder ist ein bekannter Schriftsteller bei ihm zu Gast, manchmal auch seine Frau, die Kabarettistin Elsie Attenhofer. Insofern ist er Kontrapunkt und wichtige Ergänzung zu Emil Staiger. Allerdings kann man bei ihm kein Examen machen. Im Übrigen hat er eine Nähe zur Tiefenpsychologie und besonders zu C. G. Jung. (Adolf Muschg wird einmal sein Kollege werden.)

Die Studienumgebung an der Zürcher i. Philosophischen Fakultät ist also geprägt von meist erstrangigen Fachleuten, die den Krieg nicht verarbeiten müssen. Sie sichten, wie es ihre Aufgabe ist, die kanonischen europäischen Kulturbestände und probieren an ihnen neue Methoden aus. Die Ausbildung bei solchen Lehrern erzeugt zweifellos sehr gutes Handwerk. Außer der *Daseinsanalyse* (mit ihren Verbindungen zu Sartres Existenzialismus) aber wird keine zeitbezogene geistige Orientierung angeboten. In den letzten Semestern vorm Examen unternimmt Muschg ein intensives Privatstudium des Existenzphilosophen Søren Kierkegaard.

Urszenen der Seele: Griechenland und die Psychoanalyse

Der Militärdienst ist Schweizer Identitätszubehör. Muschg leistet ihn ab, wie es sich gehört, und zwar ohne Zwischenfall – *als tapferer Mitläufer* – bei der Nachrichtentruppe: Rekrutenschule 1954, Korporal 1955, Offiziersschule 1956, Leutnant 1956. Dies Mitläufertum ärgert ihn später, und er korrigiert es zumindest in seinem autobiographisch unterlegten Roman *Albissers Grund* (1974). Dort schreibt er seinem *Alter Ego* Dr. Peter Albisser eine entschlossene Insubordination zu: *Am 4. August meldet Albisser seinem Kommandanten in einem formlosen Brief, daß er, ohne Angabe von Gründen, im September seinen Dienst nicht leisten werde, und stellt ihm den Marschbefehl wieder zu.* Dafür sitzt Albisser im Roman sogar im Gefängnis. Damit verschwindet das Thema Militärdienst aus Muschgs Leben und Werk. Im Jahr 2012 aber kehrt es zurück. In einem Sonderheft *Zur Lage der Nation* illustriert die konservative *Weltwoche* einen Beitrag Muschgs mit einem seitengroßen Foto, auf dem 1956 der Leutnant Muschg ergriffen sein Patent entgegennimmt. Als «tapferen Mitläufer» zitiert ihn die *Weltwoche* zufrieden und mit leisem Hohn: Es wurde also früh keineswegs so heiß gegessen wie später dann geschrieben.

In jedem Bildungsgang gibt es Urszenen. In ihnen begegnet man erstmals einem Gedanken oder einem Denkzusammenhang – es kann aber auch ein Trauma sein –, der einen dann für eine längere Lebensstrecke begleitet. Für den Studenten Muschg sind das jetzt *Griechenland* und die *Psychoanalyse*.

Griechenland: Muschg hat sehr früh, als Zwölfjähriger damit beginnend, Rilke und Hölderlin gelesen und *konnte sie auswendig* – sie vertraten sein Bild vom Dichter und gingen in die entsprechenden Träume ein. Mit seinem realen Leben hatten sie jedoch wenig zu tun. Doch hielten beide einen großen Stoff bereit, der irgendwann zu aktivieren war: die griechische Antike. Zum ersten Mal gewann sie geografische Konkretheit zur Konfirmation Friedrich Adolfs. Ein Nachbar schenkt ihm den Bildband *Ewiges Griechenland*. Vorn klebt ein selbst aufgenommenes Foto von Agamemnons Grab und der weiten Ebene von Argos, darunter, in der Ferne, das Meer. Daneben ein paar persönliche Zeilen, die das künftige Leben des Konfirmanden mit Griechenland verbinden. Und als Einleitung des Bandes, von Friedrich Adolf immer wieder gelesen, Hofmannsthals berühmter Reise-Essay *Augenblicke in Griechenland* (*Was in diesem Licht lebt, das lebt wirklich*). Konfirmation eines künftigen Bildungsbürgers, es ist ja hier alles Nötige beisammen –? Es ist mehr: ein Gegenbild zur dunklen alttestamentarischen Welt des Vaters. Er ist ja gerade gestorben, sein Nachlass wiegt wie Blei.

Die Sehnsuchtsfährte *Griechenland* nimmt Muschg fortan immer wieder auf, im Werk vertritt sie dann das eindeutig Helle, das *ideale Leben*. So in *Sutters Glück* (2001): Ruth, die sterbenskranke Frau des Gerichtsreporters Sutter, besitzt dies Griechenland in Hofmannsthals berühmter Reisebeschreibung, aber sie ist nie hingefahren: *Es blieb der Archipel, den sie nie gesehen hatte, und darum ein ungestörtes Land der Seele.* (*Sutters Glück, 2001*) Muschg aber fährt hin – im Sommer 1955, mit einer Kommilitonin und zwei Freunden, für vier Wochen, im Auto. Doch ins Sehnsuchtsland fährt man besser nicht in einer Reisegruppe – sie hat für Aufschwünge zu viel Schwerkraft. (Muschg hat diese unbefriedigende Griechendlandfahrt fünfundfünzig Jahre später in seinem Roman *Sax* literarisch wiederholt und wieder ins Sehnsüchtige verbessert: Drei Freunde sehen die Sonne aufgehen bei Kap Sunion, rezitieren einander Sophokles, tanzen berauscht im Dionysostheater, und *von jener Nacht an blieb ihre Verbindung unauflöslich.*) Muschg hat Griechenland in seiner realen zeitgenössischen Verfasstheit danach nicht mehr angetastet, er ist nur selten hingefahren.

Es bleibt für ihn, weit mehr als *Japan*, wirklichkeitsreines *Land der Seele*. Erst ab 2003 – mit dem kritischer werdenden Europa-Diskurs – taucht auch Griechenland wieder auf, doch auch da bleibt es vorwiegend *Hellas*.

Psychoanalyse: 1953, im zweiten Studiensemester, aber ist Adolf Muschg erst einmal der *ödipale Mensch*, der er nach seiner Kindheit werden musste – gespalten, schuldbewusst, ein strafender Vater und eine überbehütende Mutter sitzen ihm in Leib und Seele. Die Psychoanalyse kennt er noch nicht. Wohl aber weiß er, dass sein Halbbruder Walter, der Literaturprofessor in Basel, über *Psychoanalyse und Literaturwissenschaft* geschrieben hat. Das war 1930 seine Antrittsvorlesung in Zürich gewesen und hatte ihm einigen Ärger eingetragen. (Den alten Vorwurf vor allem: Freud verstehe doch nichts vom Schöpfertum.) Jetzt, in seinem zweiten Studiensemester, aber befindet sich Adolf Muschg in der Bewährungssituation, die auf den *ödipalen Menschen* nun einmal zukommt: Er wird das erste Mal mit seiner Freundin schlafen. Und vor dieser Mut- und Gewissensprobe beherrscht ihn dasselbe angstvolle Schuldgefühl, wie es ihm Ulrich Bräker, der arme Mann aus dem Toggenburg, in seinem Lebensbuch schon vorgesprochen hatte: «Ich kann's nicht, Aennchen! Gewiß, ich kann's nicht.» *Wort für Wort war das wahr.*

Er fährt mit der Bahn zum Thurgau hinüber, wo seine Freundin Helen, die Textilgestalterin, eine Haushaltslehre macht. Aus einem Antiquariat hat er sich, nicht von ungefähr, eine Schrift Sigmund Freuds als Reiselektüre mitgenommen – die *Vorlesungen zur Einführung in die Psychoanalyse* von 1917. Der Griff war glücklich. Es handelt sich um die wohl meistgelesene Schrift Freuds, berühmt für ihre Erklärungskraft. Man kann darin blättern, Neurosen und Triebtendenzen auswählen und sich anprobieren und wird ruhig und ohne Werturteil aufgeklärt. Die Schrift öffnet dem Erstleser die Augen über sich, und – das ist entscheidend – er muss sie nicht mehr niederschlagen. Das bewirkt vor allem die wissenschaftliche Haltung Freuds gegenüber der menschlichen Natur, daneben und besonders aber seine Sprache. Freud sagt alles, aber er sagt es so, dass seine Hörer im Saal bleiben. Er wirbt und macht empfänglich für das Erschreckendste, indem er es in genialer Einfachheit «erklärt». Auch Thomas Mann hat sich Freuds breiten Erfolg über seine Sprache erklärt. Der Psycho-analytiker Krokowski im *Zauberberg* vermag es, vor seinem Publikum *allgemein bekannte, doch gemeinhin in Schweigen gehüllte Dinge mit einer Art von berauschendem Takt zur Sprache zu bringen. [...] Die Frauen atmeten kaum.*

Während er in der Bahn sitzt und liest, erfährt Muschg die erwartbare Entlastung: *Das Problem der Geschlechtlichkeit war von niemandem zuvor so angesprochen worden wie von Freud.* Um dieses geläufigen Effektes willen aber müsste die Episode hier nicht stehen – sie entwickelt sich jedoch in eine ungewöhn-lichere Richtung: Das Erlebnis von Freuds Sprache wird vor-rangig. Muschg wird von Satz zu Satz vom Schriftsteller Freud ins jeweils verhandelte Problem hineingezogen, und er beob-achtet bald nur noch, wie der andere es macht, gerät in einen sprachanalytischen Rausch. *Schließlich hörte ich nur noch die Stimme des Schamanen statt der Stimme der Probleme.* Muschg be-schreibt hier die Erfahrung, dass Probleme in gut geformter Sprache ihre Erscheinung verbessern und damit ihre Erträglich-keit, ja, dass Probleme sich dadurch sogar aufheben können – jedenfalls, solange man liest, schreibt oder spricht. Diese Er-fahrung hat jene Lektüre-Urszene psychologisch wie ästhe-tisch folgenreich gemacht.

Ende 1957 schreibt Muschg bereits an seiner Dissertation. Der 1938 gestorbene Bildhauer Ernst Barlach hatte auch ein dichterisches Werk hinterlassen, vorwiegend expressionistische Dramen und einige Erzählungen, die einen spirituellen Grundzug trugen. Muschg erkennt darin eine sehr spezifische Form von Mystik und will sie in seiner Doktorarbeit nachweisen. Die Anregung dazu hat er aus einem Aufsatz seines Halbbruders Walter, des Basler Germanisten, der davon noch gar nichts weiss. Promovieren aber kann er bei seinem Geschwister schließlich nicht. Er geht in Zürich zu Emil Staiger, der auf der Schweizer Ordinarienbühne den Gegenspieler von Walter Muschg gibt. Es ist eine psychologisch äußerst vertrackte Konstellation, die Doktorvater und Doktorand zusammenführt. Sie reicht tief in Phantasien Adolf Muschgs über seine Familie. Im Herbst 1957 erhält er ein Stipendium als *Research Student* nach Cambridge, denn für das Nebenfach Anglistik ist ein England-Aufenthalt verbindlich. Er wird dem *Fitzwilliam House* zugewiesen, aber vom *St. John's College* mit seiner renommierten Germanistik-Abteilung betreut. Die angefangene Doktorarbeit kann er dort weiterschreiben. Die Monate in Cambridge sind insofern instruktiv, als der Schweizer Muschg dieselbe Erfahrung macht, wie sie schon lange deutschen Studenten zuteilwird: Welches Thema aus der deutschen Kultur man auch bearbeitet – meistens steht es in irgendeiner Verbindung mit der jüngsten deutschen Geschichte, und sei es nur personell. Und fast immer findet sich in der Geschichte seiner Erforschung ein jüdischer Name. Wem das zu Hause noch nicht aufgefallen ist, dem wird es im Ausland bald und oft drastisch klargemacht.

Im Falle Ernst Barlachs, der sich 1934 zu Hitler bekannt hatte und dessen Werk trotzdem später als *entartete Kunst* diffamiert wurde, stellte das St. John's College einen höchst kompetenten Tutor, den emigrierten Prager Germanisten Joseph Peter Stern. Stern war Jude, hatte seine Faszination von der deutschen Literatur keineswegs abgestellt, aber im Lichte seiner Erfahrungen revidiert. 1953 hatte er ein Buch über Ernst Jünger veröffentlicht, das vor allem eine Analyse von dessen gewaltfixierter Sprache war. Stern verstand diese Gewaltfixiertheit im kulturellen Kontext und nannte Jünger *a writer of our time*. Als kritischer Tutor war er für die Barlach-Dissertation ein Gewinn. – Auch die andere, so typische wie beschämende Begegnung, die auf deutschsprachige Auslandsstudenten wartete, widerfuhr Muschg: Seine *Landlady* war eine geflüchtete schlesische Jüdin namens Ehrlich. Sie sprach aus Prinzip kein Deutsch mehr, dafür ein außerordentlich deutsches Englisch: *Hand-Besen* das war *hand-basin*, das Waschbecken. Gegenstände mit dem Aufdruck *made in Germany* kamen ihr nicht ins Haus, und auch einen deutschen Studenten hätte sie nie bei sich aufgenommen. Wer solche – geradezu klischeehafte – Erfahrungen mit Naziopfern damals gemacht hat, wird sich erinnern, dass sie ihn tiefer trafen als jede literarische Anklage. Und ein nicht gemeinter Schweizer erfuhr jedenfalls einmal am eigenen Leib, was der deutschen Kultur fortan *auch* anhing.

Eine entstehende Doktorarbeit im geisteswissenschaftlichen Bereich hat das Zeug, zum Lebensmittelpunkt zu werden – denn meist, soweit man es sich wählen konnte, stammt schon ihr Thema von dort, aus der Existenzmitte. (Das wird noch zu zeigen sein: Es ist väterliches Terrain, auf dem sich der Doktorand Muschg bewegt, während er über Barlach schreibt.) Deshalb lässt sich dieses Thema oft nicht behandeln, ohne dass andere existenzielle Motive angelockt werden und sich einmischen, die «wissenschaftlich» eigentlich nicht dazugehören: Lebensprobleme koppeln sich an. Wer etwa über Kafkas Vaterbild arbeitet, dem stellt sich unversehens das Bild des eigenen ein. Das kann recht hinderlich werden, aber auch bis zur Euphorie produktiv. Ein weiteres Moment: Die Dissertation ist eine Bewährungsaufgabe, und das nicht nur im einfachen Verstande einer Berufsqualifikation wie jede Abschlussarbeit. Sie soll – so steht es in den Promotionsordnungen – *eine besondere Befähigung zur wissenschaftlichen Arbeit* nachweisen. Damit ist sie Eintrittskarte in eine besonders ausgezeichnete Gemeinschaft, die *scientific community*. Es ist deshalb nicht selten, dass sich damit Phantasien von der eigenen Besonderheit und Größe verbinden. Das kann dann allerdings zur Folge haben, dass die Bewährungsaufgabe *Dissertation* völlig unrealistische Ausmaße annimmt, die den Doktoranden schier erdrücken. In diesem Fall stellt sich oft ein zynischer Bewährungshelfer ein: das neurotische Symptom.

Es steht meist schon lange parat. Vor sieben Jahren, im evangelisch-reformierten Alpeninternat Schiers, hat Friedrich Adolf eine neuartige, aus Amerika importierte Lektüre entdeckt – *Reader's Digest,* eine aufbauende christliche Zeitschrift. Sie widmet sich in regelmäßigen Darstellungen den *Helden des Alltags.* 1949 oder 1950 bringt sie den Bericht des bekannten Schriftstellers John Gunther über den Krebstod seines Sohnes Johnny unter dem Titel *Tod, sei nicht stolz!* Der Siebzehnjährige bekam, während er sich auf sein College-Examen vorbereitete, einen Hirntumor und musste daran sterben. Der Bericht des Vaters schildert die Monate bis zu seinem Tod, die der Junge – in einem weißen Turban aus Verbandstoff – als ein beherrschter, gläubiger und freundlicher Held verbringt. Der Ton des Vaters ist voller Anerkennung für seinen Sohn. Das Ganze ist ein idealer Stoff für jugendliche Größenträume und mag sich geradezu als Archetyp für angstvolles Heldentum in Friedrich Adolf festgesetzt haben. Es ist die Vorstellung vom Märtyrer, bei dem sich Qual mit Größe verbindet und der sich so des Vaters Anerkennung erwirbt.

Jetzt, 1957 in Cambridge, stellt sich Bedarf für diese Phantasie ein. Der Druck hat sich langsam, unmerklich fast, aufgebaut – doch nun ist Muschgs Lebenssituation unerträglich beschwert. Helen, die nun schon langjährige Zürcher Freundin, ist zu Besuch gekommen. Damit ist eine schon länger verschleppte Entscheidung wieder akut: Sollte man sich einander nicht endlich zugeben, dass keinem von beiden ihre Beziehung noch ausreicht? Die Entscheidung wird wieder einmal weggedrängt, doch sie ist überfällig und erzeugt ein drückendes Schuldgefühl. Oder kommt das Schuldgefühl daher, dass er mit Helen schläft? Als Unverheirateter? Eigentlich: dass er überhaupt mit einer Frau schläft? Hier kommt die Mutter ins Spiel und die von ihr so gefürchtete, gehasste, *entsetzlich verbotene Sexualität*. Von der Mutter geht jetzt eine nur halb geglaubte, doch trotzdem immer wieder auftauchende Gedankenverbindung aus: *Verdammnis, büßen*. Keine leeren Worte.

Und schließlich das zurzeit unbedingt Zentrale, die Dissertation: Sie steht, während sie schwierig fortschreitet, unter dem Selbstzwang Muschgs, ein für allemal das in ihrem Problemfeld *Beste und Größte* liefern zu müssen. Umstanden ist das *work in progress* von zwei riesigen, prüfenden Vaterfiguren: Emil Staiger, dem anspruchsvollen Doktorvater, und dem Professor und Halbbruder Walter Muschg in Basel, zu dem Adolf mit dem Barlach-Thema in eine vermessene Konkurrenz getreten ist (davon ist bald die Rede). Diese beiden imaginierten Zensoren lassen kaum einen Satz ohne Bemängelung durch.

An einem Morgen im Frühjahr 1958 stellt Muschg bei sich einen neuartigen Schmerz fest. Die bisher als nervöse Reaktion zeitweilig auftretende Kopfspannung hat sich ungewöhnlich verstärkt. Zuweilen auch ein leichtes Schwindelgefühl. Die Blickschärfe der Augen – verringert? Unruhig beobachtet er sich, hat diesen und jenen Verdacht. Und plötzlich fliegt es ihn an. Im Kopf taucht auf: komplett, mit allen Symptomen und düsteren Aussichten, die Leidensgeschichte des Johnny

Gunther, des jungen Moribunden im Turban aus Verbandstoff – der *krebsige Gehirntumor* also. Er ist die vollkommene
Erklärung für die empfundenen Symptome – Panik ist be-
rechtigt. Die Freundin Helen lässt sich hineinziehen, angstvoll
geht sie mit zu den Ärzten. Erste Untersuchungen in England
fördern nichts zutage – schließen aber auch nichts aus. Gehirn-
tumore sind schwer fassbar, vor allem im Anfangsstadium.
Aber genau darum geht es ja, jetzt, sofort noch muss eine
konkrete Diagnose gestellt werden – im Anfangsstadium ist
oft noch Rettung möglich.

Muschg fährt nach Zürich. Professor Lüthy, der renommierte Neurologe, lässt ihn untersuchen nach den Regeln
der Kunst. Ihm wird das Rückenmark punktiert, eine sehr
schmerzhafte Prozedur. Die patientenschonenden, mikroin-
vasiven Verfahren von heute sind damals noch unbekannt.
Auch ist das Gehirn noch nicht elektronisch darstellbar und
deshalb ein günstiger Ort für Befürchtungen, deren Droh-
potenzial nicht so schnell durch eine Diagnose aufgelöst werden soll. Jedenfalls nicht nach dem unbewussten Wunsch des
Hypochonders, der sich in seinem Kopf einen Tumor ausgedacht hat. Professor Lüthy hat dann nichts gefunden, und
der Verdacht ist erst mal ausgeräumt oder jedenfalls gemin-
dert. Eine Zeit der Befreiung und Erholung setzt ein, in der
sich an der Dissertation leichter arbeiten lässt.

Die neurotische Schöpfung *Gehirntumor nach Johnny Gunther* ist im Frühjahr 1958 Beginn einer lebenslangen Karriere
Muschgs als eingebildeter Kranker. Hier, gewissermaßen auf
dem Urschauplatz, erscheint erstmals ein vertracktes seelisches
Motivbündel, das der Analyse nie ganz zugänglich sein wird.
Will der Fachmann es beschreiben, benutzt er Begriffe wie
*Phobie, Zwangsvorstellung, Selbstbestrafung, Vermeidung, Verteidi-
gung des Größenselbst* und andere mehr. Der beste Diagnostiker
für seine Hypochondrie aber ist zweifellos Adolf Muschg
selbst. Er hat 1974 (im Roman *Albissers Grund*) seiner *Ichfigur*

Dr. Peter Albisser eine Krankengeschichte auf den narben-bedeckten Leib geschrieben, die nach psychologischer Ein-sicht und objektiver Komik durchaus neben Molières *Malade imaginaire* bestehen kann. Zum existenziellen Ernst, über den derart komische Geschichten leicht hinwegtäuschen können, genügt hier eine Erinnerung: Als Molières Komödie 1673 erst-mals aufgeführt wurde, übernahm er selbst die Rolle seines eingebildeten Kranken. In der vierten Vorstellung aber erlitt er einen realen Blutsturz und starb noch im Kostüm des Dar-stellers.

III   DER FAMILIENROMAN
Vater und Großer Bruder 1958–1959

Traumangebote: Prinz Georg und Prinz Karl

Wir umkreisen weiter die Dissertation über Barlach, an der
Muschg schreibt. Nicht nur im Text einer solchen zentralen
Arbeit finden sich Ich-Anteile ihres Autors – auch in ihrem
Umfeld stellen sie sich ein. Johnny Gunther, der heldenhafte
Dulder im Verbandsturban, ist ja schon da. Er belastet den
Schreibprozess mit der furchtbaren Drohung *Gehirntumor*,
deren Sinn noch nicht ganz klar ist – Flucht ins Symptom,
Buße oder Appell an den Vater oder alles zugleich? Vermut-
lich alles zugleich.

Nach Johnny Gunther ist jetzt Prinz Georg heraufzurufen – Erbprinz Georg von Trassenburg auf Schloss *Helenenruh,* unweit der norddeutschen Hauptstadt *Altenrepen,*
Zeit: um 1900. Prinz Georg ist ein hochkultivierter junger
Mann mit einem Perlenkranz schöner Geliebter – vor allem
jedoch ist er Künstler. Er dichtet, aber fast nur Lyrik. Friedrich
Adolf Muschg begegnet dem Prinzen etwa um 1950 – gegen
sein eigenes sechzehntes Lebensjahr –, als er Albrecht Schaeffers Roman *Helianth* liest, in dem Georg die Hauptrolle spielt.
Fasziniert folgt er dem Dichterprinzen durch dessen fantas-
tische Kunstwelt – an seinen Musenhof Helenenruh, auf die
seelenstärkende Hallig Hooge, in das bescheidene Inkognito

einer Berliner Studentenbude ... Die Beziehungen der Roman-
personen zueinander sind recht preziös, doch manchmal
kracht es auch plebejisch, es wird fortschrittlicherweise schon
viel telefoniert, und Georg schreibt ein Gedicht im Schnellzug.
Der Grundcharakter ist steile Kultur-Kolportage: Prinzessin-
nen verschwinden geheimnisvoll, der Dichter Stefan George
hat seine Epiphanie als Literaturheiliger («Saint-Georges»),
man liest preziöse Briefe *von Renates Hand*, am Ufer eines Wei-
hers ringt Georg sich endlich zur Wahrheit durch ...

Der *Helianth* war zur Zeit seiner ersten Veröffentlichung
(1920) durchaus ein Erfolg – er gehörte zu der damals auf-
kommenden eskapistischen Literatur, die auf die Kriegskatastrophe mit Rückzug in abgelegene und geschützte Seelen-
gebiete reagierte. Einige Kritiker bemerkten jedoch auch
moderne, zukunftsorientierte Züge wie die nachdrückliche
Berufung auf die Psychoanalyse. Dazu gehört auch das zeit-
gemäße Identitätsproblem, das den Prinzen Georg plagt –
allerdings mit den Requisiten des Kitschromans: Ist er denn
nun ein legitimer Thronfolger, oder wurde er in der Wiege
vertauscht? Es stellt sich am Ende heraus, dass er auf geradezu
katastrophale Weise illegitim ist: Sein Vater, der Erbgroßher-
zog, hat ihn unehelich gezeugt, und seine Mutter ist eine
negroide Balletttänzerin. Die dann doch verblüffende Pointe
ist jedoch, dass ihn diese Enthüllung erlöst und schließlich
sogar ungeheuer freut: *Die Maske geht ab.* Er hat sich selbst gefunden! Zusammengesetzt aus so viel Falschem ist er jetzt
erst echt. Das ist der moderne Schluss einer auf *natürliche
Identität* setzenden, ins Demokratische zeigenden *Coming-of-
age*-Erzählung.

Als Initiation hat der sechzehnjährige Adolf Muschg das
Buch damals auch gelesen – als seine eigene. 1995, fünfundvierzig Jahre später, bekommt er die seltene Chance, seine Jugend-
lektüre noch einmal überprüfen zu können – er schreibt in
seinem Nachwort zu einer Neuausgabe des *Helianth: Ich habe*

an ihm meine Gefühle buchstabieren gelernt – grandios, wie denn anders; ich war in dem Alter, wo man die Welt als Metapher des eigenen Gefühlsehrgeizes behandelt. Dieser begegnete in Georgs Prinzenwelt seinesgleichen. [...] Das war die Landschaft meiner Ich-Träume. Die verbrämte Rede vom jugendlichen *Gefühlsehrgeiz* benötigt hier eine konkretere Bestimmung: *Ehrgeizgefühle*. Friedrich Adolf, der begabte, aber verkannte Sohn der Lehrerwitwe – seit Jahren schon schreibt er Gedichte –, hat damals ganz legitim grandiose Erhöhungsträume geträumt. Und wenn um 1950 ein Roman als Skript für solche spezifischen Größenphantasien taugte, dann war es Schaeffers *Helianth*, das Buch vom dichtenden Prinzen. Es vereinigt in sich – und zwar üppig, auf der Stufe völliger Ungeniertheit – alles, was die Psychoanalyse über einen bestimmten Phantasie-Typus herausgefunden hat. Diese Phantasie tritt in der seelischen Entwicklungsgeschichte des Heranwachsenden auf und heißt *Familienroman*.

Das psychoanalytische Konzept des *Familienromans* ist folgendermaßen entstanden: 1909 beschrieb der Wiener Psychoanalytiker Otto Rank den *Mythus von der Geburt des Helden* (von der Art Siegfrieds oder des Herakles) unter dem Aspekt des Ödipuskomplexes. In solcher Heldenerzählung verkappe sich die infantile Konkurrenz des Sohnes, der sich an die Stelle seines Vaters setzen wolle – um dem vorzubeugen, werde im Mythos das Kind nach der Geburt oft ausgesetzt oder vertauscht. Sigmund Freud steuerte zu Ranks Schrift einen Beitrag aus seiner eigenen psychoanalytischen Praxis bei: Er beschrieb Phantasien, in denen ein Kind seine Familienverhältnisse ummodelt. Es bildet sich beispielsweise ein, nicht von seinen realen Erzeugern abzustammen, sondern von hochstehenden Eltern oder jedenfalls einem hochgestellten Vater – etwa als Findelkind (wie Paris oder Gregorius), das in Wahrheit hochadelig ist. Diese Größenphantasien entstehen unter den Zwängen des Ödipuskomplexes – Freud nannte eine solche Um-

erzählung der realen Familienverhältnisse den *Familienroman*.
Derartige besondere Phantasietätigkeit gehöre *zum Wesen der
Neurose und auch jeder höheren Begabung*. Dahinter stünden
als miteinander verbundene Motive der Größenwunsch, die
Konkurrenz zum Vater und das soziale Bestreben, die eigene
schlichte Familie durch eine höhergestellte zu ersetzen.

Dass der *Familienroman* kein nur theoretisches Konstrukt
ist, belegen eindringliche Selbstanalysen vor allem auch von
Schriftstellern – das schlagendste Beispiel liefert das Erzählwerk Thomas Manns. Sein *Familienroman*-Personal ist dasselbe
wie im *Helianth*: höchster Geburts- und Geistesadel. Ausgangs-
punkt und Archetyp ist Manns früher, oft repetierter Tagtraum, *ein Prinz namens Karl* zu sein (er hat ihn in *Kinderspiele*
beschrieben und auch an seinen Felix Krull weitergegeben).
Im Kern handelt es sich bei diesem realen kindlichen Tagtraum um eine deftige Erhöhungsphantasie, die aber nicht –
wie später beim Erwachsenen erwartbar – realistischerweise
abtritt, sondern sich erhält und ein Motor hinter Thomas
Manns literarischen Erfindungen bleibt. Immer wieder beschreibt er im Werk seine Erhöhung zu *Prinz Karl*: Sie geschieht
gleich zu Beginn seiner literarischen Laufbahn mit dem *kleinen
Verfallsprinzen* Hanno Buddenbrook, dann *ist* er *Königliche
Hoheit*, dann (mit kleinen Fehlern) ein Marquis de Venosta,
darauf *ist* er Joseph, Vizekönig von Ägypten und Großer Er-
nährer, dann wieder der Volksführer Moses am Sinai, und am
Ende wird er doch tatsächlich Papst – als *der Erwählte*. Dann
läuten alle Glocken. Und er hat auch genau gewusst, was er
tat und sich damit herausnahm:

*Wissen Sie, warum wir so gut zueinander passen? Weil Sie [...],
auf Ihre Art, etwas Außerordentliches, – weil Sie, wie ich das Wort
verstehe, eine Prinzessin sind. Und ich, der ich immer – jetzt dürfen
Sie lachen, aber Sie müssen mich verstehen! – der ich immer eine Art
Prinz in mir gesehen habe, ich habe, ganz gewiss, in Ihnen meine
vorbestimmte Braut und Gefährtin gefunden.*

Das schreibt Thomas Mann Mitte September 1904 an Katia Pringsheim, fünf Monate vor der Hochzeit. Später irgendwann bittet er sie, ihm seine Werbebriefe zurückzugeben, er wolle sich für eine geplante Erzählung Abschriften machen. Und so ist dann *Königliche Hoheit* entstanden, das Märchenspiel von Prinz und Prinzessin. Es zeugt von der unvergänglichen Dynamik der frühen Phantasie vom Prinzen Karl. Sie war ein Leben lang schöpferisch – der kindlich geträumte *Familienroman* verkappte sich unablässig neu in literarische Abkömmlinge.

Adolf Muschg hat um 1950 das Traumangebot des *Helianth* ausgekostet: *Das war die Landschaft meiner Ich-Träume.* Längst war er ja schon im Bund mit der *grandiosen Erwartung* seiner Mutter an den Sohn, und die Tagebücher des Gymnasiasten handelten *nur von königlich-kaiserlichen Phantasien.* Als die Romanfigur Prinz Georg von Trassenburg in der Zolliker Etagenwohnung erschien, fand er seinesgleichen also schon vor, Friedrich Adolf war den Umgang mit dem Hochadel längst gewohnt. Allerdings war ein Dichterprinz wie Georg die absolute Traumrolle – sie hatte nur einen Nachteil: Herauswagen – beispielsweise sich selbst einen prinzlichen Roman auf den Leib schreiben wie Thomas Mann – konnte man sich damit nicht mehr. Für eine ernst zu nehmende Öffentlichkeit hatte das adelige Personal der Größenträume längst abgewirtschaftet, war aus der zeitgenössischen Literatur verschwunden und auf dem Boulevard der Massenpresse gelandet. Wer wie Friedrich Adolf schon so genau wusste: *Meine Lebensaufgabe war, die Wirklichkeit meiner Erfindungen zu betreiben* – der musste sich jetzt umsehen, in welcher anderen öffentlichkeitsfähigen Form und mit welchen Inhalten sie denn nun *wirklich* werden konnten. Fest stand allerdings, dass das nur innerhalb der Literatur und mit ihren Mitteln geschehen konnte. Die grandiose Wirklichkeit der eigenen Person musste *erschrieben* werden.

Es ist geradezu ein symbolischer Abschied vom alten k.u.k. Traumpersonal, als Thomas Mann am 8. Oktober 1954 vor dem Zürcher Kino *Orient* vorfährt, unter Ansage und Applaus Einzug hält und zu seinem Ehrenplatz geleitet wird. Man feiert die Schweizer Premiere des Films *Königliche Hoheit* mit Dieter Borsche und Ruth Leuwerik, und vor dem bald achtzigjährigen Thomas Mann ersteht noch einmal, zum Greifen nah und fast im Fleisch, *Prinz Karl* – und noch einmal verschwimmen die Grenzen zwischen der erfundenen Ich-Figur und ihrem Erfinder. *Wunderlich* – so steht es dann im Tagebuch – *wie ich gestern im Theater und Hotel (die Angestellten!) selbst ganz wie eine Königliche Hoheit behandelt wurde und so reagierte. Wunderlicher Lebenstraum, der bald ausgeträumt sein wird.* Nur ein paar Straßen weiter sitzt Adolf Muschg, der damit gerade erst anfängt. Er beginnt seinen *Lebenstraum* genauso intensiv und nachhaltig wie Thomas Mann, doch als *Familienroman* muss er ihn jetzt anders anlegen.

Die Künstlerfamilie: Du gehörst dazu!

Es ist zu erinnern, was die *Familienroman*-Phantasie für den Träumer leisten soll: die Konkurrenz zum Vater aufrichten und siegreich beenden; den Wunsch nach Größe realisieren und schließlich die eigene Familie ins Besondere umformen. Adolf Muschg hat mit der Ausarbeitung eines solchen Phantasieromans früh angefangen, um sein achtes Lebensjahr – die Motive dafür brannten auf den Nägeln, und Vorbilder und Vorlagen gab es schon im familiären Einzugsbereich: die vier Halbgeschwister aus des Vaters erster Ehe. Drei von ihnen waren in Zürich zu besichtigen und zuweilen zu besuchen, das vierte, Walter Muschg, dagegen führte eine ferne, mythenumrankte Professorenexistenz in Basel. In seiner ganzen Kindheit hat ihn Friedrich Adolf nur einen Tag zu Gesicht bekommen – an des gemeinsamen Vaters siebzigstem Geburtstag, zu dessen Feier er sich widerwillig von seiner Frau hatte *hinschleppen* lassen. Walter Muschg hatte Gründe, seinen Vater, den alttestamentarischen Richter, zu meiden.

In Zürich lebten Elsa, die Jugendschriftstellerin, Hedwig, die frühpensionierte Grundschullehrerin mit der Gespensterfurcht, und Hans, der Bildhauer und Steinmetz (jetzt verstand er sich allerdings mehr als künstlerischer Buchbinder). Sie waren alle über drei Jahrzehnte älter als ihr kleiner Halbbruder. Zu Hedwig hatte Friedrich Adolf den häufigsten Kontakt. Sie war schon mit fünfundvierzig Jahren pensioniert worden aufgrund verschiedener neurotischer Belastungen. Ausgeprägt war ihre Furcht vor Spuk, gegen den ihr Friedrich Adolf zur Seite stehen musste. Er mochte Hedwig nicht besonders, da sie sehr geziert und überempfindlich auftrat. In dies Erscheinungsbild einer blaustrümpfigen Lehrerin aber will die Freundschaft zu einem sehr viel älteren und ganz anders disponierten Mann so gar nicht passen, wie sie Hedwig 1927 in Paris eingegangen ist. Sie war dort erstaunlicherweise ins Künstlermilieu geraten und fand sich angezogen von den höchst avancierten Bildern des deutschen Malers Otto Freundlich. Freundlich, der als Theoretiker der künstlerischen Abstraktion hervortrat und sein eigenes Malkonzept des «Farbfeldes» verfolgte, verstand die Kunst als sozialen Humanismus. Hedwig Muschg hat Freundlich in den folgenden Jahren von ihrem Lehrerinnengehalt finanziell unterstützt und dafür manche seiner – nach 1933 kaum noch verkäuflichen – Bilder erhalten. (Im Katalog der nationalsozialistischen Propaganda-Ausstellung *Entartete Kunst* von 1937 findet sich Freundlichs Skulptur *Der neue Mensch* auf dem Titelblatt.) Sie hat ihn von fern begleitet, auch als er, der Jude, in Frankreich nach der deutschen Besetzung untertauchen musste – 1943 hat man ihn in Majdanek ermordet. Einen Dank konnte er hinterlassen: Mit dem Erlös seiner später wieder im Kurs gestiegenen Bilder konnte Hedwig Muschg ihre schmale Pension entscheidend aufbessern. Im Übrigen hat sie im Falle Otto Freundlichs ein einziges Mal, doch für längere Zeit, die Grenze überquert, die schließlich alle Kinder des Zolliker Volksschullehrers Adolf Muschg passiert haben: hinüber zur Kunst.

Der Halbbruder Hans, ein liebenswürdiger, sensibler Mann, hatte sich eine Zeit lang als Bildhauer versucht – doch eigentlich blieb er Steinmetz, dem sein Vater über den Pfarrer Grabstein-Aufträge vermittelte. Später führte er ein Atelier für Handbuchbinderei. Geld verdienen musste er nicht, denn er war Gatte einer reichen Frau, mit der er in glücklicher Ehe lebte. Bis zum Lebensende blieb er bekennender Anthroposoph, und sein Wohnhaus hatte er sich vom Grundstein bis zum Firstnagel selbst gebaut, unter Vermeidung des lebenswidrigen rechten Winkels. – Schließlich Elsa, die Verfasserin von *Hansi und Ume,* dem Japan-Buch für Kinder. Sie hatte die Kunstgrenze am deutlichsten überquert; als Verfasserin einer ganzen Reihe erfolgreicher Jugendbücher war sie schon ganz in die Nähe dessen vorgedrungen, was ihres kleinen Halbbruders *Prinzentraum* ausmachte: *Dichter* zu sein. Auch das Interessant-Anrüchige, das ihre Person umgab – die gotteslästerliche Beziehung zu jener Ballettmeisterin –, mochte zur Kunst gehören. Aber Elsa hatte noch nicht die volle dichterische Weihe erlangt.

Die allerdings besaß der ferne *Große Bruder* – und zwar doppelt. Er war ein berühmter Germanist und, verkappt und verkannt zwar, eigentlich ein Dichter. Walter Muschg (1898–1965) hatte (seit 1936) den wirkungsmächtigen *Lehrstuhl für deutsche Sprache und Literatur* in Basel inne, während des Krieges war er als Nationalrat politisch aktiv gewesen, und immer wieder las man von ihm in Schweizer oder deutschen Zeitungen zündende Stellungnahmen zu Zeitfragen und zur Gegenwartsliteratur. Er war also berühmt und eignete sich schon deshalb dazu, eine Hauptrolle in des kleinen Bruders *Familienroman* zu spielen. Überdies konnte man von ihm erfahren – es war schließlich sein Hauptthema –, wie heutzutage ein *echter Dichter* beschaffen sein musste (Döblin war einer und Kafka) und wie eben nicht (eben nicht wie Thomas Mann, der nur leere Parodien schuf). Über diese Kernfrage hatte Walter Muschg sich 1929 sogar habilitiert – und zwar anhand von Albrecht Schaeffers *Helianth*. Die Habilitationsschrift hieß *Der dichterische Charakter* und beschrieb die Chancen und Gefahren, mit denen es ein junger Dichter *heute* aufzunehmen habe. (Im Grunde bietet Walter Muschg hier eine durch Neuromantik und Expressionismus geprägte Genieästhetik.) Als Fazit ergeht an den jungen Dichter *eine Forderung nach Größe in der nüchternen Atmosphäre der Zeit.* Der kleine Bruder in Zürich, selbst auf dem Wege zum Dichtertum und mit seinem *Familienroman* befasst, kann das gut auf sich beziehen. Natürlich liest er, als er es zu verstehen beginnt, alles, was ihm vom *Großen Bruder* erreichbar ist. Nur ihn selbst bekommt er nicht zu Gesicht, und das hält den Mythos rein.

Um einen Mythos handelt es sich besonders durch ein weiteres Verdienst des Bruders: *Er hatte mit dem Vater gekämpft und sich von ihm befreit!* Nach seiner Promotion (über Kleist, 1921) war Walter Muschg nach Berlin gegangen, und das durchaus nicht primär als Germanist, sondern als künftiger Dichter. Er traf hier auf den literarischen Expressionismus, war bald mit einigen seiner Autoren bekannt und schrieb 1925 selbst ein expressionistisches Bühnenstück mit dem Titel *Babylon*. Die Erfahrung der modernen Großstadt und der von ihr begründeten Literatur entfremdeten ihn dem häuslichen Milieu in Zollikon und der bibelbewehrten Autorität des Vaters. Hinzu kam, dass Walter Muschg die Psychoanalyse entdeckt hatte und den Verhältnissen zu Hause jetzt auch einen psychologischen Namen geben konnte. Es kam zu heftigen Szenen, und schließlich exkommunizierte der Vater den an die glaubenslose Großstadtmoderne verlorenen Sohn in aller Form: Er wies ihn von seiner Schwelle.

Walter Muschg konnte diese Exkommunikation aushalten, er war alt genug dazu, als er sie sich erkämpft hatte. Im Grunde hatte er sie für den kleinen Bruder symbolisch miterrungen, wie der bald fand (und bis heute anerkennt). Friedrich Adolf litt schließlich unter dem Vater wie zuvor der Bruder, doch er selbst war noch zu jung für den befreienden Bruch. So blieb sein Verhältnis zum Vater unaufgelöst, und die Konturen seiner Figur bleiben in Leben und Werk Adolf Muschgs mächtig, aber undeutlich. Damit aber verringerte sich durchaus nicht ihre psychische Bedeutung – diese Vater-Imago war nur nicht profiliert genug und abgegrenzt.

Nach dem Tode des Vaters (1948) geschieht das wenig Überraschende: Friedrich Adolf überträgt positive Vatereigenschaften auf den fernen *Großen Bruder*. In Schwester Hedwig hat der längst seine glühende Prophetin – sie besitzt seine Schriften und hat alle neuen Nachrichten über ihn. Um 1950 entdeckt Friedrich Adolf bei ihr dann Albrecht Schaeffers *Helianth* – das große Buch vom Dichterprinzen Georg – und auch des Bruders Studie über ihn. 1995, in seinem Nachwort zur Neuauflage des *Helianth*, hat Adolf Muschg das beschrieben:

Dass ich mich mit diesem Buch unter meinesgleichen fand, war aber auch noch in einem andern und heiklen Sinne wahr. Mein bewunderter und entfernter Halbbruder, Walter Muschg, hatte über Schaeffer gearbeitet. Seine Habilitationsschrift mit dem Titel «Der dichterische Charakter» ersetzte mir das Gespräch, das es zwischen den auseinandergesprengten Sippenteilen sonst nicht gab. Was Walter Muschg an der Welt, am Leben gefunden hatte: im Medium des «Helianth» teilte er es mir mit. So wurde mir Albrecht Schaeffer zum Familienheiligen und zum Nothelfer. Seine drei Bände enthielten eine verschlüsselte Botschaft an mich. Sie lautete zugleich wie diejenige Georgs: «Du kommst nicht hinein» und – ganz im Gegenteil – «du gehörst dazu». Du bist in deinem Eigentum, dies wird dein Reich.

Walter Muschgs «Der dichterische Charakter» war also die Bot-
schaft eines unbekannten Vaters und der Entwurf eines Selbst-
porträts. Es bereitete meine Weihe zum Dichter vor und enthielt –
verschlüsselt – die brüderliche Legitimation dafür.

An diesem Punkt ist Friedrich Adolfs phantasierter *Familien-*
roman komplett: Der dominante, bedrückende Vater ist symbolisch besiegt und nun auch realiter tot. Wichtige, positive
Vatereigenschaften hat der ferne Bruder zu übernehmen, der
in einer verschlüsselten Botschaft zu ihm spricht – sie ist ambivalent, absprechend und doch voller Verheißung und gelobt
ihm schließlich das Heilige Land der Dichtung: *Dies wird dein*
Reich. Auch die Familie – oder deren Überrest, die Symbiose
mit der *kümmerhaften* Mutter – ist jetzt eingetauscht durch
den Kreis der Halbgeschwister. Sie alle sind auf dem Wege
zur Kunst oder bei ihr schon angekommen, und es konnte
auch für ihn gelten: *Du gehörst dazu.*

Der stärkste Name: Vater

Phantasien wie der *Familienroman* haben vor allem wegen der
Ungeniertheit und Wirklichkeitsferne der beteiligten Größen-
wünsche für das geläufige psychologische Verständnis etwas
Unwahrscheinliches. Man mag ihnen deshalb kaum die psychische Dynamik zutrauen, die sie weiterhin auch in einem
Erwachsenen entfalten können – vor allem, wenn dieser Erwachsene eigentlich Bescheid wissen müsste, was da mit ihm
geschieht. Er weiß es – und er weiß es im entscheidenden Zeitraum doch nicht klar genug. Zum Beispiel Thomas Mann:
Immer wieder ist er seinem Kerntraum vom Prinzen Karl ge-
folgt und hat Erhöhungsgeschichten geschrieben. Seine groß-
artigste ist zweifellos der Roman vom Aufstieg des israeli-
tischen Beduinenknaben Joseph zum Vizekönig von Ägypten.

Und als Thomas Mann Anfang 1941 intensiveren Kontakt

zum amerikanischen Präsidenten Roosevelt bekommt – dem *mächtigsten Mann der Erde*, wie er festhält –, da steuert er die Arbeit am Josephsroman so, dass eine Einladung ins Weiße Haus fast zur selben Zeit realisiert wird wie Josephs (seiner Ich-Figur) erstmaliges Erscheinen vor Pharao. Damit lässt er seine Erhöhungsphantasie auf die Wirklichkeit übergreifen: Joseph erscheint vor Pharao und wird Vizekönig über Ägyptenland, und Thomas Mann tritt vor den *mächtigsten Mann der Erde* und wird – nun ja: nicht mehr als eingeladen, für ein paar Stunden *an seiner Seite* zu sitzen, insgeheim ein wenig Vizekönig zu spielen. Der Aufwand aber, mit dem Thomas Mann die Analogie zu Joseph und Pharao in Briefen und im Tagebuch betreibt, ist bemerkenswert. Noch die *Whitehouse Car*, die ihn abgeholt hat und zu Roosevelt brachte, findet ihre Entsprechung im Josephsroman: als *Eilboot aus Pharao's Eigen-Flotille*. Ihm liegt sehr an dem doch völlig privaten Spiel, auch in Wirklichkeit *an der Seite* des amerikanischen Pharao zu sitzen. Er behält sich dabei immer in der Hand, doch die Dynamik, mit der sein *Familienroman* auf seine Lebenswirklichkeit übergreift, bezeugt dessen orientierende Kraft.

Auch Adolf Muschg wird in einem langen Schriftstellerleben feststellen dürfen, dass sein *Familienroman* nicht untergeht und an der Steuerung seiner Produktion immer beteiligt ist. Beispielsweise bleibt das Vaterbild erhalten, das er dann auf den fernen Halbbruder Walter verschoben hat. Er hat es von Beginn an auch in seinen Romanen auftauchen lassen: Dieser Vater ist fern, und man kann nicht mit ihm sprechen, doch es gibt eine Verbindung zu ihm: die Schrift. Das war dann auch die Brücke zum *Großen Bruder* gewesen: *Walter Muschgs «Der dichterische Charakter» war [...] die Botschaft eines unbekannten Vaters.* Als Adolf Muschg dann – endlich – selber zu schreiben beginnt, bleibt dies Vaterbild bestehen, doch die Schrift kehrt nun ihre Fließrichtung um. Muschgs Romanhelden – allesamt Ich-Figuren – sind es jetzt ihrerseits, die an den Vater schreiben, der fern und stumm bleibt.* Sie empfangen zwar weiterhin von ihm verrätselte Botschaften. Doch der Sprachstrom geht jetzt von ihnen aus: Sie werben um den Vater und wollen sich beweisen.

Da ist Manuel Inauen in Muschgs erstem Roman *Im Sommer des Hasen,* Konzernlenker und väterlicher Freund des Werbechefs Bischof. Durch Gnadenwahl hat er den armen Geschichtsstudenten – Sohn kleinbürgerlicher Eltern, Vater Primarlehrer, Mutter Waschfrau – zu seinem PR-Leiter erhoben. (Vom armen Studenten zum Werbechef – so erscheint jetzt die Erhöhungsphantasie vom Dichterprinzen.) Der Roman ist nun ein einziger großer Bericht, den Bischof aus Japan an Manuel in der Schweiz schreibt und in dem er um dessen lebendiges, gesprochenes Du wirbt. Der umworbene Manuel aber schweigt. Auf das dahinter stehende eigentliche Verhältnis der beiden machen nun ihre Namen aufmerksam: Bischof, Manuel. Manuel – Abkürzung des hebräischen *Immanuel* (Gott sei mit uns) – ist ein Vatergott, der Bischof zum Aufseher (*episcopus*) und Verwalter seiner Interessen eingesetzt hat. Die hier wirksamen biographischen Elemente – Muschgs realer bibelfrommer Vater, sein kunstreligiöser Großer Bruder und er selbst, der ohne Antwort um Anerkennung werbende Sohn, – treten zusammen zu einem Vater-Sohn-Verhältnis, das im Kern religiöse Züge trägt.

Dies Vater-Sohn-Verhältnis wird im *Sommer des Hasen* (1965) das erste Mal literarisch dargestellt. Davor hat es aber schon eine begriffliche Bearbeitung erfahren: in Muschgs Dissertation über Barlach (1959). In Barlachs Werk entdeckte er damals einen thematischen Kern: das reale Verhältnis des Dichters Barlach zu seinem Sohn. Es nimmt in den Dramen religiöse

---

* Renate Böschenstein hat ingeniös und aus persönlicher Nähe zum Autor diese Verhältnisse dargestellt: *Schreiben nach und mit Freud. Zum Verhältnis von Text und Subtext in Romanen von Adolf Muschg,* in: Manfred Dierks (Hg): *Adolf Muschg,* Frankfurt am Main: Suhrkamp 1989, S. 56–81.

Der Halbbruder Walter Muschg (1898–1965),
Literaturhistoriker an der Universität Basel

Züge an, und in ihm zeigt sich auch wie ein Schatten das un-
geklärte seelische *Andere* jedes Menschen. In diesem *Anderen*
aber verbirgt sich der *stärkste Name:* Vater.

Unwillige Konkurrenz: der Große Bruder

Zum Ende der Gymnasialzeit lud Walter Muschg erstmals
den kleinen Halbbruder zu sich nach Basel ein – er durfte die
Sommerferien dort verbringen. Jetzt war er offiziell zugelassen zur Familie: *Du gehörst dazu.* Allerdings war es eher eine

Zugehörigkeit *linker Hand,* nicht ganz vollberechtigt: So hatte der immerhin sechsunddreißig Jahre jüngere Halbbruder den anderen *Onkel* zu nennen. Doch die Familienvisite war erfolgreich. Tagsüber arbeitete der Professor in der Universität, abends gab es lange Gespräche, in denen Adolf offenbar überzeugte. Einmal ging er mit in die Hauptvorlesung und erlebte den großen Auftritt des Bruders als Eingeweihter und berufener Mittler der Literatur. Er wird nicht viel anderes zu Gesicht bekommen haben als zwanzig Jahre zuvor Max Frisch, der Walter Muschg in Zürich gehört und bewundert hat:

Er springt aus sich heraus, über den Unterrichtsangestellten hinaus, wagt sich bis zum Menschen, der sich seines Herzens nicht schämt und sich darstellt in seiner Ergriffenheit, in seiner Verzücktheit und dessen Rede ein Kampf ist, ein augenblicklich in Worte gegossenes Reden, ein Bekennen. O, wären doch alle, die diesen Titel tragen: Professoren, das heißt: Bekenner! Er ist es. Wir haben ihn gern. Wir hangen an seinen Vorträgen.*

Das war der *Große Germanistische Auftritt,* den damals an den Universitäten einige beherrschten – Emil Staiger etwa, drüben in Zürich, der Antipode. Wer das einmal erlebte, wollte auch so sein.

Als er um 1952 den – nur wenige überraschenden – Entschluss gefasst hat, Germanistik zu studieren, schreibt Adolf einen förmlichen Bekennerbrief an den *Großen Bruder.* Er bittet um dessen Zustimmung, es ist das Ersuchen um Einlass in den Tempelbezirk. Er wird ihm gewährt: *Du bist in deinem Eigentum, dies wird dein Reich.* Natürlich hat er erwogen, beim Bruder zu studieren, aber das schien doch zu heikel. Adolf Muschg blieb in Zürich, doch er sah immer zum Bruder hinüber. Er kannte seine Schriften, seine Vorlieben, verfolgte seine öffentlichen Schusswechsel – denn Walter Muschg war

* Julian Schütt: *Max Frisch. Biographie eines Aufstiegs 1911–1954,* Frankfurt am Main: Suhrkamp 2011, S. 87.

ein großer Richter und Polemiker. 1954 beispielsweise stellte er sich gegen die gesamte Schweizer Nation, indem er ihr einen verballhornten Jeremias Gotthelf wieder entriss, den sie sich gerade als gemütvollen Bauerndichter einverleibt hatte. Zum hundertsten Geburtstag von Gotthelf hatte der Lehrer und Rundfunkjournalist Ernst Balzli aus seinen hochdeutschen Werken berndeutsche Mundartübersetzungen gefertigt, die tatsächlich die ganze Schweiz dienstags um den Rundfunkapparat versammelten. Gegen diese Nationalfolklore hielt Walter Muschg jedoch ein volltönend lutherisches *Das Wort sie sollen lassen stahn!* Der schriftdeutsche Gotthelf war gerettet, den Frevler kostete das seine Stelle beim Rundfunk und der Professor hatte sein Bekennertum öffentlich unter Beweis gestellt. Die Wirkung auf den kleinen Bruder, Literaturstudent im zweiten Semester, war enorm.

Es blieb nicht aus, dass hinter der Person Walters allmählich eine andere, schlimm-vertraute sichtbar wurde: der Vater. Es war dessen selbstgerechte Strenge, die ihm hier wieder entgegentrat, das Pochen auf einen eindeutigen Schriftsinn und das Bedürfnis nach einem letzten Grund. Muschg versteht den Bruder heute so: *Er suchte Boden unter dem väterlichen, auf dem er Häuser bauen konnte. Er blieb dem Heiligen und Sakralen verbunden, nur suchte er es dort, wo es die bürgerliche Frömmigkeit nicht suchte: in der Literatur, der Literaturwissenschaft und der Psychoanalyse. Ihn interessierten die letzten Dinge.*[*]

Zu diesen *letzten Dingen* gehörte das *Geheimnis der dichterischen Berufung* – es erschließt sich nur den *wahrhaft Eingeweihten* –, und diesem Geheimnis hatte Walter Muschg seine Habi-

* Adolf Muschg in Walter Muschg: *Die Zerstörung der deutschen Literatur und andere Essays,* hg. von Julian Schütt, Zürich: Diogenes 2009, S. 932.

litationsschrift gewidmet.* Er ist der Fall des durch innere oder äußere Umstände am *Dichten* Gehinderten, der zeitlebens dem nachspürt, wie man's macht und wo es herkommt: Es kam, wie er fand, aus tiefster Tiefe – aus der Lebensgeschichte des schreibenden Individuums und aus der phylogenetischen Erbschaft, die in ihm aufbricht. Er benutzte dazu als einer der ersten Literaturwissenschaftler überhaupt die Psychoanalyse als Tiefensonde für die individuellen Motive, und für die stammesgeschichtliche Mitgift hält er sich an Johann Jakob Bachofens *Mutterrechts*-Konzept, seinerseits eine verkappte Tiefenpsychologie. Walter Muschg bewährt diese Mischung glanzvoll in seinem Gotthelf-Buch von 1931: *Die Geheimnisse des Erzählers.*

Solche Faszination von den *literarischen Urimpulsen* (Schütt) trägt Walter Muschg dann sein Hauptwerk ein, das ihn bekannt und umstritten macht: die *Tragische Literaturgeschichte* (1948 ff). Ihr Prinzip ist die Annahme: *Alle große Dichtung ist eine Frucht des Leidens.* Ihre Absicht: die Aufstellung einer Typologie des Dichterischen, an der man sein Wesen erkennen kann. Danach gibt es die drei Grundformen des Magiers, des Sehers und des Sängers – die Beispiele dafür wären der Schamane Orpheus, der Prophet Jeremias und der singende Epiker Homer. Allmählich aber, im Laufe der Kulturgeschichte – so Walter Muschg – büßen diese Grundformen an Kraft und Tiefe ein, sie verlieren die *Weihe* des *Ursprungs* und werden *sekundär.* (Der Begriff *Dekadenz* wird vermieden und ist gemeint.) So entsteht aus dem Magier der gewandte Gaukler, folgt auf den Seher der institutionelle Priester, und aus dem Sänger wird der schöngeistige Poet – auf Orpheus beispielsweise, den magischen Schamanen, folgt Hermes, der durchtriebene Gaukler. Nach dieser Vorgabe wird die europäische Dichtung durchmustert und beurteilt. Ein großer Wurf ist die *Tragische Literaturgeschichte* ohne Zwei-

* Walter Muschg: *Der dichterische Charakter. Eine Studie zu Albrecht Schaeffers «Helianth»*, Berlin: Junker und Dünnhaupt 1929, S. 9.

fel – doch er steht nur auf den zwei Augen des Autors. Was er vorträgt, ist vitalistisch geprägt, und es zieht seine Beweiskraft aus einer behauptungsstarken, anschaulichen Sprache. Einzig dastehend 1948: die Verwerfung Thomas Manns, des Entleerten, des ironisch *Doppelzüngigen*. Walter Muschg dagegen, der Richter und Ordner, ist eindeutig.

Wie der kleine Bruder ahnt und sehr viel später auch nachdrücklich ausspricht: Diese Vereindeutigung des Walter Muschg ist ein Akt der Selbstdisziplinierung, eine Identitätserzwingung – er muss sich die *Ambivalenz* vom Leibe halten. Sicherlich weiß er es dabei im Grunde anders und besser, so nimmt sein Bruder aus eigener Schreiberfahrung später an, denn: *Das Kunstwerk* spielt *nicht nur mit der Ambivalenz, es besteht aus ihr.*[*]

Drüben in Zürich hat Walter Muschg seit 1943 seinen Antipoden, Emil Staiger.[**] Auch Staiger hat Charisma und zelebriert die Literatur – einmal wöchentlich, in der Aula als, so die Spötter, *Zürcher 11-Uhr-Messe*. Seine Aufgabe war in Zürich dieselbe wie die Muschgs in Basel – Orientierung zu bieten in Zeiten, deren Dunkelheit und Komplexität am besten mit dreimal *Krieg* zu bezeichnen war: Krieg, Nachkrieg, Kalter Krieg. Walter Muschg und Emil Staiger hatten prinzipiell viel gemeinsam. Auch Staiger begründete sein Literaturverständnis *anthropologisch*, kannte *Tiefe* und *Ursprung* des Dichtertums, deren Begründung er allerdings von Heidegger nahm (berühmt: seine Herleitung des *Lyrischen*) und wohl auch aus der Daseinsanalyse Ludwig Binswangers. Auch Staiger ge-

---

[*] Adolf Muschg: «*Talentlos vor dem Schicksal*». *Zur Polemik Walter Muschgs gegen Thomas Mann*, in: Thomas Sprecher (Hg): Vom «*Zauberberg*» zum «*Doktor Faustus*», Frankfurt am Main: Klostermann 2000, S. 20–22.

[**] Zum Verhältnis Walter Muschg und Emil Staiger und zum Kontext von Zeitgeschichte und Literaturwissenschaft siehe Julian Schütt: *Germanistik und Politik. Schweizer Literaturwissenschaft in der Zeit des Nationalsozialismus*, Zürich: Chronos 1996.

wann seine Urteile durch einen imperialen Leseakt, an dem es nichts zu deuten und zu rütteln gab – und auch er stand ursprünglich der Theologie sehr nahe, musizierte auch wie Muschg, der Orgelspieler, und verstand sich wie dieser eigentlich als wissenschaftlicher Künstler.

Öffentlich allerdings nahm man zwischen Walter Muschg und Emil Staiger bedeutende Unterschiede wahr, und das lag an der Auswahl der jeweiligen Vorzugsautoren: Bei Staiger war das beispielsweise Annette von Droste-Hülshoff als Naturlyrikerin und bei Walter Muschg Alfred Döblin und vor allem Hanns-Henny Jahnn wie überhaupt der deutsche Expressionismus. Das hatte früher einmal Folgen für das politische Engagement der beiden Schweizer Germanisten gehabt – Staiger verirrte sich nach rechts, Muschg dagegen war Nationalrat für die linksbürgerliche Mitte gewesen. In den Fünfzigerjahren wollte man das zwar auf sich beruhen lassen, doch es ließ um die beiden eine gewisse Aura bestehen. Dass man die jungen Schweizer Autoren – Frisch und Dürrenmatt etwa – meist in der Nähe von Walter Muschg fand, war nur folgerichtig. Staiger und Muschg wurden als Antagonisten wahrgenommen.

Schreiben wir hier eigentlich schweizerische Germanistikgeschichte statt eines biographischen Essays? Allerdings – beides. Tatsächlich bleibt Adolf Muschg von Anfang an gar nichts anderes übrig, als sich in der Schweizer Literaturwissenschaft anspruchsvoll unterzubringen. Die Phantasie seines *Familienromans* lässt gar nichts anderes zu: Er hatte im prominenten *Großen Bruder* den Vater erkannt und nahm den Wettbewerb mit beiden auf – auf den ersten Blick eine unsinnige und völlig asymmetrische Konkurrenz: mit einem Toten und mit einem Basler Ordinarius. Auf den zweiten Blick: Eine psychologische Notwendigkeit. Die Größenphantasie des *Familienromans* hält sich an keine Proportionen – sie übersteuert jetzt.

Das beginnt mit der Doktorarbeit. 1957 muss sie geplant werden – natürlich im Hauptfach Germanistik. Als Doktorvater muss Walter Muschg natürlich ausfallen – beim älteren Bruder kann man schon aus akademischer Dezenz nicht promovieren. Blieb in Zürich Emil Staiger. Adolf Muschg hatte sich bei ihm bewährt, zu seinen Erwählten wie Peter von Matt gehörte er zwar nicht, aber er würde ihn nehmen. Eigentlich aber ging es doch nicht – ein Muschg in solch enger Beziehung zum Widersacher seines Bruders? War das nicht auch ein Werturteil über ihn? Blieb noch der Ausweg zu einem anderen Dozenten oder sogar ein Universitätswechsel, nach Genf etwa. Adolf erörterte das mit Walter, zeigte dabei aber auch schon mehrfach in Richtung Staiger, bis der andere zähneknirschend zustimmte. Also Staiger – der ihn nun aufforderte, ein Arbeitsthema zu nennen.

Für Adolf Muschg liegen einige der Vorzugsautoren Staigers nahe, Hölderlin oder Rilke beispielsweise, deren Ton er im Ohr hat, weil er ihnen ja selber lange nachgedichtet hat. Doch nun übernimmt der *Familienroman* die Führung – und übersteuert. Adolf wählt nämlich ein so abgelegenes Dissertationsthema, dass auch Staiger verwundert ist. Das hat brüderliche Gründe: Walter Muschg hat in diesem Jahr 1957 vor der Mainzer Akademie der Wissenschaften einen Vortrag über den Expressionisten Ernst Barlach gehalten. Barlach, in der Regel als Bildhauer wahrgenommen, hatte auch Dramen geschrieben, die sich aber meist nicht durchgesetzt hatten. Walter Muschg versucht nun in seinem Vortrag, Barlach als *religiösen Dichter* zu entdecken und zwar über seine Sprache, die durch *Spalten* und *Ritzen* die Erfahrung des *Jenseitigen* und des *Göttlichen* einlasse. Das war eine völlig neue Sicht auf Barlach.

Adolf Muschg greift sie sofort auf – und geht damit zu Staiger. Der hat keine Einwände, wenngleich er sich aus Barlach nichts macht. Aber der Bruder in Basel hat etwas dagegen, dass Adolf bei Staiger mit seinem Pfunde wuchern will. Er äußert sich dazu etwas gewunden: ein Schüler von ihm habe das Thema schon besetzt. (Adolf Muschg vermutet später,

Walter habe selber ein Buch über Barlach geplant.) Nach einigem Hin und Her besteht Adolf jedoch auf dem Thema, das er schließlich dem Bruder verdankt. Es soll ein umfassender neuer Blick auf Barlach, den Dramatiker, sein, Titel: *Der Dichter und das Andere. Ernst Barlachs Werk aus seinem Problem gedeutet.* Es entsteht dann die recht originelle Ausführung dessen, was der Bruder als Wiederentdecker schon angerissen hat. Der allerdings hat, als Adolf sich an die Arbeit setzt, erzürnt den Kontakt abgebrochen. Der kleine Bruder hatte ihm ein Thema weggenommen und war damit sogar zum Rivalen übergelaufen. Auch als die Schrift im Druck erscheint, reagiert Walter nicht. Soweit erkennbar, empfindet aber Staiger nicht den erwartbaren Triumph über die *unter ihm* geschriebene Dissertation – Barlach interessiert ihn eben nicht. Auf Seite 18 des Prüfungsexemplars der Arbeit hören die Anstriche auf, hier las er dann wohl nicht weiter.

Einmal aber wird Walter Muschg dem Halbbruder doch noch einen großen, richterlichen Brief schreiben, den der sich noch über seine Dissertation hinaus verdient hat. Er ist nämlich auch nach seiner Promotion (1959) aus der Konkurrenz mit dem *Großen Bruder* keineswegs ausgetreten. Als Hauptlehrer für Deutsch gibt er auch Kurse an der Volkshochschule, publiziert und hat mit *das offene buch* eine eigene literarische Sendereihe bei Radio Zürich, das man auch in Basel empfangen kann. Da war vielerorts zu zeigen, was er konnte, und am besten kam das natürlich heraus, wenn er sich neben den *Großen Bruder* stellte. So nahm sich Adolf Themen und Autoren vor, über die der schon geschrieben hatte und sagte jetzt das Seine dazu – und das war offenbar auch nicht schlecht. Die Druckfassung der Dissertation versah er 1961 mit derselben Überschrift, die auch schon jener Vortrag Walter Muschgs von 1957 trug: *Der Dichter Barlach.*

Diese Überbietungsversuche wurden allmählich doch etwas penetrant, sodass Walter Muschg dem Doppelgänger einen zornigen Brief schrieb. Darin verbat er sich fortan Adolfs Doubletten:

Deine merkwürdige Gewohnheit, die von mir behandelten Themen nochmals zu bearbeiten, hat zur Folge, daß ich immer wieder Briefe erhalte, die mir zu Deinen Vorträgen und Aufsätzen gratulieren, weil man mich für den Verfasser hält.*

Dann schwoll der Brief an, geriet zum Gericht über die noch weniger entschuldbare Spurengängerei bei Barlachs Dichtungen, um schließlich diesen hochfahrenden Bruder linker Hand in aller Form wieder auszustoßen. Als Adolf ihn und seine Frau Elli 1962 zu seiner Hochzeit einlud, lehnte er schroff ab. Walter Muschg ist dann im selben Jahr gestorben, in dem Adolfs erster Roman erschien. Ein Kommentator hat bezweifelt, dass es sich hierbei um einen Zufall gehandelt habe. Im vatermörderischen Sinn des Muschg'schen *Familienromans* ist es auch keiner gewesen.

Die Dissertation: der Vater, der Sohn und das Andere

Muschg hält heute nicht viel von seiner Dissertation: eine *Zwangs- und Strafarbeit***. Der qualvolle Entstehungsprozess ist immer noch erinnerlich und lässt eine Wertschätzung nicht zu. Dabei wäre sie angebracht. Die Arbeit trägt keinerlei Spur einer Beeinträchtigung durch die hypochondrische Tumorfurcht, die immer neuen Schreibblockaden, den ständig mitlaufenden Vergleich mit dem *Großen Bruder*. Ihre Sprache mag, wie Muschg erinnert, einem *dreimal verfluchten Germanisten-*

---

* Zitat in Walter Muschg 2009, Nachwort d. Hg., S. 931.
** Renatus Deckert (Hg): *Das erste Buch: Schriftsteller über ihr literarisches Debüt*, Frankfurt am Main: Suhrkamp 2007, S. 94.

Idiom* abgerungen sein. Doch, wie sie dann erscheint, ist sie bereits von einer staunenswerten semantischen Wendigkeit und Bildkraft, mit denen sie das Grundthema der Studie bis in feine Widersprüche und Verästelungen durchdringt. Es heißt: *Der Dichter und das Andere. Ernst Barlachs dichterisches Werk aus seinem Problem gedeutet.*** Im Übrigen lässt sich die Arbeit völlig legitim – in einer bestimmten Schicht – auch als autobiographische Auseinandersetzung Muschgs mit Barlachs zentralem Problem lesen: dem Vater-Sohn-Verhältnis.

Der Bildhauer Ernst Barlach (1870–1938) hat ab 1912 auch mehrere Dramen und zwei unvollendete Romane geschrieben. Sie tragen thematisch Züge des Berliner Expressionismus, sind aber nach sprachlicher Form und Problemführung eigenständig. Die deutsche Rezeption Barlachs war nach dem Kriege so ambivalent wie sein Verhalten unter dem Nationalsozialismus: Seiner späteren Verfemung als «entarteter Künstler» durch die Nazis stand ein früh (1934) abgegebenes Bekenntnis Barlachs zum «Führer» gegenüber. Dem Tabakindustriellen Hermann F. Reemtsma und Walter Muschg gelang in den Fünfzigerjahren dann seine Rehabilitierung als Künstler.

Im Jahr 1906 erfuhr Barlach auf einer Russlandreise den künstlerischen Durchbruch, in dessen Folge sich eine eigentümliche «Mystik ohne Glauben» herausbildete –, und er wurde Vater eines nicht ehelichen Sohnes. Seine Vaterschaft gewann für ihn bald Züge eines Mysteriums. Er prozessierte – schlechten Gewissens – mit der sozial schwachen, tatsächlich aber auch unzuverlässigen Mutter um den Sohn und bekam ihn 1909 zugesprochen. Hier liegt der Phantasiekeim für sein

---

* Deckert (Hg) 2007, S. 94.

** Von der Dissertation existieren zwei Fassungen: 1. Das maschinenschriftliche Prüfungsexemplar für die Fakultät mit dem obigen Titel (1959) und 2. der verkürzte Pflichtdruck mit dem Titel *Der Dichter Barlach,* Aarau: Keller 1961.

erstes Drama *Der tote Tag* (1912): *Die Mutter wollte den Knaben nicht hergeben. Auf diese Weise mußte ich früher oder später notwendig Gott für ihn werden. Das war der Anstoß. Unter den Händen wuchs die Idee von selber ins Mythische.* (zu Friedrich Schult, November 1919[*]) Vermutlich tritt auch hier ein – Barlachscher – *Familienroman* in seine Rechte.

Eine Inhaltsskizze zum *Toten Tag* mag andeuten, was Adolf Muschg (und wohl auch den Bruder) daran angezogen hat: In dunkler früherer Zeit lebt eine Mutter mit ihrem Kind, das der Sohn eines Gottes ist. Die Mutter dagegen hat nichts Übernatürliches, sie ist der Erde und dem Diesseits zugewandt. Aus solcher Verbannung will der ferne göttliche Vater den Sohn befreien und schickt ihm das Ross *Herzhorn* zur Flucht. Die Mutter aber ersticht es. Der Sohn läuft in den Nebel hinaus, sucht das Pferd, verirrt sich, bis die Stimme der Mutter ihn heimführt. Doch die Vatersehnsucht lässt den Sohn nicht los, immer wieder ruft er nach ihm. Da tötet die Mutter sich. Der Sohn aber folgt ihr in den Tod. Steißbart, der Gnom, spricht das Schlusswort: *Sonderbar ist nur, daß der Mensch nicht lernen will, daß sein Vater Gott ist.*

Barlach hat oft protestiert, wenn man sein Drama nur auf das schon klischeehafte Vater-Sohn-Verhältnis hin interpretierte. Er sah mehr darin, über die Grundkonstellation legten sich für ihn weitere Schichten aus Symbol und Ahnung. Genauso geht Adolf Muschg als Interpret das Drama an. Die Grundkonstellation versteht er psychoanalytisch – von der doppelten Vaterbeziehung in Barlachs Leben her: Dessen eigener Vater, der strenge Landarzt, hatte für ihn *übermenschliche Statur* besessen, und in ebensolch göttlicher Allmacht glaubte Barlach nun seinem eigenen Sohn zu erscheinen. Sicherlich ist das die psychische Basis des Dramas, der konkret phantasierte *Familienroman*.

[*] Friedrich Schult (Hg): *Barlach im Gespräch*, Hanau: Dausien 1985, S. 36.

Über dieser psychischen Basis aber erheben sich nun die semantisch flirrenden, fließenden Bedeutungen, um derentwillen das Stück ja gerade erst geschrieben wurde. Ein Beispiel: Adolf Muschg will zeigen, wie bei Barlach aus psychischer Grundbedeutung sprachliche Kunst wird, die schwer Fassbares dennoch vorführen soll. Muschg schreibt: Das *Vater-Sohn-Mysterium* wird *nun radikal in die Schöpfung verlegt; die Über-Spannung des «Toten Tag» verrätselt sich in der Tiefe des gemeinsamen Menschenschicksals.* Das ist gewiss ein sehr abstraktes (aber nicht seltenes) Beispiel. Versuchen wir, es zu konkretisieren: Ein *verrätseltes* Moment des Vater-Sohn-Mysteriums wäre das Todesröcheln des Pferdes, das die Mutter in den Keller schleift, um es anderntags den Hausgenossen auf den Tisch zu bringen. Ein anderes Moment läge in der Enthauptung einer Puppe. Beide *verrätselte* Momente des Vater-Sohn-Mysteriums kämen auch erst auf der Bühne zur eigentlichen Existenz. Und was bedeuten sie nun also konkret? *Mächtige szenische Einfälle,* schreibt Doktorand Muschg, nichts direkt Mitteilbares – Kunst also.

Man könnte meinen, der Doktorand Muschg spreize sich hier schon arg germanistisch, veredele das Ungenaue ins Rätselhafte, das eigene Katheder dabei schon fest im Auge. Tatsächlich aber beobachtet er einen ganz normalen Vorgang in der Kunst: Wie bei einem Autor – Barlach – aus einem festen und direkt mitteilbaren psychischen Kern (dem realen Vater-Sohn-Verhältnis) ein *Mysterium* wird, dem eine Reihe rätselhafter Aussagen über das *Menschenschicksal* entspringen. (Die man dann nur als Zuschauer im Theater gestalthaft erfassen kann, wenn das sterbende Pferd röchelt oder wenn der Puppenkopf fällt.) Und um diese rätselhaften, semantisch nie ganz aufklärbaren Aussagen geht es. Sie hängen einem konkreten Bedeutungskern an als sein ungreifbarer Schatten. Muschg nennt es *das Andere.*

Seiner Natur entsprechend erfährt *das Andere* in der Doktorarbeit keine Definition, sondern wird in einer abstrakten Beschreibung einfach *gesetzt*. Diese Setzung ist dann auch nicht mehr als eine Semantisierung von Gefühlen und Gestalten, die *das Andere* vertreten. Was genau es ist, ist eben schwer zu sagen. Es genügt deshalb völlig, der Semantisierung wie einer bedeutungshaften Melodie nachzuhorchen. Dass sie aber auch nicht von ungefähr dasteht, sollte die obige Ableitung zeigen. Der Doktorand Muschg schreibt also über das *Andere* bei Barlach:

Eine religiöse Kunst? Ja, wenn das Wort genau bestimmt ist. Freilich hat die den Menschen und seine Kunst bloßstellende Über-Form Barlach lebenslang beschäftigt und ihn Worte finden lassen, die ihn in eine Reihe mit westlichen und östlichen Mystikern stellen. Aber anders als für sie ist dieses «Andere» – so mag es hier künftig heißen – im tiefsten ambivalent, ein im Guten und Bösen dunkles Verhängnis [...] der übermenschliche Schatten des Andern, des Versöhnungsbedürftigen und scheinbar durch keine Kunst Versöhnbaren [...] hat eben nicht zur Theologie, sondern erst recht zur Kunst geführt.[*]

Dieser durch Einfühlung gewonnene und dann gesetzte (nicht hergeleitete) Begriff des *Anderen* bei Barlach dient auch und vor allem der Selbstverständigung des Doktoranden. Es handelt sich ja um das erste Mal, dass Muschg die Elemente seines *Familienromans* – das Vater-Sohn-Verhältnis, die eigene Konkurrenz zum «göttlichen» Vater und das daraus hervorgehende Schuldbewusstsein – in Beziehung setzt zu dem, was er in seinem Leben machen will: zur Kunst. Er hält aber erst einmal bei einer Wissenschaft *über* Kunst, der Germanistik. Doch eigentlich will er ja selbst dichten, einen Roman schreiben. Wie das erreichen? Eine Hoffnung muss ihm deshalb das Befreiungsjahr 1906 gewesen sein, in dem Barlach zu seiner eigentlichen Form fand. Der literarisch schreibgehemmte Doktorand Muschg ahnt, was Barlach da passiert ist: *In gewissem Sinn ist der Vater-Bann, die Barriere vor der Kunst, gebrochen [...].*[**]

---

[*] Muschg 1961, S. 10.
[**] Muschg 1961, S. 16.

AKADEMISCHE KARRIERE
Und ein plötzlicher Schreibfluss 1960–1969

Die Mutter ist glücklich

Die Mutter war glücklich: Ihr Sohn erhielt nach dem Examen
eine Stelle als Lehrer für Deutsch und Englisch am Mathe-
matisch-Naturwissenschaftlichen Gymnasium in der Rämistraße. Es bildete faktisch den Nachwuchs für die Eidgenössische Technische Hochschule aus. Für den Sohn eines Volksschullehrers war das eine der klassischen Aufstiegspositionen,
die ihm bei besonderer Eignung zugänglich war. In der Folge
war er auch bald Hauptlehrer, also mit der Führung einer
Klasse betraut. Allerdings war der Hauptlehrer-Posten nicht
nur etwas für Aufsteiger, sondern auch eine Durchlaufposi-
tion: Wer an die Universität weiterziehen wollte, sicherte sich
hier erst einmal sozial ab und ging dann das Risiko des Privatdozenten ein. So hatte es Muschg auch im Sinn, sehr zur
Beunruhigung seiner Mutter, deren Ehrgeiz sich bereits zu-
friedengab. Das Vorbild des *Großen Bruders* Walter in Basel
leuchtete ihr durchaus nicht ein. Mit Besorgnis – die Erfolg-
losigkeit ihres Mannes als Schriftsteller war ihr eine stete War-
nung – nahm sie wahr, dass sich ihr Sohn überdies auch *literarisch betätigte.*

Literarisch? Das Schreiben von Geschichten gelang ihm
doch immer noch nicht. Aber der Abschluss der – ja auch vor-

züglich bewerteten – Dissertation hatte ihn in der Tat frei gemacht zu wissenschaftlichem und essayistischem Schreiben *über* Literatur. Auf dem Roman jedoch lag weiterhin ein *Bann*. Dass Muschg als Kritiker und Essayist etwas konnte, war auch bald zur Kenntnis genommen worden. Er betreute bei Zürichradio erfolgreich die Sendereihe *das offene buch*. In der Volkshochschule gab er gut besuchte Kurse – über C. G. Jung beispielsweise oder zum Okkultismus. Am literarischen Horizont aber waren von fern die Taten und Triumphe Max Frischs zu verfolgen – 1954 hatte der mit seinem Roman *Stiller* den Durchbruch geschafft, 1958 verlieh man ihm den Darmstädter Büchner-Preis, und 1961 trug sein Schauspiel *Andorra* ihm auch internationale Anerkennung ein. Frisch war jemand, zu dem man hoffnungsvoll aufsehen konnte – voller Hoffnung für sich selbst, einmal Ähnliches zu machen. Mit Frisch konnte man sich heimlich vergleichen – dieser Anatol Ludwig Stiller war doch sehr plausibel, schon wegen seiner Nähe zu Kierkegaard. (Muschg hat seit Studienzeiten zwei Hauptautoren: Karl Barth und Kierkegaard.) – Dürrenmatt, der sich für Schweizer automatisch neben Frisch aufstellte, war ihm weniger nahe. Aber natürlich war der Hauptlehrer Muschg dabei, wenn – ein paar Hundert Meter von Uni und Schule – Dürrenmatts Stern im Pfauentheater erstrahlte: 1955 mit dem *Besuch der alten Dame*, dann mit *Frank der Fünfte* und 1962 mit *Die Physiker*.

In die Schule hatte sich Muschg bald hinein- oder, genauer, *wieder* hineingefunden. Es war ja dieselbe geblieben, nur ein anderer Zweig am selben Ort. Er war dort ein guter Schüler gewesen – jetzt war er ein guter Lehrer. Die Schüler mochten ihn, er brachte ungewöhnliche Ideen und probierte auch neuartige Lehrmethoden wie Gruppenlernen und Projektarbeit aus. Man konnte solche Experimente damals schon wagen – im Grunde waren sie auch gar nicht so neu, sondern eine Erbschaft der deutschen Reformpädagogik. Im Internat in Schiers hatte man ähnliche Lehrformen im Programm gehabt. Noch verstand sie niemand als politisch. Auch *Le Pendu* regte sich nicht in Muschg, der *Verkehrtherum*-Aufgehängte, der sozial nicht Eingepasste. Diese Karte war seit jener Pfadfindertaufe in Zollikon längst wieder zugedeckt. Was sich nicht fügen wollte, war einzig der *Roman*. Noch immer hat Muschg davon nicht ein einziges *Stück Papier zu seiner Zufriedenheit vollzuschreiben vermocht.*[*] Und irgendwann in den Anfängen seiner Lehrerzeit ist ihm sogar die verzweifelte Idee gekommen, sein pädagogisches Geschick auch einmal auf dieses, sein eigenes, Problem diskret anzuwenden. Er hat den Einfall eines *Gruppenromans*. Im Winter 1959 macht er der Klasse 3h den Vorschlag, kollektiv eine Kriminalgeschichte zu schreiben. Das brave Bürgerschreckthema lautete: *Ein Deutschlehrer soll ermordet werden.* Der private Hintergedanke des Schreibgehemmten: Es einmal unter dieser Tarnkappe mit dem *Roman* zu versuchen. Es ginge dabei ja nicht um den Autor Muschg, die Schüler und er waren dann doch gemeinsam tätig und keiner einzeln verantwortlich – der *Bann,* die *Barriere* würde zwar nicht durchbrochen, aber unterlaufen. Nun, das Projekt scheiterte am Lehrplan. (Muschg griff das Thema 1968 wieder auf und schrieb jetzt – allein und flüssig – einen spannenden, politisierten Roman: *Mitgespielt.*)

Im Jahr 1960 hatte sich die langjährige Beziehung zu Helen endgültig aufgelöst. Sie hatte lange Zeit ein gutes Fundament aus geteilten Interessen gehabt. Helen, die künftige Textilgestalterin, hatte den großen Tagtraum vom Dichterprinzen Georg mitgeträumt und mit ihren Zeichnungen ausgeschmückt. Erschrocken und dann immer mehr abgekühlt hatte sie Muschgs ersten Tumorverdacht begleitet und nach dessen Aufklärung dann auch die ebenso gut fundierte Befürchtung einer weiteren Körperschädigung (*Nierenkrebs*).

[*] AG, S. 55.

Dass das Verhältnis für eine Ehe jedoch nicht ausreichte, war längst jedem unausgesprochen deutlich, und man bekämpfte diese Wahrnehmung mit dem Beschluss zu heiraten. Vierzehn Tage vor dem Hochzeitstermin aber sagte Helen ein für alle Mal ab. Muschg bewohnte die gemeinsam gemietete Wohnung im Niederdorf fortan allein.

Die Nachfolgerin war bald Charlotte. Sie war Anglistin und Kollegin am Gymnasium, promoviert und im Übrigen Arzttochter aus der in St. Gallen angesehenen Familie Iklé. In der täglichen Mittagsrunde der Lehrer im *Pfauen*-Restaurant war man miteinander bekannt geworden und rasch befreundet. Die Mutter war begeistert: Der Aufstieg des Sohnes war hiermit perfekt. Charlotte Iklé war solide und sehr zuverlässig, und man teilte viele Interessen. Muschg hatte sie aus einer festen Bindung heraus einem anderen weggenommen.

Die Jahre als Schullehrer waren erfüllt – das Verhältnis zu den Schülern gut, die Kollegen interessant und anregend. Doch 1962 ergab sich beruflich etwas Neues: eine Lektorenstelle in Japan. Sie war von der *International Christian University* in Tokio ausgeschrieben, und Muschg bewarb sich mit einer Empfehlung des Zürcher Theologen Emil Brunner – erfolgreich. Damit ging ein immer präsent gebliebener Wunsch in Erfüllung: die in der Kindheit entstandene Japanphantasie zu realisieren. Sie enthielt noch keine Ehefrau. Als Muschg die Stelle antreten sollte, wollte er erst einmal allein reisen – ohne die mittlerweile mit ihm verlobte Charlotte. Die allerdings stellte ihn resolut vor die Alternative: Sie kam mit oder ging für immer. Im Sommer 1962 fuhr man auf einem dänischen Frachter nach Japan. Es war zugleich die Hochzeitsreise.

Japan: Experimente mit dem ganz Anderen

Anfang Juli 1962 trifft der Frachter im Hafen von Yokohama ein. *Da sind wir nicht ausgestiegen, und man sah eigentlich nichts. Es war Nebel, Regenzeit. Das Unbeschreibliche war ein Meeresleuchten, so kitschig wie Neonlicht im Wasser. Das Schiff zog eine Leuchtspur, es war eine Art mikrobiologisches Seenachtsfest. Ich habe es als Markierung einer Schwelle empfunden.*[*]

Es war ein Übertritt ins ganz Andere, wie er sein soll. Eine wochenlange Anfahrt auf dem Frachtschiff mit Zwischenstationen in exotischen Häfen hatte den Raum für große Erwartungen geschaffen. Immerhin war diese Reise seit Jahrzehnten vorbereitet worden: Es war die Route, die in Elsa Muschgs Kindergeschichte von *Hansi und Ume* der Hansi aus Zollikon mit seiner Freundin Ume nach Japan gefahren war – Quellpunkt aller Japanträume Muschgs. «Japan» war im Laufe der Jahre zum Gefäß geworden, in dem sich Veränderungswünsche, Heilungshoffnungen und die Phantasien vom *besseren Leben* sammelten. Sie hatten mit dem Studium die literarische und philosophische Stufe erreicht: Muschg hatte sich 1955 von einem Buch des *Zen*-Apostels Suzuki in den Buddhismus einführen lassen und griff die dort vorgeführte Differenz zu den westlichen Denkformen auf. Suzuki verwies aber auch auf die Gemeinsamkeiten des *Zen* mit der europäischen Mystik. Die Mystik erwies sich Muschg dann als mögliche Bücke zwischen westlicher und östlicher Welthaltung. In seiner Barlach-Dissertation (1959) hat er sich besondere Empathie für mystisches Denken erworben. Eine *mystische Phase* schloss sich an. Sein erstes Volkshochschulseminar hält Muschg über Meister Eckhart (1961).

---

[*] Meinhard Schmidt-Degenhard: *Adolf Muschg. Liebe, Literatur und Leidenschaft*, Zürich: Pendo 1995, S. 15.

Die Chiffre für den Gott der Mystiker hieß in der Dissertation *das Andere*. *Das Andere* ist kein religiöser Glaubensartikel, sondern eine spirituelle Kategorie, die existenziell gefüllt sein will – bei Barlach lieferte diese Füllung sein Verhältnis zum Vater, wie Muschg interpretiert. Es ist aber auch ganz deutlich, dass Muschg in dieser Interpretation über sich selbst spricht – vom *übermenschlichen Schatten* seines Vaters und von dessen *Versöhnungsbedürftigkeit*. Es handelt sich dabei um eine in christlich geprägter Kultur fundamentale Konstellation: «Vatergott: Schuld und Sühne». Psychologisch verstanden, ist das eine primäre psychische Disposition des Individuums, die sich lebensgeschichtlich hergestellt hat. Sie lässt sich begrifflich – philosophisch, literarisch – immer wieder neu ausdrücken, aber psychisch nicht verändern. Allenfalls (so eine westliche Hoffnung) kann in gelingender Mystik Veränderung geschehen: in der Vereinigung mit der Vater-Imago. Doch was, wenn der dazugehörige christliche Gott nicht mehr erreichbar ist? Dann bleibt immer noch *Zen*. Es ist westlicher Mystik am nächsten und nicht mit einem Gott belastet. Und im Übrigen macht *Zen* den Eindruck, dass man es sich mit Mühe und Einfühlung erwerben kann. Damit kommt man dann vielleicht dem schattenhaften *Anderen* bei.

Ab 1962 arbeitete Muschg als Deutschlektor in Tokio, und da auch Charlotte eine Stelle erhielt, unterrichteten sie gemeinsam. Die *Internationale Christliche Universität* war eine amerikanische Stiftung, gleich nach dem Kriege gegründet, um Aussöhnung und Demokratisierung zu fördern. Die männlichen und weiblichen Studierenden kamen meist aus besitzenden Mittelschichtfamilien, und die Examensordnung wurde von den Erwartungen der großen Industriefirmen bestimmt. Einflussreichste Glaubensformation war das *Non-Church-Movement*, ein auf Bibelstudium und soziales Engagement gegründetes Christentum. Der Zürcher Theologe Emil Brunner unterhielt intensive Beziehungen zu dieser Bewegung. Jeden-

Deutschlektor an der International Christian University
Mitaka, Tokio. Besuch am Biwa-See (1962)

falls formal und äußerlich befindet sich Muschg also weiterhin in der Spur reformierter protestantischer Religiosität.

Das soll sich nun ändern. Vielleicht ergibt sich hier im völlig Verschiedenen der Absprung. Völlig verschieden? Tatsächlich wirkt ja an der Oberfläche die japanische Kultur wie eine
Travestie der westlichen Moderne – jedenfalls für den in sie
eintretenden Fremden. Ihr Eigentliches liegt in der Struktur

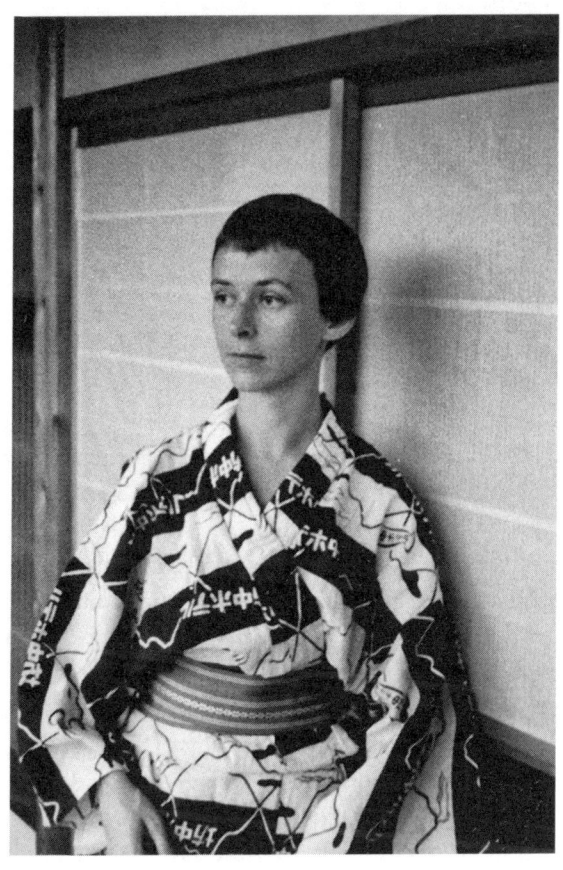

Charlotte Muschg, geb. Iklé (um 1963)

darunter. Muschg entwickelt hier deshalb so etwas wie einen phänomenologischen Blick: Er beobachtet die Oberfläche und fahndet behutsam nach tieferen Zusammenhängen – Erklärungsversuche unterlässt er. Beispielsweise: In Japan agiert der *Zengakuren*, die Studentenbewegung, linksorientiert und ziemlich aggressiv – das strahlt sogar auf die christliche *ICU* aus. Hier gibt es 1962 einen Vorlesungsstreik gegen die Erhöhung der Studiengebühren, und er steckt voller Bezüge zu Verhaltensregeln, die Muschg unbekannt sind. Schließlich wird er aufgelöst durch ein Gespräch der Revoltierenden mit einem aristokratischen Verwandten des Kaiserhauses – warum, aus welchen Gründen aber nun, bleibt ein *Mysterium*. Mit einer allgemeingültigen, sozusagen *internationalen Psychologie* versucht Lektor Muschg dann dahinterzukommen. (Es geht wohl um *Ehre*.)[*] Er hat diese Fähigkeit zur japanischen Landeskunde seither zu außerordentlicher Feinheit ausgebildet. Dass ihr am Ende immer noch ein wenig *Orientalismus* – Projektionen westlicher Bedürfnisse auf den Osten – anhängt, liegt an der Position des Beobachters Muschg.

Denn er ist in Japan nie ganz «aufgegangen», ist nicht bis zu hohem Grad «japanisch» geworden wie etwa der Jesuit Hugo Lassalle, der es bis zum *Zen*-Meister brachte. Das lag auch nicht in seiner Absicht. Japan blieb für Muschg immer abgeschiedenes *Heimwehland,* ein Ort, an den man eigentlich gehörte und an dem das Leben leichter war – Fluchtphantasie und Erlösungshoffnung. Es behielt immer seine Wurzeln in jenem Schweizer Kinderbuch von *Hansi und Ume.* Jetzt, 1962, bei seiner ersten Einreise, erscheint Lektor Muschg in Japan mit einer Reihe von persönlichen Fragen und Problemen, die er längst kulturphilosophisch für sich ausformuliert hat. Da ist, beispielsweise, seine Neigung, zwei Ansichten einer Sache – auch wenn sie sich widersprechen – zugleich gelten zu lassen: Was machte man mit dieser durchgängigen *Ambivalenz*, die er in der Welt wahrnahm? Diese Frage war jetzt an Japan zu stellen. Vielleicht gab es eine andere Antwort als im Westen.

Muschg geht das Projekt *Japan* systematisch an. Er besichtigt mit seiner Frau und einem Führer Klöster, Tempel, Shinto-Schreine. Sucht das Gespräch mit *Zen*-Erfahrenen. Findet einen Lehrer für die erste grundlegende *Zen*-Übung, das *Sitzen.* Und

---

[*] *Revolution am Wochenende* (1964), in PW, S. 25–43.

knüpft geduldig Fäden, bis er bei folgenden *Zen*-Gelehrten vorgelassen wird: Hisamatsu Shin-ichi, Professor in Kyoto; Harrada Sekkei, Abt des Klosters Hoshin Ji, und schließlich bei dem uralten *Zen*-Meister Suzuki Taisetz in Kamakura. (Ohne diese drei – wird er dreißig Jahre später feststellen – gäbe es seinen Parzivâl-Roman *Der Rote Ritter* nicht.[*])

Diese Herangehensweise ist durchaus die «westliche» – als die methodische Erarbeitung eines Themas oder einer Befähigung. Was er so erarbeitet hat, stellt Muschg dann für heimische Medien dar – schreibt über *Zen* oder das *Kabuki*-Theater in der *Neuen Zürcher Zeitung*, im Zürcher *Tagesanzeiger*, in der *Weltwoche*, im *Norddeutschen Rundfunk*. Er hält Vorträge in Japan. Nach einem Jahr gibt er im Deutschen Kulturinstitut in Tokio seine *geistige Visitenkarte*[**] mit einem Vortrag über Meister Eckhart ab. Eckharts schier atheistische Mystik steht dem *Zen* am nächsten und ist in Japan wohlbekannt. Muschg hat sich seit den ersten Studiensemestern intensiv mit ihm befasst – auch hier wieder auf der Spur des Halbbruders Walter[***] – und sieht sich durch ihn auf Japan ein wenig vorbereitet. (Eckhart *ist ein Mystiker der Erkenntnis, der denkenden Abstraktion*, hatte der Bruder zurecht erkannt.) Das ist allerdings ein intellektuell inspirierter Weg zu *Zen*, den Muschg nimmt, und er weiß wohl, dass es nicht ganz der richtige ist. Der Japan-Roman *Im Sommer des Hasen* hat dann die Figur des Pius Gesell, der, ohne jede spirituelle Ambition, in das alltägliche japanische Leben eintaucht und es einfach mitlebt. Er, der da gar nicht hinwill, wäre damit auf dem rechten Weg zu *Zen*. Muschg dagegen hat den sentimentalischen Weg eingeschla-

[*] Hw, S. 15.

[**] Muschg nach Gellner 2010, S. 87. Gellner stellt den ungedruckten Vortrag umfassend dar.

[***] Walter Muschg hat in seinem Buch über *Die Mystik in der Schweiz* (1935) einen größeren Abschnitt über Eckhart als Sprachschöpfer und Vernichter fester Begriffe.

gen, den über den Kopf – und kommt damit im Laufe der Jahre doch ziemlich weit.

Im Sommer des Hasen hat aber auch die Figur des Wilfried Buser, der zuhause in einer unglücklichen Ehe lebt und in Japan eine – hymnisch beschriebene – Liebesbeziehung mit der Theologiestudentin Yoko eingeht. Buser stößt hier ein erotisches Urerlebnis zu: *Sein Körper wurde an diesem Abend neu beschrieben.* Dann aber begeht er ein fahrlässiges Unrecht an Yoko. Er lässt sie fälschlich in dem Glauben an eine feste Bindung und stellt sich sogar ihrer Familie vor. Das jedoch bedeutete, *dass Yoko in Reichweite ihres Dorfes nie mehr würde heiraten können, überhaupt nicht mehr ohne Verletzung ihres Wertes und ohne Blicke, die sie erniedrigten; nein, wie er sie kannte: überhaupt nicht mehr.*[*] Das ist allerdings auch eine Selbstanklage des Autors Muschg: Er hat mit der Geschichte Wilfried Busers sein eigenes Liebeserlebnis in Japan erzählt, das seiner von Anfang an unentschlossenen Ehe den entscheidenden Stoß versetzte.

Göttingen: Universitätsassistent bei Walther Killy

Die beiden Jahre in Japan nahmen manchmal Züge eines *neuen Lebens* an – oder jedenfalls die seiner starken Verheißung. Doch den Lektoren-Vertrag wollte Muschg nicht verlängern, beruflich war Japan ein Abseits. Schweizer Freunde wussten, dass er eine Stelle suchte, und wiesen bei Gelegenheit auf ihn hin. Als Erstes meldete sich die deutsche Universität, das heißt, das Deutsche Seminar in Göttingen. Sein Direktor war der renommierte Hölderlin-Forscher Walther Killy, ein Groß-ordinarius alten Schlages wie so manch andere wieder in Deutschland – ein machtbewusster Mann mit Neigung zum

[*] SH, S. 222.

öffentlichen Auftritt. Er suchte einen Assistenten, und seine *Schweizer Garde* nannte ihm Muschgs Namen. Die *Schweizer Garde* des Literaturpapstes Killy bestand aus den Assistenten Böschenstein und Schillemeit, alten Bekannten aus Staigers Doktorandenseminar. Als Killys Göttinger Kollege Albrecht Schöne zu einem Germanistentreffen nach Japan fuhr, hatte er den Auftrag, den Lektor Muschg einmal zu inspizieren.

Die Erhebung in den Assistentenrang war ein Ritterschlag und kam nur durch ein einziges Verfahren zustande: als Gnadenwahl. Schöne begegnete Muschg in Japan, fand ihn passend und gab das weiter nach Göttingen. Eine Assistenturvereinbarung mit Killy kam bald zustande. Dieses Motiv von Erwählung und Erhebung wird dann ins Zentrum von Muschgs Japan-Roman *Im Sommer des Hasen* rücken. Es gilt hier für Bischofs potenzielle Nachfolger auf seinem Posten als Werbechef, es galt aber auch einmal für Bischof selbst, als der vatergöttliche Manuel ihn zu sich erhob: *Du hast mich gefunden im Schloß Baldwyl.*

Merkwürdigerweise – oder doch eigentlich ganz plausibel? – ging das Erhöhungsmotiv für Muschg in dieser Zeit in Serie. Es wiederholte sich bereits im selben Jahr 1964 damit, dass der namenlose akademische *Expat* in Tokio ein überdimensionales Stellenangebot erhielt, das zu erwarten er kaum Gründe hatte – wie er glaubte. Doch er hatte wohl seinen in Zürich schon erworbenen Ruf unterschätzt. Einige seiner Rundfunkbeiträge in der Reihe *das offene buch* hatten Aufsehen erregt – so sein Eintreten für Grass' umstrittene *Blechtrommel* oder die Parteinahme für den Londoner *Penguin*-Verlag, der 1960 im *Lady Chatterley*-Prozess für die Freigabe von Lawrence' *obszönem* Roman stritt. Und seine jüngsten Japanartikel in der *Neuen Zürcher Zeitung* waren *beachtet* worden. Kurz: Muschg erhielt ein Telegramm der Zürcher *Weltwoche,* ob er an einem Redakteursposten im Feuilleton interessiert sei – er möge *drahten* Ja oder Nein. Die *Weltwoche* befand sich gerade in einer

Neuorganisation (unter Bigler und Loetscher) und wollte junge Leute. Im Übrigen zahlte man beeindruckend: 4600 Franken im Monat. Und das Wochenblatt war auf dem Weg, für die Schweiz die Bedeutung der deutschen *Zeit* zu gewinnen – bot also einen vorzüglichen Start für eine Kritikerlaufbahn. Muschg hat das Angebot dann nicht angenommen, Killy in Göttingen wollte ihn nur sehr ungern aus dem Vertrag entlassen.

Das dritte Erwählungs- und Erhöhungsvorkommnis fand in diesem ersten Göttinger Jahr 1964 statt und verleiht aus heutiger Sicht der ganzen Abfolge märchenhafte Züge. Killy, der gute Kontakte zum S. Fischer Verlag hatte, hörte, dass man dort einen Lektor suche. Aus welchem Grund auch immer gab er die Nachricht an Muschg weiter und stellte die Verbindung her. Muschg fuhr nach Frankfurt, und nach seiner Besichtigung durch das Ehepaar Bermann-Fischer und den einflussreichen Peter Härtling bedeutete man ihm spätabends, dass er sich Gedanken über den Posten eines Cheflektors machen könne.

Eine zufällige Glückssträhne? Das ist nicht anzunehmen. Muschg hatte bereits exzellente persönliche Voraussetzungen für die angebotenen Karrieren – auf einem allerdings wesentlich kleineren Arbeitsmarkt als heute. Wichtig ist dabei aber nicht die Erfolgsgeschichte für sich, sondern ein psychologischer, schier magischer Aspekt: Die fundamentalen Größenphantasien realisieren sich hier in erstaunlichem Maßstab, der *Familienroman* tritt in die Wirklichkeit ein. Aber Muschg kann das noch nicht als umfassende Selbstbestätigung annehmen, denn eines fehlt noch: der Roman. Er stellt sich jetzt endgültig als das zentrale Bedürfnis heraus, nicht ersetzbar durch Wissenschaft, Feuilletonschreiben, Büchermachen. Doch um das Romanschreiben steht es so aussichtslos wie eh und je. Muschg kriegt nichts aufs Papier.

Er entscheidet sich am Ende doch für Göttingen und bleibt

dort drei Jahre als Assistent. In die Routine der Universitätsarbeit findet er sich bald hinein, hat angenehme Kollegen – Gisela Lindemann, die spätere Rundfunkredakteurin beim NDR, Jost Schillemeit, den Raabe-Forscher; Böschenstein ist als Professor nach Genf gegangen. Einmal die Woche begleitet Muschg Killy in dessen Vorlesung für Hörer aller Fakultäten, mit denen er die Paulinerkirche bis auf den letzten Platz füllt – er zelebriert das germanistische Hochamt wie Staiger seine *Zürcher 11-Uhr-Messe.* Einer der Höhepunkte in der eigenen Lehre ist ein gemeinsames Lyrikseminar Muschgs mit dem Pädagogikprofessor Hartmut von Hentig.

Die Ehe mit Charlotte findet – nach einem letzten Jahr versuchten Zusammenlebens – auch ihr formales Ende in der Scheidung. Sie zieht mit dem 1964 in Tokio geborenen Sohn Konrad in die Schweiz und nimmt ihre Arbeit als Englischlehrerin wieder auf – an einem Berner Gymnasium. (Für den Sohn Konrad behielt das Land seiner Geburt große Anziehungskraft. Er reiste nach dem Studium wieder ein, heiratete eine Japanerin und arbeitete bei der halbstaatlichen Rundfunkgesellschaft NHK. Seit 2012 aber ist er Mitglied der Nachrichtenredaktion und Sprecher des Schweizer Radios SRF. Sein Vater hört ihn jeden zweiten Tag.)

Muschg fand in Göttingen bald mit Hanna Meyer zusammen, einer Studentin der Altphilologie und der Germanistik aus Bremen. Ihre Mutter war dort als Kostümschneiderin am Theater angestellt und hat sie, nachdem der Vater verstorben war, allein aufgezogen. Die beiden Frauen hatten ein ungewöhnlich solidarisches Verhältnis zueinander, das Muschg sehr beeindruckte. Um seinetwillen hatte sich Hanna Meyer aus einer anderen Beziehung gelöst.

Die Assistentenzeit wurde damals dazu genutzt, die Habilitation vorzubereiten und zu diesem Zweck ein Buch zu schreiben. Auch Muschg fasst bald diesen und jenen Arbeitsplan, wobei sich das Thema einer Lebensbeschreibung Gottfried Kellers am hartnäckigsten hält (Walter, der *Große Bruder*, hatte jedenfalls schon den *Umriß eines Gottfried-Keller-Porträts* publiziert, das war natürlich anregend). Immer wieder aber drängen sich fruchtlose Versuche dazwischen, etwas Größeres zu erzählen. Sie landen dann in derselben Schublade wie die zahlreichen Vorgänger: *zum Vergessen bestimmte [...] Romananfänge.*[*]

Überlistung der Schreibblockade: der erste Roman

Muschgs Schreibdilemma hat jetzt einen absurden Höhepunkt erreicht: Seine Essays haben ihm das Angebot eines führenden Feuilletons eingetragen, sein Literaturverständnis das einer viel begehrten Verlagsposition, und als Wissenschaftler wird er wohl eine Gottfried-Keller-Biographie schreiben – der Kopf steckt ihm voller Wörter und Ideen. Und dass er auch eine *poetische Ader* hat, bezweifelt keiner, der ihn kennt. Doch wenn er diese Ader anritzt, fließt kein Tropfen.

Was sich hier an Einzelmotiven zusammengeschlossen hat zu einer Schreibblockade, fest wie armierter Beton, ahnt Muschg natürlich, und am Beispiel Barlachs hat er für den ganzen Hemmungskomplex auch schon den richtigen Namen gefunden: *der Vater-Bann, die Barriere vor der Kunst.*[**] Es ist der magische Kreis des Väterlichen, in dem sich die psychischen Einzelmotive zusammenfinden, die ja allesamt Abkömmlinge dieses Väterlichen sind: die riesige Vater-Imago, die Größenphantasie vom *Dichter* und vom *Dichterprinzen*, die Überbesetzung der Literatur, die Schuldgefühle. Es handelt sich dabei um die Inhalte von Muschgs psychologischem *Familienroman* – einem aus der Not geborenen Zusammenhang von

[*] AG, S. 14.
[**] Muschg 1961, S. 16.

Phantasien. Dieser innerseelische *Familienroman* ist es, der die Entstehung eines *literarischen Romans* verhindert.

Der Grund für diese Verhinderung ist so einfach wie für den Betroffenen schwer einsichtig. Muschgs *Familienroman* fordert kompromisslos, dass der zu schreibende Literaturroman seine Größenphantasien realisiert: *Zu schreiben war augenblicklich und ohne Umschweife das längst fällige Meisterwerk, das alles klar machte.* [*] Die kritische Ich-Instanz Muschgs weiß dagegen, dass das wohl nicht eintritt, selbst ein Misserfolg ist ja nicht ausgeschlossen – die Grandiosität des *Familienromans* aber wäre dann endgültig widerlegt. Um diese psychische Katastrophe zu verhindern, stellt sich im Unbewussten eine Schreibblockade her: Das lebensgefährliche Wagnis wird gar nicht erst begonnen.

Ebenso einfach wie die Begründung der Blockade ist dann später auch der Grund für ihr Hinfälligwerden – denn Muschg kann Ende 1964 plötzlich schreiben. Es begibt sich eine klassische Literaturanekdote: Otto F. Walter, der Autor und Verleger in Olten, schlägt Muschg vor, aus seinen in der *Neuen Zürcher Zeitung* erschienenen Japanessays ein Buch zu machen – sein erstes Buch. Man wählt sechs Texte aus, die Walter aber bald etwas zu erratisch vorkommen – er bittet um einen lockeren, verbindenden Rahmen. Muschg konstruiert als Rahmengeschehen also etwas wie eine kleine Tagung in Japan, auf der die Texte präsentiert werden, und erfindet noch gleich deren sechs Autoren hinzu. Diese Autoren treten dann notwendig zueinander in ein Verhältnis, was ebenfalls ausgestaltet werden muss usw. Kurz: Muschg, der sich immer nur an einer redaktionellen Schreibaufgabe für eine Essaysammlung sieht und nie an einem Roman – hat schließlich einen geschrieben: Der lockere, verbindende Rahmen für die Essays ergibt diesen Roman. Und zwar hat er so viel (höchst)

---

[*] LaT, S. 101.

wohlkomponierten Text, dass er selbstständig dasteht und sogar die Essays, um die es eigentlich ging, entbehren kann. *Im Sommer des Hasen* ist entstanden.

Natürlich war noch mancher Eingriff nötig und mancher Zusatz. Aber grundsätzlich stand der Romantext – die *Barriere vor der Kunst* war zwar nicht durch eine bestimmte Anstrengung *gebrochen,* aber doch unterlaufen worden. Entscheidend war das Bewusstsein gewesen, an einem redaktionellen, feuilletonistischen Text zu schreiben und nicht an einem schöpferischen mit literarischem Anspruch – damit stand die Vorstellung von der eigenen Grandiosität nicht infrage und musste nicht durch eine Blockade geschützt werden.

Tatsächlich ist mit dieser Selbsttäuschung der Erzähler Muschg geboren – oder besser: befreit worden. Ein längst vorhandenes Schreibpotenzial – das ja auf den «ungefährlichen» Nachbargebieten der Literaturkritik oder der Essayistik schon angeeignet und trainiert worden war – wird jetzt verfügbar. *Wie* aber das stupende Erzählgeschick, das sich hier an einem Erstling bewährt, sich befreit hat, können rein literaturwissenschaftliche Überlegungen nicht erklären. Natürlich ließe sich beschreiben, wo der Roman *Im Sommer des Hasen* eine ästhetische oder eine Gattungsgrenze überschreitet – wo er vom Essayistischen zum Romanhaften gelangt, vom Intellektuellen zur Kunst. Doch damit wäre das Entscheidende noch nicht erkannt. Es geht in diesem Glücksfall ja darum, dass Muschg eine solche Grenze psychisch gar nicht wahrgenommen hat.

Es gibt dann noch Verlagsquerelen: Den katholischen Mitinhabern bei Walter ist die Yoko-Episode zu erotisch, und Peter Schifferli übernimmt den Roman schließlich in seine renommierte *Arche.* Was nun kommt, ist eine erstaunliche Erfolgsgeschichte. Das Buch erscheint im Herbst 1965 – ein halbes Jahr vor der bundesdeutschen Auslieferung – in der Schweiz, wo es mit starken Tönen begrüßt wird. Werner Weber, Literaturchef der NZZ, führt den Chor der Lobpreisenden an, allgemeiner Tenor: *Ein neuer Name.* Nach diesem Auftakt schließt sich das deutsche Feuilleton im folgenden Frühjahr in derselben Tonhöhe an, Reich-Ranicki und Hans Mayer vornweg. Bestsellerlisten, Literaturpreise, Rundfunkgespräche, eine Rezension im *Spiegel.* Das Unwahrscheinliche, das *längst fällige Meisterwerk, das alles klar machte,* hier war es tatsächlich Ereignis. Die Grandiosität, die bisher nur im Schutz der Schreibblockade zu existieren vermochte, erhielt jetzt öffentlich ihre Berechtigung zugesprochen.

Natürlich kann sich Muschg nicht lange auf einer solchen Höhe halten – es gibt ja auch negative Kritik und vor allem die eigene Ungenügsamkeit am Erfolg, das Misstrauen gegenüber dem Geleisteten. Doch eines kann er fortan nicht mehr verlieren: die Verfügung über sein *literarisches* Schreibtalent. Dass diese Verfügung aber auch in Zukunft nicht mühelos sein wird, zuweilen sehr schwierig, dafür ist allerdings gesorgt. Die Begeisterung, mit der er sich umgehend an seinen nächsten Roman setzt, täuscht eine Weile darüber hinweg.

Cornell University, Ithaca/NY: Assistant Professor

Muschgs Göttinger Assistentenzeit lief 1967 aus, ohne dass sich ein gewichtiger Grund für ihre Verlängerung ergeben hätte – wie etwa die Habilitation. Die Literatur war dazwischengekommen – mit der ersehnten Anerkennung auch durch den zugehörigen Betrieb und vor allem durch die intensive, ungehinderte Arbeit an einem neuen Roman: *Gegenzauber.* Als der im Herbst 1967 erscheint, wieder in Schifferlis *Arche*-Verlag, bemisst er sich auf 487 Seiten, wie Gabriele Wohmann – ihrerseits auch keine Lakonikerin – als auffallend herausstellt: bedenke man den *geringen Zeitabstand* vom Vorgänger.

Die Fabel von *Gegenzauber* ist gegenüber dem Umfang geringfügig: Im schweizerischen Überseen – Zollikon wird bald erkennbar – soll ein Jugendstilschlösschen namens *Soldanella* einem Straßenprojekt geopfert werden. Eine Gruppe junger Leute, die hier eine Zuflucht gefunden haben, versucht mit viel Phantasie und Witz, die Absicht der Gemeindeväter zu hintertreiben. Am Ende scheitern sie, das Haus wird abgerissen – sie waren nicht entschlossen genug. Es geht dem Roman aber weniger um diese Ereignisse als um ein Spiel mit den Kategorien *historische Wirklichkeit* und *literarische Wahrheit*: Roland von Aesch, ein gewiefter Literat, hat die Geschichte der *Soldanella* mit allerhand Wahrheitsverbiegungen geschrieben und erntet damit großen Erfolg. Klaus Marbach, ein junger Idealist, schreibt seinerseits darüber ein Buch und zwar eine Richtigstellung, die den Bericht von Aeschs erledigen soll. Summa: Der reale Autor Muschg schreibt ein Buch, das von einem Buch handelt, das gegen ein anderes Buch angeschrieben wird. Der Spielraum von *Gegenzauber* hängt damit voller Spiegel, die ein Bild mehrfach zurückwerfen. Muschg nutzt diesen Reflexionsraum zweifellos auch zu erstaunlichen Wirkungen – doch mit solcher Artistik, dass die Erzählsubstanz sich verdünnt.

Der Kritik ist es schon etwas viel an demonstrativem Können, man moniert einen *brillanten* Leerlauf. Gabriele Wohmann verfolgt genau das kunstvolle Wuchern des kleinen Stoffes durch sieben Bücher und hat etwas gegen solches Fabulieren: *Mir ist es lieber, wenn ein Autor seine eigene Subjektivität niederschreibt.*[*]

Gegenzauber hat schon Impulse der studentischen Protestkultur aufgenommen, die von den USA herübergedrungen waren (und die Muschg auch schon Jahre früher in Japan ausgemacht hatte). Als allerdings das folgenreiche deutsche '68 in Berlin seinen Anfang nahm, zog er gerade auf zwei Jahre als

---

[*] Judith Ricker-Abderhalden (Hg): *Über Adolf Muschg*, Frankfurt am Main: Suhrkamp 1979, S. 127.

Assistant Professor für Germanistik in die USA – an die Cornell-University in Ithaca. Die Demonstrationen nach dem Tod Benno Ohnesorgs hat er noch mitbekommen, dann fand er sich an einer Universität, an der manches von dem, was die deutschen Studenten nun forderten, bereits realisiert war.

Cornell gehörte zur Extraklasse der *Ivy League*-Universitäten, war sehr forschungsorientiert, aber nicht abgeschottet gegen den amerikanischen Jugendprotest, der mit Anti-Vietnam-Demonstrationen seinen Anfang genommen hatte. Die Politisierung hatte begonnen. Öffentliche Verbrennungen der Rekrutierungslisten für Vietnam gehörten dazu, und als der Demokrat Eugene McCarthy, einer der schärfsten Kriegsgegner, 1968 für die Kandidatur zur Präsidentschaft antrat, hatte er auch in Cornell viele Wahlhelfer, darunter Muschg. Im April 1969 trat dann auf dem Campus ein Ereignis ein, das Folgen für viele amerikanische Universitäten hatte: Demonstrationen afroamerikanischer Studenten gegen Rassismus auf dem Campus und gegen die Verzögerung der versprochenen *Black Studies* waren erfolglos, und eine Gruppe ging schließlich zu Gewalt über: Die *Willard Straight Hall* wurde besetzt, und als man von dort vertrieben werden sollte, bewaffnete man sich mit eingeschmuggelten Waffen. Die Bilder afroamerikanischer Studenten, die für ihre Rechte mit Schusswaffen kämpften, gingen um die Welt.

1967 hatten Muschg und Hanna Meyer geheiratet, und sie kam jetzt, im Sommer 1968, mit nach Ithaca. Man holte die Hochzeitsreise nach und hatte eine Kabine auf einem polnischen Frachtschiff gebucht. In diese Meerfahrt mischte sich ein hypochondrischer Anfall ein. Die Hypochondrie hatte sich in jener Zeit die Bauchorgane vorgenommen und produzierte nun stimmig den Albtraum eines jeden Seefahrers: *den vereiterten Blinddarm auf hoher See.* Muschg erläuterte dem Ersten Offizier – er hatte Sanitätsausbildung – seine entsprechenden Symptome, und sie wurden nach Gdansk zur Reederei gefunkt. Nach langen Stunden erschien der Pole wieder in der Kabine, erleichtert und beinahe heiter: Ein vereiterter Blinddarm sei Gott sei Dank ausgeschlossen – alles weise auf Magenkrebs, und der könne ja bis zur Ankunft warten. (Diese Pointe gibt Muschg später an seinen Dr. Albisser weiter, der mit solchen Ängsten seine Ehe fertigmacht.) Eine bald nach der Landung durchgeführte Untersuchung widerlegte dann auch die Krebsdiagnose.

Die Muschgs arbeiteten gut zusammen – noch schrieb Hanna Muschg nicht selbst. Man entdeckte Donald Barthelme, einen führenden literarischen Vertreter der *counter culture*, und begann, ihn gemeinsam zu übersetzen – die persönliche Bekanntschaft ergab sich bald. Irgendwann stellten die Muschgs Barthelme auch dem Ehepaar Max und Marianne Frisch vor, die sich auf amerikanischer Lesereise befanden. Sie schürzten damit einen der Beziehungsknoten, von denen Frisch später in *Montauk* berichtet. (Marianne Frisch verliebte sich in Barthelme und übersetzte ihn in der Folge ebenfalls.)

Die literarische Produktion geht auch in den USA weiter: ein Theaterstück (*Rumpelstilz*), ein Band Erzählungen (*Fremdkörper*), ein Hörspiel (*Das Kerbelgericht*) und der dritte Roman (*Mitgespielt*). Zwischendurch wird Muschg wieder von starken Befürchtungen geplagt (noch einmal: der Blinddarm), die einen überstürzten Flug nach Zürich notwendig machen, wo sie umgehend durch einen chirurgischen Eingriff zerstreut werden. Er kann die befreiende Reise aus den USA zu Zürcher Ärzten nun auch für einen Bewerbungsvortrag nutzen. In Fribourg ist eine Professur ausgeschrieben. Dort spricht er über Brechts *Der Jasager und der Neinsager* und ist sich vermutlich auch über den damit verbundenen Privatscherz im Klaren: Das Stück beginnt schließlich damit, dass einer aufbricht, *um bei den großen Ärzten in der Stadt jenseits der Berge Medizin zu holen und Unterweisung.* Nun, der Bewerber Muschg kommt ja seinerseits gerade von den *großen Ärzten,* die ihn operativ von einem schlimmen Krankheitsverdacht befreit haben und ist – wie immer in diesem Fall – euphorisch und vorzüglich im Vortrag. Man denominiert ihn für die Fribourger Stelle. Es dauert dann einige Wochen, bis die katholische Hochschule befindet, mit Muschg hätte das Schlüsselfach Germanistik einen protestantischen Professor zu viel. Er wird vom Senat abgelehnt.

Literarisch hat er aus der Kritik an *Gegenzauber* rasch gelernt: Die nun folgenden Arbeiten sollen mehr *eigene Subjektivität niederschreiben,* und der gesellschaftliche Bezug soll deutlicher hervortreten. Das Erste gelingt, das Zweite nicht. Man kann das gut an Muschgs erstem Theaterstück *Rumpelstilz* sehen, das in einer Inszenierung des Zürcher Schauspielhauses im März 1968 uraufgeführt wurde – mit einem Star wie René Deltgen in der Hauptrolle:

Viktor Leu, Geschichtsprofessor an einem Gymnasium, tyrannisiert Frau und Tochter mit seiner Hypochondrie. Er hat Schluckbeschwerden (mit Gruß an Christian Buddenbrook). Die Diagnose dazu hat er sich selbst gestellt – Kehlkopfkrebs. Ein verkehrtes Rumpelstilzchen, geht er von Arzt zu Arzt in der Hoffnung, einer wüsste den zutreffenden Namen seiner Krankheit und sagte und bekräftigte ihn. Doch keiner sagt den Namen, sie alle wollen den Moribunden nur schonen, wie Leu meint. Natürlich fehlt ihm nichts – den Krebs hat vielmehr seine Frau, die ihn pflegt und bemitleidet. Die Kehrseite von Leus hypochondrischer Angst ist Sehnsucht nach Größe. So hat er in seiner Jugend – angeblich – heldenhaft für die Rechte der Arbeiter gestritten, wovon er oft spricht. Was aber gewiss ist: Dieser egoistische Neurotiker hat das Leben von Frau und Tochter beschädigt.

Muschg hat die Rolle des Leu als eine zwar hochgetriebene, aber doch psychologisch plausible Charakterskizze angelegt, an der ein bedeutender Anteil von Introspektion unverkennbar ist. Damit hat er sich durchaus und fruchtbar in seiner *eigenen Subjektivität* mitgeteilt, in einer Schonungslosigkeit, die der Kritik noch verborgen blieb. Hier hat sich ihm jetzt ein Weg geöffnet, der zu der komplexen Selbstsicht von *Albissers Grund* (1974) führt.

Der Versuch jedoch, in einem dem Stück beigefügten Kommentar Leus Einzelschicksal gesellschaftlich einzubinden, es als soziales Gleichnis zu verstehen, gelingt nicht. Muschg hat die Zeitzeichen zwar rasch und richtig erkannt, die neue Sinngebungsmatrix für die Literatur war jetzt «das Gesellschaftliche» – doch die Behauptung, dass sein Hypochonder den sozialen Allgemeinzustand spiegle, ist bis zur Komik konstruiert. Muschg vergesellschaftet die Schluckbeschwerden: *Was Leu in seinen falschen Hals geriet, der imaginäre Kloß, sitzt durchaus real im richtigen Hals der Gesellschaft und macht sie so sprachlos, wie sie scheinbar nicht ist. Die Entfernung wäre eine größere Operation und kann – allem «engagierten» Theater zum Trotz – auf der Bühne nicht stattfinden.*[*] Die *größere Operation* reimt sich auf *Revolution* und soll eine Kampfbereitschaft signalisieren, die Muschg natürlich gar nicht hat. Er hat aber bald die Aufrichtigkeit, sich mit diesem Dilemma auseinanderzusetzen: *aus schlechtem Gewissen ein Linker, von Geschmack ein Konservativer* zu sein. So rasch Muschg in die neue Zeitstimmung eingetaucht ist, so rasch erfasst er auch ihre Risiken. Sein Talent zur Ambivalenz lässt keine ungebrochenen Illusionen zu.

Muschgs dritter Roman *Mitgespielt* erscheint im November 1969. Er ist die Realisierung eines zehn Jahre zuvor auf Eis gelegten Projektes. 1959 hatte er als Deutschlehrer der Klasse 3h seines Realgymnasiums vorgeschlagen, gemeinsam einen Kollektivroman zu schreiben. Thema: die Ermordung eines Deutschlehrers. Dieses Vorhaben kam dann aber nicht zustande. Es wäre in jener unaufgeregten Zeit eine brave pädagogische Unternehmung gewesen und hätte voller literarischer

---

* Ricker-Abderhalden (Hg) 1979, S. 142.

Lerneffekte gesteckt. Das ist jetzt anders: Jetzt kann – mit dem Jugendprotest – «das Gesellschaftliche» Einzug halten. Die Geschichte spielt nun 1965, und das ist für Muschg – wie ein Vorwort erläutert – *das Jahr von HELP! und des ersten Verschwindens von Ché Guevara.* (Der Beatles-Song und der im Kongo untergetauchte Revolutionär *Ché* gehörten zu den neuen Jugendmythen.) Auch eine zeitübliche Anbiederung enthält Muschgs Vorwort: Er sei auch versucht gewesen, die Geschichte *mit diesem oder jenem kleinen Anspruch zu besetzen, damit ich mich vor meiner Klasse einmal nicht zu schämen brauchte.* Gemeint ist natürlich ein *politischer* Anspruch und das damals beliebte Spiel mit der doppelten Bedeutung von Schul- und politischer *Klasse* (Arbeiterklasse natürlich) – wobei für die Person Muschgs das Wortspiel gar nicht zutraf: Seine kleinbürgerliche Herkunft galt geradezu als Idealtyp bejammernswerter Klassenlosigkeit.

Die Fabel von *Mitgespielt*: Der Schüler Andres, aus heruntergekommenen Verhältnissen, Maoist, Mitglied einer politischen Zelle, er dichtet ... befürchtet, ermordet zu werden, und taucht unter wie soeben Ché Guevara. Sein Freund Ulrich kommt aus dem Großbürgertum, denkt politisch wie sein konservativer Vater, bewundert aber Andres' Dichtungen und spielt nach dessen Verschwinden James Bond, der ihn sucht. Und Dr. Hämmerli ist schwul. Er ist der Deutschlehrer der beiden Knaben, trägt *grünliche enge Hosen aus samtartigem Leder* und liebt Andres. Er ist es, dem am Ende am schlimmsten *mitgespielt* wird.

Muschg hat sich hier ein Erzählfeld entworfen, auf dem Handlung und Sprache ständig indirekt über die Bande gespielt werden – zwischen Trivialroman (James Bond), Hippie-Romantik (Hasch, Beat), Politmythologie (Ché Guevara), aufrechtem Schweizersein, zwischen *Tonio Kröger* und dem *Tod in Venedig*. Es sind ganz erstaunliche und auch recht anrührende Kunststücke darunter, das Ganze ein weiterer Beleg sprachlicher Meisterschaft – doch die Kritik macht jetzt nicht mehr mit. Man stellt *Virtuosität* und *Leerlauf* fest. Am strengsten urteilt Heinz Schafroth, führender Schweizer Rezensent, der es sich zur Aufgabe gemacht hat, das Talent Muschg zu einer geerdeten Schreibe zu bewegen. Er erklärt Muschgs Stil für reine *Kalligraphie*.

1969 geht Muschg auf ein Jahr als wissenschaftlicher Mitarbeiter an die Universität Genf, wo die Freunde Renate und Bernhard Böschenstein lehren. Und natürlich ist er schon ein geschätztes Mitglied im schweizerischen Literaturbetrieb – der jetzt allerdings auch politische Stellungnahmen verlangt. Die folgenreichste Sezession dieser Jahre war die Gründung der *Gruppe Olten* durch Schriftsteller, die den Schweizerischen Schriftstellerverband aus Protest gegen eine konservative, nationalistische Politik verlassen hatten. Die prominentesten dieser Dissidenten waren Frisch und Dürrenmatt, Jürg Federspiel und Walter Matthias Diggelmann und schließlich die Jungstars Peter Bichsel und Adolf Muschg. Man traf sich im Solothurner Olten und verstand sich nicht nur als literarische, sondern auch als politische – *linke* – Vereinigung. Endgültig gegründet wurde sie am 25. April 1971 in Biel. Ihr Einfluss auf die Schweizer Literatur war über die Jahre bedeutend. Insbesondere stand die Gruppe für einen permanenten Appell an die Schriftsteller, politisch und sozialkritisch zu sein.

Festzuhalten ist die Reaktion Muschgs auf das Zürcher *Achtundsechzig*, das im Juni 1968 seinen Auftakt hatte – mit einer Revolte wegen eines verweigerten Jugendzentrums. Die sogenannten «Globus-Krawalle» standen im Zeichen der weltweiten Studentenproteste, von denen der *Pariser Mai* und die Berliner Unruhen in Zürich von besonderem Einfluss waren. Muschg, der an der *Cornell University* einen *linken Reflex* bereits *mühelos eingeübt** hat, schickt von dort ein Hörspiel an

---

* KG, Nachwort S. 50.

den Schweizer und an den Westdeutschen Runkfunk, in dem er das Thema Jugendprotest vor allem unter dem Aspekt «Generationenkonflikt» verhandelt, Titel: *Das Kerbelgericht* (1969). Der politische Aspekt daran aber macht ihn zwiespältig. In einem längeren Nachwort zum Hörspiel hat Muschg sich dazu erklärt: Der *linke* Reflex sei zweifellos notwendig, soviel sei klar, aber er komme bei ihm weniger von innen, als dass er *eingeübt* wurde. Was er, Muschg, deshalb *gelegentlich leise denke*, sei: *daß unsereins nur mit dem schlechten Gewissen ein Linker, von Geschmack ein Konservativer ist, daß meine Gewohnheiten im Milieu der Herrschaften erzogen sind, mit denen die Rebellen aufräumen wollen.*[*]

Diese Selbstkritik ist sehr aufrichtig. In den kommenden Jahren wird Derartiges als Klartext öffentlich nicht mehr geäußert werden können, denn die politischen Lager polarisieren sich und verlangen Eindeutigkeit. Der Spagat zwischen dem *linken* Milieu und dem *Milieu der Herrschaften* – zwischen *Olten* und *Zollikon* – kann nicht mehr durchgehalten werden. An seiner Beendigung aber hängt viel soziale Angst. Bis zur endgültigen Einsicht, dass *Verkehrtherum* – die soziale Spielkarte *Le Pendu* – Muschgs Existenzsymbol ist, wird noch viel Zeit vergehen: *Ich mußte mich eine ganze Strecke von unserem Zürichseeufer entfernen, bevor ich andersherum dahin zurückkehrte. Die Zolliker Optik mußte ausgewachsen sein, bis ich Boden fand in meiner Luft.*[**] Die politische Ambivalenz zieht sich erst einmal in die Literatur zurück.

---

[*] KG, Nachwort S. 51.
[**] OH, S. 73.

V PROFESSOR UND SCHRIFTSTELLER
Dr. Albissers Grund 1970–1975

Zürich: die Professur, Geschriebenes und Ungeschriebenes

Im Jahr 1970 erhielt die Abteilung XII der Eidgenössischen Technischen Hochschule in Zürich eine zweite – außerordentliche – Professorenstelle für deutsche Sprache und Literatur zugesprochen. Sie wurde ausgeschrieben, und es kamen eine Handvoll Bewerber in die engere Auswahl, darunter Muschg. Er war aufgefordert worden, zu kandidieren. Man hat die Konkurrenz um einen freien Lehrstuhl mit der *Reise nach Jerusalem* verglichen: Eine Anzahl qualifizierter akademischer Kandidaten bewirbt sich und tanzt nach der Musik vor. Plötzlich hält sie an, die Vortänzer stehen still, und wer sich gerade vor dem freien Stuhl befindet, darf ihn einnehmen. (Der Grund für diese günstige Position scheint dann neutral und objektiv, gibt aber dennoch oft zu denken.) Über solche akademische Jerusalemreisen existieren viele dauerhafte Erzählungen. Ihnen soll hier keine hinzugefügt werden – aber doch ein paar Einzelheiten, die biographisch relevant sind.

Die Abteilung XII der ETH umfasste die Geistes- und Sozialwissenschaften. Sie sollten die Ausbildung der Technik-Studenten um humanistische Themen ergänzen. Die Teilnahme an ihren Veranstaltungen war freiwillig, Prüfungen gab es nicht – diese Professuren hatten etwas von einer Pfründe. Meist waren sie mit vorzüglichen Experten besetzt, die oft einen künstlerischen oder abgelegen philosophischen Einschlag hatten – etwas Bunte-Hundehaftes –, wofür sie Freiraum brauchten. Karl Schmid hatte das Ordinariat für deutsche Sprache und Literatur inne. Auch er war ein Exot, der die Grenzen seines Faches in verschiedene Richtungen überschritt, vor allem zur Kulturkritik und zur Zeitgeschichte. Sein Buch *Unbehagen im Kleinstaat* (1963) behauptete eine Unzufriedenheit von Schweizer Schriftstellern mit ihrer Nation, weil sie unter deren zu geringem Format und an ihrer *Schicksalslosigkeit* litten – als ein Prototyp dafür erschien ihm Max Frisch. Dagegen setzte er die Haltung Gottfried Kellers: Dieser ehemalige Freischärler und *Radikaldemokrat* habe sich schließlich – als Zürcher Staatsschreiber – in den Dienst der kleinen Schweizer Gemeinschaft gestellt. Schmids durchaus empathische Schrift avancierte zum Grundbuch liberal-konservativer Schweizer. Im Übrigen war er Generalstabsoberst und Stabschef des 3. Armeekorps. Als Germanist begleitete er die Schweizer Gegenwartsliteratur, Frisch vor allem und spät noch einen vielversprechenden Newcomer: Hermann Burger.

Schmid hatte 1969 den Vorsitz des Schweizer Wissenschaftsrats übernommen, und die neu ausgeschriebene Professur war zu seiner Entlastung bestimmt. Wie angenehm die Arbeit in den «Freifächern» der ETH war und wie ansehnlich das Gehalt, hatte sich auch in Deutschland herumgesprochen – und so fand sich unter den Bewerbern auch Muschgs ehemaliger Chef, der Göttinger Ordinarius und erschöpfte Gründungsrektor der Uni Bremen, Walther Killy. Zu nennen ist noch ein weiterer Kandidat, der schon recht renommierte Leiter des Thomas-Mann-Archivs in der Schönberggasse Hans Wysling.

Auf nachdrücklichen Hinweis Schmids bewirbt sich auch

Hanna und Adolf Muschg mit den Kindern (um 1975)

Muschg. Er wird die Stelle am Ende auch bekommen, der frustrierte Killy wird auf einen Berner Lehrstuhl umgeleitet, und Hans Wysling geht als Professor nach nebenan, an die Universität.

Die Berufungskommission für die Professur entschied sich für Muschg. Sie tat es mit einem Vorbehalt: Er habe innerhalb von zwei Jahren seine Habilitation nachzuholen – also eine umfänglichere Schrift vorzulegen und ein Kolloquium zu absolvieren. Karl Schmid wurde dafür ins Wort genommen und sollte darauf achten, dass diese Bedingung erfüllt würde. Er einigte sich mit Muschg auch bald auf das Thema der Habilitationsschrift: eine biographische Studie zu Gottfried Keller. Das Thema lag in der politisierten Luft, das Material in der Zentralbibliothek am Predigerplatz.

1972 beziehen Hanna und Adolf Muschg ein älteres Bürgerhaus in Kilchberg am Zürichsee – also auf dem linken Ufer, wo die Sonne sprichwörtlich weniger scheint als in Zollikon an der gegenüberliegenden *Goldküste*. Hier wachsen die beiden Söhne der Muschgs auf – Philipp (geboren 1970) und Benjamin (geboren 1972). – Für das Professorenamt hat Muschg schon genug Lehrerfahrung gesammelt, das literarische Schreiben wird nicht davon verkürzt – auch nicht von den nun einsetzenden internationalen Lesereisen und öffentlichen Auftritten. 1971 bearbeitet Muschg Goethes Fragment gebliebenes Revolutionsstück *Die Aufgeregten* von 1791 und zeichnet ihm seine eigene politische Zwiespältigkeit ein, diesmal im Lustspielton – aufgeführt wird es dann an großen Theatern in Zürich, Basel, Berlin, Heidelberg. Als Prosaist tritt er erstmals eindrucksvoll mit einem neuen Format auf, mit Erzählungen. Nach dem Sammelband *Fremdkörper* (1968) werden jetzt die *Liebesgeschichten* (1972) geradezu ein Kontrasterfolg zu den Romanen, denen so manche Rezensenten ja nicht ganz trauen: Sie seien *zu brillant*.

Die kurzen Erzählungen dagegen aber bleiben auf dem Boden, berichten aus der kleinen Welt des durchschnittlich Privaten, und das in einer klaren, unverspielten Sprache. Hier ist das Thema *Gesellschaft* noch reines, unkommentiertes Geschehen – erst in den Romanen und Essays wächst es sich aus zu Komplexion und Erörterung. Marcel Reich-Ranicki, der zu den Romanen Muschgs wenig Vertrauen hat (*Koketterie, Brillanz*), ist von den Liebesgeschichten in ihrer Bemessenheit äußerst angetan. (Bei diesem doppelten Urteil über Muschg wird er über die Jahrzehnte hartnäckig bleiben, auch gegen manche Evidenz.) In diesen ersten Jahren auf der Professorenstelle ist jedenfalls die literarische Produktion flüssig und erfolgreich.

Was nicht läuft, ist die Arbeit an der Habilitationsschrift zu Gottfried Keller. Eine merkwürdige Unentschlossenheit tritt auf, als die Grundkonzeption entworfen werden soll. Es liegt nicht am Material und auch nicht an Einfallsmangel. Und überhaupt gibt es ja längst Vorgänger, die sich am Leben Gottfried Kellers versucht haben, der eigene *Große Bruder* ist darunter.* (Er ist im selben Jahr 1965 gestorben, als Friedrich Adolf *Im Sommer des Hasen* veröffentlichte, die Schreibbefreiung.) Walter Muschg hatte seine Biographieskizze mit dem Abschnitt *Der Zwerg* begonnen: Mit 1,40 m Körpergröße musste Keller in der Liebe zwangsläufig immer Enttäuschungen erleben. Und Adolf Muschg, die Idee ist bald da, wird beginnen wie der Bruder: mit dem Kapitel *Der kleine Mann Gottfried*. Um die Körpergröße geht es da aber nicht, sondern darum, dass der Sohn der Witwe Keller schon früh seinen toten Vater bei ihr vertreten musste. Muschgs Schreibplan ist also: Genauso einsetzen wie der *Große Bruder*, aber dann ganz anders durchführen (und doch wohl viel interessanter und besser). Durchführen? Eben das gelingt nicht. Muschg kriegt keine Zeile hin.

Irgendwann merkt er natürlich, was los ist: Die Schreibblockade ist zurückgekehrt. Ironischerweise richtet sie sich diesmal nicht gegen das literarische Schreiben – das fließt ungehemmt –, sondern gegen einen wissenschaftlichen Text. Hier hatte sich Muschg aber doch mit seiner Barlach-Dissertation schon einmal bewiesen –? Nun müsste er doch auch als Wissenschaftler weiterschreiben können, wie er es als Romancier nach dem *Sommer des Hasen* gekonnt hatte. Doch offensichtlich mischt sich der *Familienroman* wieder ein. Seine Grundzüge *Konkurrenz zum Vater* und *Grandiosität*, werden aktiv und überdeterminieren das Projekt der Habilitationsschrift: Da ist Karl Schmid, der «Habilitationsvater», eine enorme väterliche Autorität – ein anderer Schweizer Schriftsteller, auch von ihm abhängig, wird ihn später den *Guten Gott der ETH* nennen (Hermann Burger)**. Und da ist die Professur,

---

* Walter Muschg: *Umriß eines Gottfried-Keller-Porträts*, in: W. M.: *Gestalten und Figuren*, Bern: Francke 1968.

** Genauer: *den Guten Gott der ETU* – die ETH firmiert in Hermann Burgers Roman *Die künstliche Mutter*, der Züge eines autobiographischen Schlüsselromans hat, als *ETU*. (Hermann Burger: *Die künstliche Mutter*, Frankfurt am Main: S. Fischer 1982, S. 13.)

die noch durch die Habilitation bestätigt werden muss. Sie ist im akademischen System ohnedies mit Größenphantasien besetzt – und für Muschg kommt noch die Rivalität zum *Großen Bruder* auf dem Basler Lehrstuhl hinzu. Es besteht bei Muschg also die Erwartung einer grandiosen Leistung, mit der die Professur verdient werden muss. Sie darf keineswegs enttäuscht werden. Unter diesen Umständen an einer Habilitationsschrift über Gottfried Keller, den Nationaldichter, zu schreiben, setzt eine psychische Panzerung voraus, die Muschg nicht hat. Die Schrift bleibt ungeschrieben.

Wer den kultischen Zusammenhang von Habilitation und Professur im Universitätswesen jener Jahre kennt, kann sich auch die schwierige Situation Muschgs vorstellen. Es war wohl Karl Schmid, der ihn daraus befreite. Der *Gute Gott der ETH* hatte sich nämlich einmal – wegen mangelnder Publikationen – in genau derselben Lage befunden und die endgültige Professur dennoch wegen anderer Qualitäten zugesprochen bekommen.* Und ebenso verfuhr die ETH jetzt mit Muschg, dem Publizisten und Schriftsteller. Ihm wurde seine Professorenstelle auf Dauer zuerkannt, auch ohne Habilitationsschrift. Und er zahlte zurück – 1974 mit dem Roman *Albissers Grund,* in dem sich Schreibwitz und Ergründung der eigenen Subjektivität zu einer eindringlichen Zeitanalyse verbinden. Und 1977 liefert er, weil es nun keine Habilitationsschrift mehr sein muss, sein Porträt Gottfried Kellers, das die Forschung bald heftig diskutiert. Freunde, die Muschg so gut kennen wie Renate Böschenstein in Genf, behaupten, es sei eigentlich seine Autobiographie.

* Dazu (und zu Person und Werk Schmids überhaupt) das eindringliche Porträt von Thomas Sprecher: *Karl Schmid (1907–1974). Ein Schweizer Citoyen*, Zürich: Verlag Neue Zürcher Zeitung 2013; hier S. 131–141.

Therapieversuche: Was fällt dir dabei ein?

Die erste Phase der 68er-Rebellion war mit der Profilierung der Feindbilder ausgefüllt – Anfang der 70er-Jahre kamen dann die Entwürfe eines *besseren Lebens* hinzu. Hatten sich als Feinde die Gesellschaft und ihre Agenturen – bis hin zu den eigenen Eltern – nun herausgestellt, so war ein besseres Leben nur möglich, wenn man die durch sie geschlagenen Wunden heilte. Die Zukunftshoffnung für das Kollektiv wie für den Einzelnen hieß deshalb *Therapie*. Das Wort enthielt alte Heilsversprechen im neuen Gewande – es versprach *Erweckung, Umkehr* und *neues Leben*. Aus dem jetzigen intellektuellen Kraftzentrum Frankfurt kam die Wiederentdeckung der Psychoanalyse, in deren Folge auch psychoanalytische Reimporte aus den USA wie die Lehren Erich Fromms und Wilhelm Reichs. Es entstand bald eine ganze Reihe synkretistischer Psychotherapie-Schulen mit psychoanalytischen Wurzeln, in die zunehmend Impulse aus fernöstlichen Seelenlehren eindrangen – wie sie etwa die Bhagwan-Sekte in Poona darstellte. Die ganz unterschiedlich angesteuerten Therapieziele hießen *Befreiung* und *Selbstfindung*.

Im Jahr 1973 lasen Hanna und Adolf Muschg im *ZEIT-Magazin* den Bericht über die Gründung eines Therapiezentrums in Penzberg-Zist bei Bad Tölz. Ein Dr. med. Wolf Büntig praktizierte hier eine *potenzialorientierte Therapie,* die sich auf die *Blockaden* richtete, mit denen der Einzelne sich am besseren Leben hinderte. Eine solche Blockade war ja nun zweifellos die Schreibhemmung, eine andere die Hypochondrie, eine weitere der chronische Rückenschmerz. Die Muschgs schrieben sich also für einen Kurs ein. Wolf Büntig stellte sich dann als der Charismatiker heraus, den man nach seinen Verlautbarungen erwartet hatte: ein autoritärer Charakter mit einem außerordentlichen sozialen und psychologischen Gespür. Die

Frauen der Therapiegruppe öffneten sich ihm im Nu, die Männer aber wollten sich ihm nicht so leicht ergeben, obwohl er ihnen beharrlich zusetzte. *Therapie?* Es gab keine tief greifenden Spontanheilungen, auch keine Besserung auf Dauer. Doch bescherte der erfahrene Psychagoge durchaus befristete *Durchbrüche*, akzentuierte Verdrängtes derart deutlich, dass man es fortan nicht mehr übersehen konnte, insistierte auf unangenehmen Wahrheiten … Einer in der Gruppe sagt, er habe ein ungelöstes Problem seit Langem. Büntig sieht ihn scharf an, merkt was und fragt sekundenschnell: *Nazi oder Widerstand?* Der junge Mann bricht in Tränen aus. Soeben war von seinem Vater die Rede gewesen.

Ähnlich erwischt es Muschg. Als er das erste Mal vor der Gruppe *arbeiten* soll, also öffentlich seine *Blockaden* benennen, hat er Examensangst und legt den Prestigepanzer aus Worten an: *Ich habe […] so literarisch der Gruppe und dem Leiter vorgeführt, worum es sich bei mir in Kürze handle. Bis mich der Leiter unterbrach und sagte: Würde es dir etwas ausmachen, jeden deiner schönen Sätze mit ‹Amen› zu schließen?* Das ist der Moment, in dem Muschg merkt, dass er bisher nur mit dem Kopf *gearbeitet* hat. Den Körper ließ er, wie gewohnt, außen vor. Der aber meldet sich jetzt: *Da stand ich da. Ich wurde langsam, sehr langsam, darauf aufmerksam, wie ich dastand, wie ich meinen Hintern durchgedrückt hatte, und wie ich zitterte. Warum denn? Nicht so schnell. Nimm zuerst wahr, wie. Und noch vorher: daß. Wie fühlt es sich an, wenn du zitterst, was fällt dir dabei ein? – Jedenfalls: keine schönen Sätze.* Muschg lernt hier Techniken, seinem Körper nachzuspüren. Aber eines wird er nicht los: *meine irreparable Bereitschaft, schöne Sätze zu bilden.*[*]

Der Körper ist überhaupt die Entdeckung jener Jahre nach der 68er-Revolte. In der Aneignungsphase marxistischer Theorie war er nicht vorgekommen, auch die zurückgekehrte

---

[*] LaT, S. 16 f.

Psychoanalyse hatte noch strikt von ihm abgesehen, und die «sexuelle Befreiung» hatte ihn zum Orgasmusinstrument gemacht und auf diese Weise verfehlt. In indischen Ashrams und auch in der amerikanischen Hippie-Bewegung war das *noli-me-tangere*-Gebot zwar längst gefallen, aber man musste eben aufwendig hinreisen. Erst mit Guru-Therapeuten wie Wolf Büntig etablierte sich die Aufmerksamkeit für *den Körper* zunehmend auch in Deutschland. Hanna Muschg ließ sich bald zur Feldenkrais-Therapeutin ausbilden – die Lehre des Moshe Feldenkrais umfasst ganzheitlich somatische Bewegungs- und Wahrnehmungskonzepte.

Diese Entwicklung war ein Rückzug aus der Revolte: Die Hoffnungen auf ein besseres Leben wanderten in den Siebzigerjahren vom Kollektiv zurück zum Subjekt. *Die Gesellschaft* war offensichtlich nicht so schnell zu verändern, wie man es jetzt dem Einzelnen zutraute. Ab 1973 rief die Literatur eine *Neue Subjektivität* aus – eine bisher versäumte Innerlichkeit, der man mit privater Selbsterfahrungslyrik, mit Traumtagebüchern, aber auch auf dem literarischen Niveau Rolf Dieter Brinkmanns oder Jürgen Theobaldys Ausdruck gab. Für Muschg bedeutete das: Aufmerksamkeit für die eigene Befindlichkeit hatte Erkenntniswert über das pathologische Symptom hinaus. Das galt auch und besonders für das hypochondrische Symptom. Der inoperable Gehirntumor oder der immer wieder befürchtete Krebs (Magen-, Darm-, Nieren-, Bronchien-) waren eben nicht mehr nur Eigenblockaden, die – vor allem beim Schreiben – speziell den Größentraum vor seiner Widerlegung retten sollten.

Sie hatten vielmehr Bedeutung für die ganze Person in all ihren Einzelheiten und verrieten, richtig befragt, deren Geschichte. Krankheit war eben eine metaphernreiche Körper-Erzählung, die sich der Kranke selber zugeschrieben hatte – sie war *sein Werk*. Insbesondere mit dem Krebs – Muschgs häufigster Befürchtung – konnte man ein ganzes Leben erzählen. In wenigen Jahren wird ein todkranker junger Mann von der Zürcher *Goldküste* – er nennt sich Fritz Zorn – sein Leben als Krebsgeschichte erzählen, und Muschg wird sie kommentieren und edieren. Ihr Titel, den bald eine ganze Generation kennt, heißt: *Mars*. Er beginnt kriegerisch und endet in einer Klage: «*Ich bin jung, reich und gebildet; und ich bin unglücklich, neurotisch und allein …*» (1977) Zorns Geschichte berichtet, wie ihn das Milieu der *Goldküste* um den Körper und damit ums Leben gebracht hat. Diese seine letzte Einsicht erfährt er als Befreiung zu sich selbst.

Die Entdeckung der Körper-Perspektive, die von Wolf Büntig eingeleitet worden war, hat Muschg dann auch nie wieder aufgegeben. Um 1973 beginnt er in Zürich eine Psychoanalyse bei Paul Parin. Parin war nach seiner Biographie und auch von der wissenschaftlichen Ausrichtung her ein ungewöhnlicher Therapeut. Er stammte von slowenischen Großgrundbesitzern ab, hatte bei den jugoslawischen Partisanen gekämpft und später auf Forschungsreisen nach Westafrika die Psychoanalyse an ganz andersartigen Kulturen erprobt – mit Fritz Morgenthaler begründete er dann die Ethnopsychoanalyse. Im Übrigen war er seit seinen Partisanentagen ein politischer Mensch, der auch in die laufenden politischen Debatten der Schweiz eingriff – von dezidiert linker Position aus. Muschg hatte einiges von Parin gelesen, darunter manches, was ihm selbst sehr entgegenkam. So fand er sich ab 1973 regelmäßig auf seiner Couch ein. Die Therapie ging über drei Jahre.

War es denn eine Therapie? Nicht im orthodoxen Verständnis, wenn überhaupt. Muschg rechnet jene drei Jahre mit Parin unter die *großen Curiosa meines Lebens*. Er erlebte einen Psychoanalytiker mit großem Namen, der sich nicht im Geringsten an die Grundgebote einer Psychoanalyse hielt – und schon gar nicht bei einem Patienten wie Muschg. Denn Muschg war Schriftsteller, Dichter, Künstler. Parin aber hielt sich selbst für einen Literaten (und stellte das im Alter dann auch unter Beweis). Deshalb akzeptierte er Muschgs Leidensdruck nicht – gerade der sei es doch, der ihn zu seiner Kunst befähige. Seit dem *Sommer des Hasen* sei dieser Leidensdruck produktiv geworden, und Muschg habe sich ja längst damit arrangiert. Hier war ein Eingriff doch geradezu kontraproduktiv.

Zum andern redete Parin gern und viel, er hatte ja allerhand erlebt und bedacht und war dankbar für einen kompetenten Zuhörer. Ein Vorzugsthema war die Literatur. Parin und sein Patient bildeten über die Jahre – mit einer Pointe Muschgs formuliert – eine von Letzterem bezahlte Forschungsgruppe zu Kunst und Literatur. Aber Parin plauderte auch über viele andere Themen, und es ging unter seinen Patienten der beklommene Scherz, dass man sich eben trauen musste, zu sagen: *Herr Doktor, ich bitte ums Wort!*

Dass in dieser Therapie die klassische *via regia* zu seinem Unbewussten nicht beschritten wurde, hat den Patienten Muschg sehr frustriert. Durchaus wahrscheinlich, dass ihn dabei Phantasien wie die folgende heimgesucht haben: diesem gegenüber seinem Leiden völlig indifferenten, sich kostenpflichtig an seiner, Muschgs, Kunst gütlich tuenden Plauderer und Kaffeehausliteraten ein paar Kugeln in den Leib zu jagen. Der Zürcher Englischlehrer Peter Albisser in Muschgs nächstem Roman aber leistet sich das realiter. Er hat einen ungreifbaren und autistischen Therapeuten namens Constantin Zerutt, der sein Leid einfach ignoriert und ihn immer nur auf sich selbst zurückfallen lässt. An einem Spätsommertag des Jahres 1973 jedoch reicht es Albisser, und er durchlöchert den Therapeuten mit drei Kugeln. Wie er dazu kommt, das erzählt Muschg in *Albissers Grund* (1974).

Constantin Zerutt hat viel von Paul Parin – doch nicht nur das Frustrierende. An der Person Zerutts leuchten einige Charakterzüge des eigenwilligen Zürcher Psychoanalytikers auf, die Muschg beeindruckt haben: geistige Unabhängigkeit, psychische Autonomie und eine merkwürdige Hilfsbedürftigkeit. Sie mögen – unter der Hand – sogar von therapeutischem Einfluss gewesen sein. Vom *Körper* war im Übrigen in all diesen Sitzungen kaum die Rede.

«Albissers Grund» (1974): Lektüre des Biographen

Im Frühjahr 1975 lag ich, vierzigjährig, in einem Oldenburger Kinderkrankenhaus und wartete auf meine Operation. Ein HNO-Arzt hatte über meinen Nasen-Rachen-Trakt einen schwachen Krebsverdacht geäußert, der *Pap-Test* zeigte immerhin Zellveränderungen im Sputum an, und es war ein explorativer Eingriff notwendig geworden. Der infrage kommende Spezialist hatte als Belegarzt ein paar Betten in einer Kinderklinik zur Verfügung, in eines davon durfte ich mich legen. Mir war der Schreck ins Gebein gefahren, und ich bestand auf einem raschen Vorgehen. So bettete man mich schon an einem Freitag, damit ich am Montag gleich in der Frühe *exploriert* werden konnte. Es wurde ein einsames Wochenende. Kranke Kinder sind sehr infektionsanfällig, ungern nur wurde der Besuch meiner Frau akzeptiert, unser dreijähriger Sohn – möglicher Träger besonders kindaffiner Krankheitserreger – wurde gar nicht zugelassen. Ein Freund gab mir ein Buch in meine Einsamkeit mit: *Passend, in jeder Hinsicht*, sagte er.

Es war *Albissers Grund* von Adolf Muschg, ein ausgesprochener Gegenwartsroman. Er handelte von einem jüngeren Zürcher Gymnasiallehrer, der in eine Krise geraten ist: Dr. Peter Albisser hat sich aus *kleinen Verhältnissen* und der leiblich-seelischen Totalversorgung durch seine Mutter hochgearbeitet auf die Sonnenseite des Lebens – mit dreißig aber muss er feststellen, dass er bisher an sich vorbeigelebt hat. Er ist auf der ganzen Linie *fremdgesteuert*. Außerdem würde er gerne schreiben und vermag es nicht. Und überdies ist er Hypochonder und kultiviert eine symptomreiche Krebsangst. In dieser Lage sucht er Hilfe bei Constantin Zerutt, einem recht eigentümlichen Psychiater (wenn er denn einer ist), zugewandert vom Balkan und nur geduldeter Asylant. Beide verbringen einige Jahre in einem Verhältnis, das aus Frustration und Faszination gemischt ist und dem nur einer von ihnen, Albisser, zuweilen in verzweifelter Hoffnung den Namen *Therapie* gibt.

In dieser Zeit taucht für Albisser plötzlich die Chance zum Ausbruch aus seiner Blockiertheit auf: Er kann sich der Revolte der Zürcher 68er anschließen, dann bekommt er vielleicht das Steuer in die eigene Hand. Albisser versucht es damit. Erst einmal hat er viel Papier zu bewältigen: *linke* Theorie in seriös gebundenen Büchern und auch als *graue,* also raubkopierte, *Literatur,* dazu Aufrufe, Protestpapiere aller Art und hektografierte Schulungsbriefe. Mit diesem Aneignungsgeschäft, einem gewissermaßen papierenen Ausbruchsversuch, kommt Dr. Albisser noch gut zurecht. Nicht zurecht kommt er mit der Praxis der Revolte, der aktiven Parteinahme für die Unterdrückten und *Fremdgesteuerten:* Proletarier, Schüler, Lehrlinge. Da muss er unter die Leute, und die sind ihm fremd. Ihm fehlt die Kraft zum *Großen Absprung.* Stattdessen macht er eine ganze Reihe mittlerer Sprünge: verweigert sich beim Militär dem Befehl, provoziert die Schulordnung und wird entlassen, arbeitet in einem kommunistischen Lehrlingskollektiv mit. Zerutt aber, dem solche Taten doch gefallen sollten, lässt ihn an einem absoluten Desinteresse auflaufen. Da schießt Albisser auf ihn. Dem Grund für diese Schüsse geht der Roman nach.

Ich arbeitete damals, 1975, an der neu gegründeten Universität Oldenburg, die darum kämpfte, den Namen *Carl von Ossietzkys* tragen zu dürfen. Ossietzky, bürgerlicher Antifaschist und Friedensnobelpreisträger, war im nahe gelegenen KZ Esterwegen inhaftiert und geschunden worden. Die Namensidee stammte von der DKP-Hochschulgruppe und galt deshalb der sozialdemokratischen Regierung in Hannover als kommunistisch. Die Universität war eine (gemäßigt) *linke* Gründung nach dem Vorbild der *roten Kaderschmiede* Bremen und hatte aus der ganzen Bundesrepublik akademische Sympathisanten angezogen, darunter mich. Die Aufbauarbeit war vor allem eine faszinierende wissenschaftliche Anstrengung: Man hatte die Geschichte seines Faches zu analysieren und zu versuchen, es wissenschaftstheoretisch neu oder überhaupt erst zu fundieren. Die Germanistik etwa gewann wichtige Teildisziplinen hinzu – machte ihren *linguistic turn* und lernte psychologisch und soziologisch denken. Allerdings mussten die Ergebnisse der betreffenden Arbeitsgruppen oft auf einer radikalsozialistischen Rhetorikbühne durchgesetzt werden. Sie war der Ort der Macht. Macht war meist eine Frage des *richtigen*, geschickten Sprachgebrauchs.

Es gab eine Vielzahl von Versuchen, die Rhetorik nun auch in die Praxis umzusetzen – Arbeit mit Lehrlingen, Gastarbeitern, Heimkindern, Psychiatriepatienten. Sie bewirkten das gute Gefühl, mit Ideen persönlich Ernst zu machen. Wirksam war hier nicht nur der in der Theoriephase allmählich entstandene Erfahrungshunger, sondern bei manchen auch ein tiefer gehendes Ziel: psychische Existenzgründung. Man erhoffte sich persönlich Sinn und Stabilität von konsequenter Anwendung der politischen Erkenntnisse. Ein Extremfall für eine solche Konsequenz waren die sogenannten *Berufsverbote,* gerade an unserer Universität: Nach einem Ministerpräsidentenbeschluss von 1972 *gegen Radikale im öffentlichen Dienst* war eine Mitgliedschaft in der *Deutschen Kommunistischen Partei (DKP)* und vergleichbaren Organisationen mit einer Tätigkeit im Staatsdienst unvereinbar. Betroffene – meist waren es Lehrer – wurden abgemahnt und dann mit Entlassung bedroht. Dieser Sachverhalt wurde von manchen als Charakterprobe aufgefasst: Ihre sozialistische Überzeugung führte sie mit existenzieller Logik in die *DKP,* und im Martyrium der Verfolgten erfuhren sie eine willkommene, manchmal geradezu angestrebte Strukturierung und Sinnfindung – eine *vita nova.* Die Opfer, die sie zu bringen hatten, waren nicht nur sozial beträchtlich, sondern auch intellektuell: Die Verfolgten hatten ihren Idealismus meist mit Geschichtsverleugnung erkauft – schwiegen von Stalin, verehrten die DDR. Ihre scheinbar so *konsequente Haltung* war intellektuell und ethisch ambivalent. Wir diskutierten mit den – ja auch von sich selbst – Bedrohten lange über ihr Verständnis von *Konsequenz,* das sie in die Berufslosigkeit trieb. Manche blieben eisern daran hängen, und der psychologische Gewinn, den sie davon hatten, war offenkundig.

Aus solchen politischen und intellektuellen Aufregungen entrückte mich mein Krankenbett in der Kinderklinik, wo ich nun den Roman des Dichterprofessors aus Zürich las. Er überraschte mich. Zürich war für mich eine Insel konservativer Bürgerlichkeit, und die Echos aus den Schweizer Bergen auf das deutsche Achtundsechzigertreiben – die sogenannten *Globus-Krawalle* etwa – hatte ich nicht ganz ernst genommen. Erst einmal faszinierte mich die selbstironische Psychologie von *Albissers Grund* – der Autor schrieb erkennbar von sich selbst, Albisser war seine Ich-Figur. Ein schwieriger Typ, einiges hatte ich auch mit ihm gemeinsam. Seine panische Krebsfurcht beispielsweise konnte ich gerade gut nachschmecken. Ich spazierte zuweilen durch die Gänge der Klinikstation. Manche Kinderkrankenzimmer waren mit einer Glasscheibe abgetrennt, Infektionsgefahr. Hinter einer Scheibe schaukelte unablässig ein etwa Achtjähriger auf den Knien hin und her. Ich erschrak über seinen Kopf – er hatte keine Haare mehr. Vermutlich hatte er Krebs und wurde chemisch behandelt. Meine eigene Chemotherapie, die mir sicherlich blühen würde, stand mir plötzlich vor Augen. Der kahle Kopf. Telefonisch gab ich meine Befürchtungen den Nächsten bekannt. Meine

Frau reagierte irritiert, die Wahrscheinlichkeit des Krebses hatte man doch mit höchstens 5 % angesetzt. Ich übertriebe enorm und züchtete wohl eine Klinikneurose.

Zuflucht war mir das Buch des Schweizers. Der kannte sich aus mit dem Krebsverdacht und hatte ihn schon an allen wichtigen Organen seiner Ich-Figur durchprobiert. Ich erstaunte, wie fein es ihm gelang, das physiologisch Unsinnige einer Hypochondrie zugleich mit ihrer psychologischen Zwangsläufigkeit darzustellen. Eine distanzierende Ironie, die so tat, als könne sie mit der steten Wiederkehr des Schreckens versöhnen, was aber doch unmöglich war. Durch die Tür der Hypochondrie gelangte ich so ins Innere des linken Intellektuellen Albisser. Ich hatte letztlich nicht viel mit ihm gemeinsam, doch eins: Die Gestimmtheit zum politischen Ausbruch und den begründeten Zweifel an seinem Gelingen. Diese Ambivalenz drang dem Buch aus allen Poren. Der angebliche Psychiater Zerutt hatte daran den Hauptanteil: Er trieb sie bei Albisser hervor.

Das lief dann auf einen Höhepunkt zu, den der Autor im braven Zürich doch kaum in seiner Nähe erfahren, aber richtig erahnt hatte: Albisser wird vor die *Berufsverbots*-Frage gestellt. Er hat sich mit einem radikalen Lehrlingskollektiv verbündet und soll sich nun ganz zu ihm bekennen – was ihn aber endgültig seinen Lehrerberuf kosten würde. Zerutt, der Psychiater, wird jetzt das erste Mal direkt und deutlich:

Herr, sagte Zerutt. – Entweder ist es Ihnen ernst mit Ihrer Biographie. Dann stehen Sie jetzt zu den Leuten, die zu Ihnen gestanden haben [...] Oder Sie verlassen auf der Stelle dieses Zimmer.

Dr. Albisser aber wählt den sozialdemokratischen Mittelweg: Er wird an eine *progressive* Schule in der Provinz gehen – dort gibt es *de facto* schon Schülermitbestimmung! –, und Albisser kann Gymnasiallehrer bleiben. Das radikale Lehrlingskollektiv wird er dann in den Ferien einmal besuchen. Zerutt weint ihm ein paar Tränen nach – ob aus Schmerz oder vor Lachen, das bleibt offen.

Ich wurde am Montagnachmittag aus der Kinderklinik entlassen, mit kleiner Wunde – man hatte keinen Krebs gefunden. Meine Frau hatte das erwartet. Es folgten ein paar schöne Tage der Erholung: *versorgt zu sein und heilen zu dürfen.* Den Satz hatte ich von Albisser. Bei seinem Autor würde ich bleiben.

1988 bereitete ich für Suhrkamp einen *Materialien*-Band über Adolf Muschg vor. Als möglichen Beiträger schrieb ich auch an Paul Parin in Zürich. Ich bekam eine kühle Absage: Muschg habe damals seine politische Verpflichtung sehr wohl erkennen müssen, habe aber nicht zu ihr gestanden.

«Albissers Grund»: Wer ist Zerutt?

Der Roman ist das persönlichste Werk, das Muschg bis dahin geschrieben hat, und es löst jetzt vollkommen ein, was Gabriele Wohmann früh von diesem technisch brillanten Autor gefordert hatte: Er hat hier *seine eigene Subjektivität niedergeschrieben.* Albisser ist erkennbar eine biographische Ich-Figur, vom Autor nur haarscharf getrennt durch eine so subtile wie komische Ironie. In diese Ironie ist die frühere Brillanz eingezogen, die nun nicht mehr blendet, sondern in einer raffinierten Mischung aus Figurenrede und Autorensprache die Vorgänge um Albisser zugleich darstellt und kommentiert. Die Stilhaltung des Romans ist eine Art vergifteter Empathie für die Ich-Figur – sie versteht diesen unfertigen, ungeschickten, aber doch gutwilligen Menschen wie ein Therapeut seinen lebensuntüchtigen Analysanden. Aber mit derselben Genauigkeit arbeitet sie zugleich die Komik seines Scheiterns heraus, die von Hohn manchmal nicht zu unterscheiden ist.

Es handelt sich letztlich um eine gnadenlose Autobiographie, wie besonders an der Hypochonderkarriere Albissers sichtbar wird. Sie baut sich völlig aus lebensgeschichtlichen Realien

Muschgs auf (wenn sie sie auch manchmal anders kombiniert). Folgerichtig beginnt sie mit einem Gehirntumor Albissers *oder was die Figur dafür hielt.* (Muschgs hypochondrische Ursituation wird literarisch heraufgerufen: der krebsige Hirntumor des Johnny Gunther, des Märtyrers im Verbandsturban.) Albisser wird nun durch alle qualvollen Untersuchungsprozeduren geschickt, die sein Autor einmal aus freien Stücken absolviert hatte. Aus freien Stücken? Muschg war ja nicht frei. Er unterlag der zwanghaften Vorstellung eines Tumors in seinem Kopf, die sich erst durch einen negativen Untersuchungsbefund auflösen konnte. Hier genau liegt eine Trennlinie zwischen authentischer Biographie und ihrer literarischen Darstellung: Der Roman verzichtet auf die Ich-Perspektive des Autors und übernimmt die Außensicht der Personen in der Umgebung eines Hypochonders. Sie sehen nur die *Einbildungen* des Kranken, die sich regelmäßig als physiologisch unbegründet herausstellen und also existenziell nicht ernst genommen werden müssen. Damit denunziert Muschg literarisch sein eigenes Leiden, überlässt es der Außenperspektive darauf und gibt es der Lächerlichkeit preis. Er folgt damit allerdings auch einem literarischen Stilzwang: Auch in der Literatur wird der Hypochondrie die Anerkennung als ernsthaftes, respektables Leiden verweigert – sie ist immer komisch und meist lächerlich. Argon, Molières *eingebildeter Kranker,* ist nur einmal *nicht* lächerlich: als sein realer Autor, während er Argon auf der Bühne selber darstellt, von einem plötzlichen Blutsturz getötet wird.

Die Hypochondrie gilt bei der *WHO* nicht als eigenständige Krankheit und kommt bei der Vielzahl ihrer Symptome auch nicht zu eigenen, geschlossenen Konturen. Die medizinische Systematik ist hier gegenüber dem tatsächlichen Leiden der Hypochonder ebenso ungerecht wie das alltägliche Vorurteil. Und ist der Hypochonder ein Schriftsteller, hat er auch keine Chance zu sagen, was er leidet. Die Literatur gestattet ihm nur die Selbstparodie. Es gibt in der westlichen Kultur eigentlich nur eine Instanz, die die Hypochondrie respektiert und ohne Abstriche ernst nimmt: die Psychoanalyse. Sie erkennt sie als tiefenpsychologisch begründet an. Muschg hat diese Chance ergriffen und das – dann fehlgeschlagene – Experiment mit dem Analytiker Paul Parin unternommen. Auch seine Ich-Figur Peter Albisser geht drei Jahre lang zu einem Therapeuten, von dem sie anfänglich annimmt, er sei Psychoanalytiker. Er heißt Constantin Zerutt, ist Asylbewerber vom Balkan und gilt als Sigmund Freuds letzter Schüler – was er persönlich aber abstreitet.

Wer Zerutt eigentlich ist, bekommt im Roman niemand heraus. Weiß er selbst es denn? Immerhin bietet er den Behörden einen abenteuerlichen Lebenslauf an: Unehelich geboren 1918 in Graubünden (nicht weit von Schiers, wo Muschg im Internat war), dann von einem Haufen Fahrender verschleppt, von einem rumänischen Edelmann adoptiert, im Krieg wie Plankton umhergetrieben – nach Kriegsende als Zerutt-Sion-Vacarescu interniert in einem Lager im Prätigau, bei Schiers also wieder. Später erscheint Zerutt dann als Psychologe (?) in Zürich, liest aber auch zigeunerisch aus der Hand, ist irgendwie noch Vagabund geblieben. Seinen früher angegebenen Lebenslauf will er nun nicht mehr bestätigen. Aber im Internierungslager hat er sich in Windeseile die Bündner Mundart angeeignet, wie wenn er auf Gelerntes zurückgreifen könnte. Ein psychiatrisches Gutachten aus jener Zeit bemerkt dazu aber: «Z. verfügt über eine verblüffende verbale Anpassungsfähigkeit und ein auffallendes Einfühlungsvermögen in fremde Erwartungen.»[*] Tatsächlich erzählt Zerutt den Leuten gern, was sie hören wollen.

Nur einem nicht: Albisser, seinem Patienten. Der will anfangs doch nur eines hören: dass Zerutt wirklich Psychoana-

[*] AG, S. 46.

lytiker ist – oder jedenfalls Psychotherapeut – und dass er über Albissers Leiden informiert sein möchte. Aber, gerade das sagt Zerutt nicht. Er trinkt stattdessen Tee mit Albisser und redet auch nur über Tee. Über lange Zeit (am Ende drei Jahre) lässt er ihn einfach auflaufen, was immer sein Klient auch mit ihm versucht. Er wirft ihn auf sich selbst zurück. Albisser: *Immer, wenn ich wiederkomme, schelte ich mich einen Esel. Was soll ich bei Ihnen.* Zerutt: *Das müssen Sie wissen.*[*] Interaktionen wie diese könnten natürlich gerade auf eine professionelle Haltung Zerutts deuten: Er spiegelt den Patienten oder will ihn aus der Reserve locken oder die Übertragung verstärken, je nachdem. Doch das hier ist kein Verfahrenstrick – Zerutt bleibt die ganze Zeit über so autistisch indifferent, dass Albisser schließlich auf ihn schießt. Er *ist* etwas anderes als ein Psychoanalytiker – die Literaturkritik und die Leser haben ihn allerdings dafür genommen.

Was aber ist er denn? Nun, Psychoanalytisches ist zweifellos in Zerutt eingegangen, die Erfahrungen Muschgs bei Parin natürlich – aber das war erst später im Schreibprozess des Romans, als die Figur Zerutt schon stand. (Die eigentliche Psychoanalyse-Parodie muss im Roman Dr. Wirz, ein großer Durchblicker, ableisten.) Das ursprüngliche Vorbild für die Zerutt-Figur ist der *Zen*-Meister, wie ihn Muschg in Japan kennengelernt hatte. Zerutts Erscheinung und Lebensweise ist ein Nachhall der Irritation, die ein Europäer vor diesem Typus Weisheitslehrer notwendig erfährt: Zerutt ist bedürfnislos, unsauber, schlecht gekleidet, zu plötzlichen infantilen Scherzen aufgelegt, merkwürdig ungebildet, liest keine Bücher, wenn er redet, schnalzt er mitten im Satz, als entferne er Speisereste … Manchmal aber sagt er etwas, das genial einen Nagel auf den Kopf trifft, von dem man noch gar nicht wusste.

Muschg hat 1964 den uralten Suzuki Taisetsu in Kamakura

[*] AG, S. 59.

besucht, den Zen-Meister, dessen Buch *Die große Befreiung* er schon im Studium gelesen hatte. Suzuki war der prominenteste Mittler zwischen fernöstlichem und westlichem Denken, ein Idealbild des japanischen Weisheitslehrers. Von ihm aus ist die Zerutt-Figur zu verstehen:

Im Angesicht Suzukis kann man sich einen Begriff davon machen, wie die berühmten Zen-Meister früherer Jahrhunderte aufgetreten sind: strahlende Vagabunden waren sie, großgemusterte Schälke, die ihre Lumpen wie ihre Blöße zu Markte trugen, vollständig unbekümmert, ob einer das Herz hatte, Gold hinter dem Schauspiel zu vermuten; und diese wenigen führten sie erst recht am Narrenseil herum, bis einmal einer, stolpernd und atemlos, wie von ungefähr auf den Punkt gelangte, Er Selbst zu sein –*

Von hier aus wird deutlich, was Zerutt im Sinn haben könnte, wenn er Albisser am Narrenseil seiner Paradoxe und Frustrationen herumführt: ihn wie zufällig zu sich selbst kommen zu lassen. Und das mag am Ende ja sogar gelungen sein, wenn Dr. Peter Albisser sozialdemokratischer Englischlehrer in der Provinz wird. (*Zen* sagt ja nicht, dass ein Selbst großartig sein muss.) In Muschgs Bericht über Suzuki findet sich eine Beobachtung, die zu erläutern scheint, was dabei passiert ist: Suzuki zeigt, wie beim richtigen *Sitzen Zen* als Welt- und Selbstevidenz einem besonders bewusst werde.

Die Unterlage, das richtige Aufruhen, die Schwere [...] das sei wie der Horcher an der Wand, der ganze Mensch mache ein Ohr gegen seinen Grund, der dadurch leitend werde, durchhörig.**

Von hier wird das eigentliche Ziel Albissers deutlich, dem er durch den Roman entgegenstolpert, das er jedoch nicht kennt – Zerutt aber hat es im Auge: seinen *Grund*, das Eigenste und Innerste im Sinne des *Zen*. Natürlich kann Albisser das von sich aus nicht erkennen, er kommt nur in die Nähe

---

    *   PW, S. 50.
    ** PW, S. 51.

davon, soweit das sein westliches Denken zulässt: Sein Selbst, das er sucht, ist das des abendländischen Subjekts, und für Zerutt als Geburtshelfer weiß er nur den Namen eines Rationalisten: Sokrates. (*Dieses Sokratische, Herr Dr. Albisser hat kein besseres Wort.*) Mehr kann auch der Roman nicht, als den Leser kunstvoll mitstolpern zu lassen, bis er wenigstens ahnt, was mit seinem Titel gemeint ist: *Albissers Grund.*

Die eigentliche Hauptperson des Buches ist aber Zerutt. Sie hat sich gegen die ursprüngliche Absicht des Romans, Albisser in den Mittelpunkt zu stellen, zur Dominante ausgewachsen. Das liegt an ihrer Aufnahmebereitschaft für Themen und Motive Muschgs, für die in der engen Intellektuellenstatur Albissers kein Platz war. Zerutt ist ja auch mehr und anderes als ein nach Europa versetzter *Zen*-Lehrer. An ihm scheinen Muschgs vitale Bedürfnisse auf – einen Körper zu haben, sich zu spüren. Er löst geradezu atavistische Phantasien aus, *transsylvanische* Lust auf *rohes Blut*, Begierden aus dem kulturellen Untergrund Europas.* Auch ist Zerutt eine Kunstfigur im eigentlichen Verstande, sie kommentiert selber den literarischen Text, der sie darstellt. Zerutt äußert beispielsweise Sentenzen, die doppeldeutig sind – mit der einen Bedeutung gibt er auf eine konkrete Frage eine konkrete Antwort, mit der zweiten Bedeutung spricht er für seinen Erzähler. Beispielsweise: Schwester Claudia, die den verwundeten Zerutt wieder gesund pflegt, beklagt sich über seine Zurückhaltung:

Claudia: Sie haben mir nie etwas von sich erzählt.

Zerutt: Aber Schwester, was ich erzähle, ist doch immer von mir.

Das ist für den Erzähler mitgesprochen: Er erzählt immer sehr genau nur von sich. Wer aber ist dies bekennende Ich? Eine Maske. Und was ist dahinter?

Claudia: Jetzt haben Sie keine Verstellung nötig.

Zerutt: Ich glaube, ich habe Verstellung nötig.

---

* AG, S. 232.

Claudia: Wovor haben Sie Angst?
Zerutt: Hinter der Verstellung ist bei mir nichts mehr.
Claudia: Woher wissen Sie das?
Zerutt: Erfahren.

Zerutt, der Vagabund aus *Transsylvanien*, wird an einem Samstag ins Sterbezimmer seiner Klink gebracht. Doch er geht überraschend daraus hervor mit der Absicht, noch lange zu leben. Muschg hat damals gemerkt, dass er ihn noch brauchen kann.

Zehn Jahre später, im Roman *Das Licht und der Schlüssel* (1984), ist Zerutt wieder da und heißt nun Samstag. Jetzt ist *er* gewissermaßen ganz zu sich selbst gekommen, ist endgültig Untoter und Vampir und lebt vom Blut schöner Frauen, das er ihrer Schlagader entnimmt – und zwar mit ihrer Zustimmung. Denn diese *Saugtherapie* bekommt den Spenderinnen irgendwie gut, sie leiden nämlich an ihren Männern, die meist berühmte Ärzte sind und keine Zeit für sie haben. Und Zerutt/Samstag seinerseits ist auch verärgert über genau diese Koryphäen, denn er hat sie mit einem angsterregenden Leiden aufgesucht – einem vampirspezifischen: Er hat plötzlich keinen Puls mehr. Doch die berühmten Ärzte geben sich nicht genug Mühe, ihn zu verstehen, und wollen sein Leiden einfach nicht anerkennen. Dafür rächt er sich jetzt blutig über die Hingabe ihrer Frauen. Muschgs reale Hypochondrie hat hier samt ihren Frustrationen und Rachephantasien eine geistreiche Unterkunft gefunden.

Und auch Muschgs Kunstauffassung kommt unter, für die sich die Zerutt-Figur schon in *Albissers Grund* als aufnahmefähig erwiesen hatte. Das *Licht und der Schlüssel* stellt sich nämlich bald heraus als ein grandioses Metapherngespinst über Leben und Kunst. Schon ganz früh führt sich der Vampir Samstag mit einem Monolog über die Kunst ein und sinnt nach über das Schreiben und den Tod. Schließlich kommt er dabei zwanglos von seinen Blutbildern zu den Ölbildern Jan Vermeers.

Nachdem Zerutt/Samstag am Schluss des Romans wieder verstummt ist – *Hier ist kein Licht, hier ist kein Schlüssel. Jetzt ist es gut* –, kehrt er siebzehn Jahre später in Muschgs Literatur zurück. Wieder geht es um Schreiben und Leben. Die Zerutt-Figur hat sich abermals verändert – sie erscheint jetzt als pensionierter Gerichtsreporter –, bleibt aber kenntlich wie ihr Eigenname: Sie heißt jetzt Sutter, was ja nur eine Umstellung von Zerutt ist. Der Roman *Sutters Glück* (2001) ist im Kern wieder ein – melancholisches – Zwischenfazit zum Thema Kunst und Wirklichkeit.

Nun wird ganz deutlich, warum die «japanische» Zerutt-Figur von Anfang an auch für die Kunst stand: Sie war angelegt als offen für alles *Andere* – das Verzerrte, Paradoxe, Anormale, Nichtrationale – und zeigte das insgeheim schon im Namen an. Zerutt – als Anagramm von Sutter – bezieht sich auf den Maler Louis *Soutter* (1871–1944).[*] Soutter, Schweizer aus streng protestantischem Hause, hatte sich in mehreren Künsten versucht, bis er, psychisch schwer gestört, im Asyl zu einer scheinprimitiven Körpermalerei fand, die ihm posthum die internationale Anerkennung eintrug. Er vertritt das klassische Künstlerschicksal des *poète maudit*, der *das Andere* der menschlichen Existenz bei sich zuließ und auslebte.

In *Albissers Grund* wird Muschgs Literatur radikale Autobiographie. Radikal heißt hier: Sie spielt das Biographische nicht nur in *schönen Sätzen* durch, sondern geht ihm an die Wurzeln. Das Auftauchen der Zerutt-Figur bedeutet dabei, dass die Kunst sich jetzt öffnet gegen das *Andere*, Fremde und Risikoreiche menschlicher Existenz – und dass sie es auch ernst nimmt. Damit gewinnt Muschgs Literatur gegen den ihr angeborenen ästhetischen Höhentrieb – die *irreparable Bereitschaft, schöne Sätze zu bilden* – so etwas wie einen Bodenanker. Damit der dann über die Jahre hält, braucht es allerdings auch viel Glück.

[*] SG, S. 38.

Kein Glück: Hermann Burger

Hermann Burger, Kollege Muschgs an der ETH und ebenfalls Schriftsteller, hat sich viele Jahre als Doppelgänger Muschgs gesehen – als sein *Adoptivbruder* und sein *Co-Patient*. Das Doppelgängermotiv kommt in der Literatur vielfach und aus vielen Gründen vor, dass allerdings auch die Autoren selbst sich zu verdoppeln suchen, einem anderen anzugleichen, ist selten. Ihr Narzissmus steht dagegen. Hermann Burger aber hat dies Spiel gespielt, eins unter mehreren – ein *Magister Ludi* bis zu seinem bitteren Ende.

Burger (1842–1989) war ein zurückhaltender, später etwas fülliger Mann, der – bei vorhandener Laune – zu lang anhaltenden, hochassoziativen, aber sehr genauen Wortkaskaden auflaufen konnte, schriftlich wie mündlich. Auch verblüffte er als ein trainierter Amateurzauberer, der sogar den *magischen Eid* abgelegt hatte. Er war Privatdozent für Germanistik an der Eidgenössischen Technischen Hochschule – in ebender geisteswissenschaftlichen Abteilung XII. Karl Schmid hatte ihn dort noch habilitiert, nach einer Promotion über Paul Celan bei *St. Emilion*, wie Burger ihn nennt, also bei Emil Staiger. Er arbeitete im Brotberuf als Zeitungsredakteur und schrieb mit zunehmendem Erfolg Literarisches – tragikomische und rabenschwarze Geschichten über meist kranke Außenseiter: In *Schilten. Schulbericht zuhanden der Inspektorenkonferenz* (1976) meldet ein abseitiger Dorfschulmeister, wie er seine Schüler weniger für das Leben als für das eigentlich Wesentliche erzieht: den Tod. Statt in die Heimatkunde führt er sie gewissenhaft in die Friedhofskunde ein. Für diesen Roman erhielt Burger 1977 den Preis der Schweizerischen Schillerstiftung. Einer seiner frühesten Förderer war Marcel Reich-Ranicki.

Als Burger dem FAZ-Magazin einmal für dessen Prominentenfragebogen Auskunft geben sollte über sein größtes Unglück, antwortete er: das sei die Depression. Er litt sein Leben lang darunter, viele seiner Texte zeugen von der klassischen Mischstimmung aus Schwarzseherei und Manie. Ich hatte Burger auf einem Literaturseminar bei Walter Kempowski kennengelernt und traf ihn 1987 oder 1988 zufällig im Zürcher Thomas-Mann-Archiv wieder. Thomas Mann war für ihn ein großes Vorbild, und zu Hans Wysling, dem Archivleiter, fühlte er sich hingezogen. Als ich dazukam, rüstete Wysling ihn gerade mit Lektüre für einen Klinikaufenthalt aus – er war auf dem Wege zum Basler Psychiater Kielholz, einer europäischen Koryphäe für depressive Erkrankungen. Hans Wysling muss Burger gut verstanden haben. Er hatte wenige Jahre zuvor eine tief empathische Persönlichkeitsanalyse Thomas Manns veröffentlicht – *Narzissmus und illusionäre Existenzform (1982)* –, in der er die psychologischen Rätsel von Person und Werk mit einer neuen psychoanalytischen Lehre zu verstehen suchte, der Theorie vom gestörten Narzissmus. Hermann Burger kannte sie ebenfalls gut – er hatte sich in ihr wiedererkannt. Wysling hat dann später, nach Burgers Suizid 1989, die eindringlichste Analyse seiner Literatur geliefert: *Macht und Ohnmacht des Narziss. Hermann Burgers «Zauberberg»**. Der Fall Burger lag nicht so weit entfernt von dem Thomas Manns.

Natürlich wäre der vorzügliche Germanist Burger gern Professor geworden, der schwer Depressive schon der sozialen Sicherheit wegen. Nicht ohne Grund machte er sich Hoffnungen auf die Nachfolge Karl Schmids, der 1974 starb – er wurde jedoch nicht gewählt. Deshalb starrte er auf Muschg, den vergleichbar Begabten, dem aber doch lange eines fehlte,

---

* Hans Wysling: *Macht und Ohnmacht des Narziss. Hermann Burgers «Zauberberg»*. In: Heinz Gockel u. a. (Hg): *Wagner-Nietzsche-Thomas Mann, Festschrift für Eckhard Heftrich*, Frankfurt am Main: Klostermann 1993, S. 357–368.

was er, Burger, schließlich besaß: eine normale Habilitation – will sagen: eine Habilitationsschrift. Es war aber Adolf Muschg, der im prächtigen Semper-Bau der ETH ein Bleiberecht besaß und vor dem sich die riesigen, motorbetriebenen Eichentore öffneten, wenn er zu seinem Professorenzimmer ging. (Es grenzte an das Archiv für Robert Walser.) Als Muschg mit seinem Gottfried-Keller-Buch (1977) dann aber doch noch – faktisch – seine Habilitationsschrift lieferte und gewissermaßen nachhabilitiert wurde, muss das den Privatdozenten Burger sehr erbittert haben.

Am Ende hat ihn dann die ganze ETH erbittert, und er rechnete ab mit ihr. (Behielt aber seinen Lehrauftrag.) Der Roman stand bereit, der diese Abrechnung aufnehmen sollte: *Die künstliche Mutter* (erschienen 1982). Sein Held ist der *Privatdozent für neuere deutsche Literatur und Glaziologie* Wolfram Schöllkopf, von Anfang an eindeutig Burgers *Alter Ego*. Schöllkopf gerät in eine Professorenintrige und ist am Ende seinen Lehrauftrag los. Die Intriganten sind gut erkennbar reale Kollegen Burgers, und jedenfalls ein bestimmter Sachverhalt deutet auch auf Muschg: Ein Ordinarius bekommt ein Urlaubssemester, um seine Habilitation fertig schreiben zu können – *man höre und staune: Nachhabilitation eines Ordinarius*. Burger war zwar mit Muschg gut bekannt – aber das musste doch einmal gesagt werden.

Im Roman will Schöllkopf seiner verpfuschten Laufbahn auch ein physisches Ende setzen – durch einen Sprung vom dritten Stock der Hochschule hinab in die *Ehrenhalle*. Er wird dieser Mühe aber enthoben durch einen mutmaßlichen Herzinfarkt, der sich in der Klinik dann als *stenocardialer* Kollaps herausstellt und Schöllkopf eine ganze Batterie von Untersuchungen und am Schluss einen Reha-Aufenthalt am Bodensee einträgt. Wer's liest, denkt sofort an Albisser, den multiplen Hypochonder, und so ist es auch beabsichtigt: Stolz nennt sich der symptomenreiche Schöllkopf einen *Omnipatienten*. Und damit ist Burgers Roman ganz in die Hypochondrie-Spur eingeschwenkt, läuft auf

Muschgs und Albissers Schiene durch irrwitzige Abenteuer als eingebildeter Kranker. Natürlich ist das keine bloße Imitation. Burger verfügt realiter über eine ureigene, authentische Hypochondrie, der er, die Mithypochonder Muschg/Albisser sympathisch zitierend, originalen Ausdruck verleiht.

Damit ist er aber noch nicht zufrieden. Er rückt noch näher heran an Muschg und spielt mit einer gemeinsamen Vorgeschichte: War es denn nicht in beiden Fällen die Mutter, die diese Söhne so zugerichtet hat? Schon Albisser hat das ja richtig erkannt: Mutterliebe kann tödlich sein, und das potenziell krebsige *Muttermal* ist ihr Symbol. Und jetzt weiß es auch Schöllkopf so: Sein Kernleiden ist die *Unterleibsmigräne*, eine der Mutter verdankte Krankheit, also eine *Matrose*, und deren Entstehung kann man nur über eine *Mamamnese* herausfinden. Ihre vielfältigen Symptome – Herzkollapse, Penisspasmen, Depressionen – haben bisher der Kunst der berühmtesten Ärzte gespottet, nun aber winkt Rettung: die Auer-Abplanalpsche Stollentherapie im Inneren des Gotthard. In einem Tunnel wird hier mit Wärme, Gasen und Strahlen therapiert, der Patient liegt in einem *euterwarmen Höhlenraum* und sieht sich am Ende als neugeboren. In diese *künstliche Mutter* zieht der *matrose*kranke Privatdozent Dr. Schöllkopf ein, um wiedergeboren zu werden, und diesmal richtig. Das Ganze ist eine ingeniös ausfabulierte Regressionsphantasie. Freud begegnet einem auf Schritt und Tritt, insbesondere aber die psychoanalytische Narzissmustheorie: Sie beschreibt, wie in der Kindheit ein fragiles Selbst entsteht, das fortan zwischen Depression und Grandiosität pendelt. Handelt es sich um einen Künstler, wird er dies Pendeln als artistischen Akt bewältigen – zwischen Parterre und Hochseil, beispielsweise. Das war Hermann Burgers Fall.[*]

---

[*] Er hat sich in seiner Frankfurter Poetikvorlesung selbst so gesehen. Hermann Burger: *Die allmähliche Verfertigung der Idee beim Schreiben*, Frankfurt am Main: S. Fischer 1986, S. 93–97.

Hans Wysling hat ihn eindringlich dargestellt – dabei auch geführt von seiner Kenntnis des Narzissten Thomas Mann, an dessen *Zauberberg* und an dessen Schreibweise sich Burgers *Künstliche Mutter* eng anlehnt.* Deshalb kommt Wysling auch an Burgers Sprachartistik heran und zeigt ihr hochgradiges psychisches Risiko. Auch das ist Doppelgängerei zu Adolf Muschg, als schwierige Mitgift beider – die am Ende nur einer, Muschg, richtig zu verwalten lernte.

Burger kannte ein Gespenst, *das ohne anzuklopfen in mein Gartenhaus am Fluß tritt.* Er stellt es in einem seiner selbstkritischen Essays vor: *Ich meine den Mann, der nur aus Wörtern besteht. [...] Wenn er lächelt, gleicht er mir, wenn er wütend ist, ebenfalls, aber als Ganzes sieht er keinem menschlichen Wesen ähnlich, nicht einmal dem Wort Mensch, am ehesten dem Wort «Wort».** Ein unmenschliches *alter Ego*, bestehend aus Adjektiven, Substantiven und Verben – Wörtern, die längst Vorrang haben vor der Wirklichkeit, die sie doch nur vertreten sollen. Und das Gespenst, der *Mann aus Wörtern*, lockt: *Komm mit! Komm mit ins Reich der Wörter!* «Komm mit!» – das ist der Ruf des Totenvogels. Und dann wäre das *Reich der Wörter* das Reich der Toten –? So hat es Burger wohl gemeint – so hat es ja auch Thomas Mann gemeint, auf den hier angespielt wird. Sein Tonio Kröger verirrt sich ins selbe Extrem und glaubt, er müsse sich zwischen Leben und Literatur entscheiden. So kommt er zu dem Schluss, *daß man gestorben sein muß, um ganz ein Schaffender zu sein.*

Das sind nun keine etwas übertriebenen Metaphern für die normale Sprachfixiertheit eines Schriftstellers, der ganz natürlich das Wort über die Sache stellt. Es sind Einsichten in die Selbstgefährdung, die aufkommt, wenn sich das Wort von

---

* Wysling 1993, S. 389–90.
** Hermann Burger: *Ein Mann aus Wörtern*, Frankfurt am Main: S. Fischer 1983, S. 239.

der Wirklichkeit abkoppelt und nur noch schöner Schein ist. Bei Muschg trat diese Gefahr früh als *Brillanz* auf, die seine *eigene Subjektivität* nicht zu Wort kommen ließ. Bei Burger lag die Gefährdung in seiner absoluten Artistik, im reinen Illusionstheater, auf dem er zwar nur von sich spricht – ohne aber dies Sprechen auch wirklich ernst zu nehmen. Das ergibt wahrhaft zirzensische Jongleurtexte bis hin zum prasselnden *Feuerwerksidiom*. Burger ist sich dabei der Gefahr auch bewusst. Er hat sie dargestellt an einer seiner Ich-Figuren – im großen Abschiedsmonolog des Illusionisten Diabelli (auch der zeigt auf Thomas Mann, auf den Zauberer Cipolla): Diabelli hat *laufend Depressionen komprimiert und in Verblüffungseffekte transformiert*[*]. Und das mündet dann in seine endgültige *Hokuspokuskrise*: *Habe illudiert und illudiert und dabei mein Selbst verjuxt*[**].

Burger und Muschg haben viel gemeinsam – ein erstaunliches Zusammentreffen im kleinen Zürich. Der Jüngere hat das auch genutzt und sich zum *Adoptivbruder* des anderen erklärt. Eigentlich aber war er eine Menetekelfigur für Muschg. Sie teilten sich in dieselbe Gefahr. Wenn etwa Diabelli sein *Selbst verjuxt* hat, weiß auch der proteushafte Zerutt: *Hinter der Verstellung ist bei mir nichts mehr.* Beide aber trennt auch etwas: Diabelli tritt endgültig ab – Zerutt aber will leben. Ein Jahr vor seinem Tod hat Hermann Burger 1046 Thesen über den Selbstmord gerechtfertigt, in einem *Tractatus logico-suicidalis* (1988). Da aber ist Muschg Fellow des Berliner Wissenschaftskollegs und beginnt seinen *Roten Ritter*-Roman, der gründlich eine Erzählung des eigenen Lebens ist.

---

[*] Hermann Burger: *Diabelli*. Erzählungen, Frankfurt am Main: S. Fischer 1979, S. 31.
[**] Burger 1979, S. 35.

VI   RES PUBLICA UND HEIMATLAND
Le Pendu als Staatsbürger

Öffentliche Person

Ein erfolgreicher Autor hat heute zwei Karrieren gemacht – die literarische und die mediale. Meist hängen sie zusammen, in der Form von Synergie. Walter Kempowski etwa hat das früh erkannt und geschickt gefördert. Literarisch war er über gute Verkäufe bereits in den Sechzigerjahren ein *Erfolgsautor*, um den sich auch Fernsehen und Rundfunk kümmerten. Für diese Medien erarbeitete er sich dann eine Systemstelle über bestimmte Themen, die er originell beherrschte: die kleine Grundschule, die deutsche Alltagschronik, der grantelnde Dichterkauz. Gab es dafür Bedarf, wurde er eingeladen. Noch auf dem letzten Krankenbett sprach er in Kameras und Mikrofone. Längst war sein Bild in der Öffentlichkeit die wichtigste Voraussetzung für den Absatz seiner Bücher geworden.

Eine ähnliche Entwicklung nimmt Muschg – wie viele prominente Autoren. Das wird deutlich mit dem Erscheinen von *Sutters Glück* (2001). Mit diesem Roman nimmt seine Literatur eine Wendung: Sie erfährt einen Zuwachs an Tiefe und Komplexität, was für manche die Lektüre allerdings erschwert – sodass jemand, der sich für die öffentliche Person Muschg interessiert, nicht auch unbedingt seine Literatur kennen wird.

Mit *Albissers Grund* ist Muschg ab 1974 eine feste Figur der deutschen Literaturszene – viele hatten sich in diesem Roman wiedergefunden und waren mit ihrer Spiegelung zugleich versöhnt durch seine literarische Qualität. Es hat Diskurs- wie Marktlogik, dass Muschg in diesem Jahr zum Suhrkamp-Verlag überwechselt. Die Themen dieses Verlages sind schon länger auch die seinen, und was er fortan schreibt und tut, passt dort gut hinein. Im Frühling 1978 fährt er mit einer Reisegruppe als Ersatzmann für Max Frisch ins krisengeschüttelte China am Ausgang der Kulturrevolution (heraus kommt dabei *Bayun oder die Freundschaftsgesellschaft,* 1980). Seit 1976 ist er außerordentliches Mitglied der Berliner *Akademie der Künste* (deren Präsident er einmal sein wird). 1976 hatte der schwer krebskranke Zürcher Englischlehrer Fritz Angst kurz vor seinem Tode das Manuskript einer öffentlichen Anklageschrift beendet. Darin machte er seine Eltern und das Milieu der Zürcher *Goldküste* für das Scheitern seines Lebens verantwortlich – Muschg schrieb dazu ein eindringliches Vorwort und besorgte einen Verlag (Kindler). Fritz Angsts (Zorns) *Mars* wurde, nicht zuletzt dieses orientierenden Vorworts wegen, zum *Kultbuch* einer ganzen Generation. 1979/80 hält Muschg die Frankfurter Poetikvorlesungen über die Frage, ob Literatur zur Selbsttherapie tauge, und er exemplifiziert am eigenen Leib und Leben. Während er redet, sieht er auf vielen Pulten im Auditorium die rote Taschenbuchausgabe von *Mars.* Seit 1978 ist Muschg regelmäßiger Beiträger zur Kultursendung *Blick in die Zeit* des Südwestfunks. Von 1988 bis 1994 wird er bei diesem Sender eine eigene Gesprächsreihe leiten – den *Baden-Badener Disput,* zeitweilig mit Peter Sloterdijk, Michael Stürmer und Gertrud Höhler.

Solche Aufzählung ließe sich fortsetzen bis heute – noch 2010 laden Antje Vollmer und Adolf Muschg nach Weimar ein, wo sie die Diskussionsrunde *Polis Europa* betreiben. Auch hätte man Muschgs Karriere als Essayist, Vortragender hinter

ungezählten Pulten, als Gastprofessor, Berliner Akademie-
präsident, Leiter des *Collegium Helveticum* usw. zu referieren –
eine Karriere, die von seiner Literatur meist völlig unabhängig ist. Muschg hat hier seine eigenen Themen: In den Sieb-
ziger- und Achtzigerjahren hörten ihn die Psychoanalytiker
gern (obwohl er ihnen ihren konfliktträchtigen Ödipus-Mythos
entwand zugunsten des zusammenfügenden Orpheus). Später war der Japankenner gefragt (Japan wirke auf uns *wie eine
einzige von Energie flimmernde Unschärfe*, es sei logisch mehrdeutig, *fuzzy*). Im internationalen Diskurs der Intellektuellen
über Europa hört man die Stimme Muschgs neben der von
Habermas oder Eco. Derzeit macht er sich fürs bedingungs-
lose Grundeinkommen stark. Aus einem Medienbericht dazu:
Muschg *war die eigentliche Überraschung des Abends. Denn obwohl die Idee des Grundeinkommens für ihn noch neu war, sprach er
darüber, als sei sie sein Lebensthema. Er traf den Lebensstrang
dieser Idee wie selbstverständlich, und wie selbstverständlich sah er
sie auf dem Boden der Schweiz wachsen.* *

Natürlich macht solche Vielseitigkeit manchen misstrau-
isch – *Figaro qua, Figaro la*, ist da nicht auch Schaum dabei?
Haben die *schönen Sätze* denn auch zureichend sachlichen
Grund? Tatsächlich sind sie durchgehend gut begründet. Wer
Muschgs *schöne Sätze* analysiert, wird feststellen, dass ihre
Volten ohne tiefere Sachkenntnis nicht gelängen: Analogien
müssen semantisch stimmen, sonst sind sie fauler Zauber;
Ambivalenzen können nur aus der Sache selbst hervorge-
trieben werden, sonst bleiben sie Rhetorik; dasselbe gilt für
das Paradox.

* www.forum-grundeinkommen.de vom 29.02.2012. Letzter
Aufruf 12.04.2013.

Res Publica: Pflicht und Schuldigkeit

Es ist sehr zu vermuten: Das Problem Schweizer Oppositioneller ist ein schlechtes Gewissen. Wie bewusst auch immer, begleitet es ihre Kritik an Staat und Gesellschaft. Es gibt schließlich in Europa kein anderes Gemeinwesen, das seine Jugend über Institutionen und einen stets gegenwärtigen Konsens derart intensiv auf ihr *Heimatland* verpflichtet. Der patriotische Zaubertrank aus bäuerlichem Ethos, archaischer Rütli-Solidarität und Begeisterung für die angestammte Alpenlandschaft wird in kräftigen Spuren noch immer früh verabreicht und wirkt nach – mag er vom Erwachsenen auch später nachdrücklich denunziert werden. Dass aber in dieser schweizerischen Ideologie sozialkonstitutive Elemente wirksam sind, die psychologisch tiefer reichen als jeder Verfassungspatriotismus, ist dabei auch dem Kritiker der *Schweiz-AG* klar. Irgendwann treten sie verlässlich hervor – und das besonders, wenn sie auf eine psychische Disponiertheit stoßen. Dann wird daraus eine Gewissensfrage.

Bei Gottfried Keller etwa. Muschg hat den psychologischen Prozess, der Keller in den Staatsdienst führte, in einem Theaterstück durchgespielt: *Kellers Abend* (1975). Es ist der Abend des 22. September 1861, im Zürcher Gasthaus *Schwanen* nimmt Gottfried Keller Abschied vom Künstlertum. Am nächsten Tag wird er als Verwaltungschef in den Dienst der Republik treten, die vom liberalen Großindustriellen Alfred Escher geführt wird. Zu diesem Staatsdienst aber tritt Kellers politische Vergangenheit in Widerspruch – als Freischärler und *Radikal-Demokrat*. Im *Schwanen* platzt ein letztes Mal dieser psychologische Knoten aus Widersprüchen – Keller wird handgreiflich, wie nicht ganz selten. Am nächsten Morgen aber tritt er seinen Dienst als Verwaltungsbeamter an. In Kommentaren zum Stück lässt Muschg durchblicken, dass unter dem pragmatischen Beschluss Kellers, endlich gesellschaftlich *nutzbar* zu werden, ein noch stärkeres – tiefenpsychologisches – Motiv wirksam ist: Schuldbewusstsein. Diese Schuld aber hat mit Staat und Politik erst einmal gar nichts zu tun: Es ist die klassisch psychoanalytische des kleinen Vatermörders. Der kleine Gottfried hegt den magischen ödipalen Tötungswunsch, und als sein Vater wirklich früh stirbt, sieht er sich schuldig daran. Das hat Kellers Lebensthema erzeugt: *Ich schulde, ich dulde.* Folgt man dieser Interpretation, wird deutlich, dass ein solch lebensgeschichtlich früh und in Phantasien begründetes Schuldgefühl sich später Konkretisierungen suchen muss – *was* man denn *wem* schulde. Nicht von ungefähr kommt einer dann auf sein Vaterland – wie Gottfried Keller.

Oder wie Adolf Muschg, der in *Kellers Abend* natürlich auch von sich spricht. Er nimmt dabei seine Argumente aus der parallel – außerordentlich stockend – entstehenden Habilitationsschrift über Gottfried Keller, die er seiner Fakultät ja noch schuldet. Auch sie trägt starke autobiographische Züge ihres Autors – insbesondere hat Muschg ihr ein wichtiges Motiv des eigenen Lebens eingetragen: eben Schuldbewusstsein. Es folgt aus Muschgs seelischem *Familienroman,* der die Konkurrenz zum Vater aufrichtete. Eine Konsequenz daraus – sie liegt fast tautologisch nahe – ist sicherlich: diese Schuld als eine am Vaterland abzutragen. Für Keller war das ambivalent, aber schließlich machbar.

Auch für Muschg war Dienst am Vaterland eine zwiespältige Verpflichtung. Einerseits war da das Existenzgefühl des *Pendu,* des frei schwebenden *Verkehrtherum* im Verhältnis zu den Mächtigen und Etablierten, zur *Goldküste.* Anderseits eben der notwendige Schuldabtrag ans Heimatland, mit dessen Begründung er sich bei Keller und für sich selber so viel tiefenpsychologische Mühe gegeben hat: Bei ihm wie bei Keller beruht dieser Schuldabtrag auf einem schlechten Gewissen gegenüber dem eigenen Vater, das dann aufs Vaterland übertragen wird.

Hier nur von politischem Ehrgeiz zu sprechen, wäre deshalb einfach falsch. Das hat auch der in solchen Fällen misstrauische Max Frisch so gesehen, als Muschgs Buch über Gottfried Keller – die ursprüngliche Hablitationsschrift – 1977 endlich erschien. Er bespricht das Buch im *Spiegel*. Muschgs psychoanalytischer Zugriff auf Keller hat ihn anfangs stutzig gemacht, schließlich aber gibt Frisch zu: Er zahlt sich aus.

Was da zum Staatsdienst eines Dichters führt, hat viel mit seiner Person zu tun und wenig mit Staatsgläubigkeit; es zeigt sich als ein Akt der Buße – aus einem Schuldbewusstsein, das den Staat nichts angeht –, und von einem wackeren Behagen in staatsbürgerlicher Loyalität kann nicht die Rede sein.*

Im Übrigen respektiert Frisch: *Hier schreibt nicht der Professor für deutsche Literatur an der Eidgenössischen Technischen Hochschule, sondern der Schriftsteller, der über sich ins Klare kommen will [...].*

Das Bemerkenswerte an Muschgs praktisch politischer Beteiligung an seiner *Res publica*, ist, dass er nicht nur den *homme politique* auf Podien und im Feuilleton gegeben hat. Sicher, man kennt ihn so am besten – etwa aus der jahrzehntelangen Fehde mit Christoph Blocher, dem Chef der rechtsbürgerlichen *Schweizer Volkspartei*. (Hier treffen regelmäßig zwei aufeinander, die aus demselben reformiert-protestantischen Milieu stammen, aber unterschiedlich darauf reagiert haben. Muschg protestierend, Blocher affirmativ.) Muschg hat allerdings über die Jahre auch immer wieder basisdemokratische Dienstleistungen erbracht, die weniger *schöne Sätze* eintragen, als sie Lebenszeit kosten: Kommissionsarbeit mit ihren An- und Abreisen, Diskussionen, Protokollen und stapelweisen *papers*. Er war Gründervater und erster Leiter des *Collegium Helveticum*, einer von den beiden Zürcher Hochschulen unterhaltenen

* Max Frisch: *Kein Sänger der Schweiz-AG*, in: *Der Spiegel*, Nr. 32, 1977, S. 120–122.

Denkfabrik, und er hat in vier staatlichen Gremien Arbeits-
spuren hinterlassen:

1. Als *Mitglied der Kommission für die Vorbereitung einer Totalrevision der Schweizerischen Bundesverfassung* (1974–1977) unter
der Leitung des späteren Bundespräsidenten Kurt Furgler.
Die angestrebte Totalrevision versandete schließlich, doch der
persönliche Ertrag für Muschg war enorm: *Ich bekam in einem
dreijährigen staatsrechtlichen Seminar die rechtliche Substanz meiner Republik vorgeführt* – von exzellenten Staatsrechtlern und
qualifizierten Regierungsräten. Muschg wurde beauftragt,
schon einmal die Präambel zur neuen Bundesverfassung zu
entwerfen – sie gelang ihm in einer fiebrigen Erkältungsnacht
im Tessin und ist in wesentlichen Teilen in den noch heute
gültigen Text aufgenommen worden.

> Präambel-Entwurf der Schweizerischen
> Bundesverfassung von Adolf Muschg 1977
> Im Namen Gottes des Allmächtigen!
> Im Willen, den Bund der Eidgenossen zu erneuern;
> gewiss, dass frei nur bleibt, wer seine Freiheit gebraucht,
> und dass die Stärke des Volkes sich misst am Wohl der
> Schwachen;
> eingedenk der Grenzen aller staatlichen Macht und der
> Pflicht, mitzuwirken am Frieden der Welt, haben Volk und
> Kantone der Schweiz die folgende Verfassung beschlossen:*

Dass er allerdings die vorgeschriebene Leerformel *Im Namen
Gottes des Allmächtigen* übernehmen musste, wurmt ihn noch
drei Jahrzehnte später. Er lässt Dörig, eine Romanfigur in *Sax*
(2010), vor dem Europäischen Gerichtshof gegen diese Formel klagen.

---

* Nach Michael Böhler: *Adolf Muschg: homme politique – homme
de lettres*, in: *Quarto*, Zeitschrift des Schweizerischen Literaturarchivs,
Nr. 25/2008. Dort auch die endgültige Fassung der Präambel mit Muschgs
Kernsätzen.

Die Erinnerung an seinen staatsbürgerlichen Dienst an der Verfassung bedeutet Muschg auch heute noch viel – sie erlaubt sogar ein ungemischtes patriotisches Pathos: *Ich habe mich an irgendeiner Stelle in das Staatsgebäude eingeschrieben, auch wenn es nur ein Graffito ist.* Und: *Ich glaube, ich bin in diesem Land nie glücklicher gewesen als damals …*

2. *Als Ständeratskandidat der Sozialdemokratischen Partei des Kantons Zürich* (1975). 1971 ist Muschg in die Schweizer Sozialdemokratische Partei eingetreten. Sie hatte nicht wenig Anteil an der damals erfolgten Durchsetzung des Frauenstimmrechts. Die SP lag durchweg auf der Linie der europäischen Sozialdemokraten und war längst auch als Regierungspartei akzeptiert – von 1937 bis 1952 war beispielsweise der Zürcher Buchhändler und Freund Thomas Manns, Hans Oprecht, ihr Präsident. Muschg lernt die Partei auch von innen kennen, ihren Betrieb, den neuen akademischen *Sozen*-Typus – Frau Dr. Leumann in *Albissers Grund* gehört dazu: Sie arbeitet mit Heimzöglingen und setzt sich für den angeklagten Genossen Albisser ein.

Im Herbst 1975 muss Muschg Parteiarbeit leisten – er wird als Kandidat für den *Ständerat* aufgestellt, die kleine Kammer des Schweizerischen Parlaments, in der die Kantone vertreten sind. Gewinnaussichten hat er nicht, sondern steht als Zählkandidat der Sozialdemokraten gegen zwei bürgerliche Platzhirsche. Doch er führt einen engagierten Wahlkampf, der von einem überparteilichen Sympathisantenkomitee unterstützt wird: Adolf Muschg *ist der Sprecher für viele, die sonst kein Sprachrohr haben.* Am Samstag, dem 4. Oktober 1975, findet im Zürcher Volkshaus eine ungewöhnliche Wahlveranstaltung statt: Max Frisch, Günter Grass und Muschg diskutieren über das Thema *Schriftsteller und Macht* – der deutsche Genosse und der Schweizer Sozialdemokratie-Sympathisant geben eine Empfehlung für den jungen Kollegen ab. Tatsächlich erhält Muschg unerwartet viele Stimmen und lässt seine Partei gut

Wahlkampf als Kandidat der Sozialdemokraten für
den Schweizerischen Ständerat; mit Max Frisch, 1975

aussehen – wenn er schließlich auch das Mandat nicht gewinnt.

Aber gehört das hier Folgende noch dazu? Immerhin hat es
sich nur wenig später ereignet, also doch wohl als Politikfolge
eigener Art. Zwei Tage nach dem verlorenen Wahlkampf
gibt es bei Muschgs eine Ehekrise, die eskaliert, und er flieht
nachts aus dem Kilchberger Haus. Eine Bekannte fährt ihn.
Sie kurven eine Zeit lang durch die Gegend, bis Muschg ein
nahe gelegenes Asyl einfällt – das Kapuzinerkloster in Rappers-
wil. Die Minderbrüder widmen sich besonders den Außen-
seitern und hatten wohl für Ungewöhnliches am ehesten Verständnis. Muschg klingelt, ein etwas irritierter Bruder führt
ihn zu seinem Oberen, der ihn aber von den Wahlplakaten

kennt und ihn – üblich ist das nicht – als Gast aufnimmt. Muschg bleibt zehn Tage und nimmt teil am Klosterleben samt täglicher Gewissensprüfung. Höhepunkt ist die Singprobe in einem Nonnenkloster, das einer der Brüder als Beichtvater betreut. Die Nonnen haben Negro Spirituals einstudiert und geraten bald in einen fiebrigen *Swing* voller Inbrunst. Muschg und Bruder Nepomuk sind das einzige Publikum, eine merkwürdig intime, schier voyeurhafte Situation. – Nach zehn Tagen kehrt Muschg erholt nach Kilchberg zurück. (Die nächste Klostervisite wird 1985 in einem *Zen*-Institut bei Kyoto sein.)

3. *Als Mitglied der Vorbereitungsgruppe für eine Stiftung Solidarität Schweiz* (1997). Ihre Geschichte ist oben schon erzählt worden. Sie führte zum großen Buch Muschgs über die *republikanische Kultur* der Schweiz: *O mein Heimatland!* (1998) – in dem Liebeserklärungen und Enttäuschungen einander bekräftigen. Es enthält auch eine Art Taufzeugnis: den Bericht, wie der Zolliker Pfadfinder zu seinem Selbstbild *Le Pendu* gekommen ist, des zur Norm *verkehrtherum* Aufgestellten. Aktueller Hintergrund des Buches waren öffentliche Auseinandersetzungen in den Jahren 1996/97: Einmal die Diskussion über das nach 1945 von Schweizer Banken unterschlagene jüdische Vermögen, die der Jüdische Weltkongress erzwungen hatte. Darauf wollte die Schweiz jetzt mit einer Stiftung reagieren, die bestimmte Goldreserven der Nationalbank für humanitäre Zwecke verwenden würde. Zum anderen attackierten die Gegner der Stiftung – sie hielten die Forderungen des Weltkongresses für Erpressung – besonders Muschgs Streitschrift *Wenn Auschwitz in der Schweiz liegt* (1997). In ihr hatte er die duldend verdienende Teilhabe am Holocaust angeklagt.

Hauptangreifer war Christoph Blocher, Chef der nationalkonservativen *SVP*, der Muschg als vaterlandsflüchtigen Gesellen darstellte und ihn in die Nähe des schweizerischen Nazikollaborateurs Jakob Schaffner rückte. Ein deutscher

Leser wird das für eine rein rhetorische Attacke mit Platz-
patronen halten – im Kontext der Schweiz jedoch schlägt
derlei echte Wunden: Hier drückte sich also einer vor seiner
Schuldigkeit am Heimatland. Deshalb gerät Muschg das *Hei-
matland-Buch* zu einer Verteidigung seines kritischen Patriotis-
mus. Und der Programmskizze, die er für die *Solidaritätsstiftung* entwirft, gibt er den Titel *Höhenweg*. Damit zitiert – und
beansprucht – er das Solidaritätssymbol der schweizerischen
Landesausstellung (*Landi*) von 1939, die sich gegen das aufge-
rüstete Nazi-Deutschland richtete. Die Landesausstellung
hatte demonstrativ einen mit den Wappen aller Schweizer
Gemeinden geschmückten Weg des Widerstandes gegen den
deutschen Totalitarismus eingerichtet – sie nannte ihn *Höhenweg*.

4. Das *Collegium Helveticum* in Zürich

In der Zürcher Schmelzgasse, nahe dem ETH-Hauptge-
bäude, stand seit 1864 die Eidgenössische Sternwarte, aufgeführt von Gottfried Semper in antikisierendem Stil. Sie war
berühmt für ihre Erforschung der Sonnenflecken, wurde
später jedoch von den umstehenden Großbauten in ihren
Beobachtungen erheblich eingeschränkt. 1980 wurde sie geschlossen, und das Gründerzeitdenkmal stand seitdem leer
und verloren auf dem Hochschulgelände. Muschg entdeckte
das, als die *Freifächerabteilung* der ETH, der er mit seiner Professur angehörte, in eine Krise geraten war.

Die *Freifächerabteilung* existierte seit Gründung der Hochschule als ein Angebot von Geistes- und Sozialwissenschaften,
aus dem sich die polytechnischen Studenten eine Semester-
veranstaltung frei wählen konnten. Das war als humanistische
Ergänzung ihrer technischen Ausbildung gedacht, über die
kein Examen abgelegt werden musste. Die Freifachdozenten
hatten außer dem Unterricht keine anderen Verpflichtungen
und besaßen in ihren Professuren unvergleichliche Pfründen,
was sich in Europa rasch herumsprach. So fand sich bald eine

Star-Besetzung ein: vom berühmten deutschen Ästhetiker Friedrich Theodor Vischer über Jacob Burckhardt zu Francesco de Sanctis, dem Literarhistoriker und späteren italienischen Unterrichtsminister. Auch Gottfried Keller wäre berufen worden, hätte er nicht doch die Stelle als Zürcher Verwaltungschef vorgezogen.

Das wesentlich geisteswissenschaftliche Angebot der *Freifächer* blieb lange unverändert, war aber in den Neunzigerjahren des 20. Jahrhunderts – gemessen am kulturwissenschaftlichen Orientierungsbedarf der «Techniker» – nicht mehr zeitgemäß. Muschg hatte deshalb (um 1996) die Idee, Kapazitäten der Abteilung zu einer Art kleinem Wissenschaftskolleg zusammenzufassen und in die Sternwarte auszulagern. Hier sollte interdisziplinär und kooperativ mit den Technik- und Naturwissenschaften der ETH geforscht werden. Die beiden Wissenschaftstheoretiker der Abteilung, Helga Nowotny und Yehuda Elkana, unterstützten das Projekt, dem sich auch der Professor für rätoromanische Literatur Iso Camartin anschloss.

Die *Freifächerabteilung* war überwiegend von der Gründungsidee nicht begeistert – sie beschnitt erheblich die Autonomie der einzelnen Fächer. Muschg hatte sich gegen erhebliche Schwierigkeiten durchzusetzen, und die Konzeption veränderte sich immer wieder. Für ihre Benennung fing sich die neue Denkfabrik auch Spott ein: Den Namen *Collegium Helveticum* hatte einst in Mailand eine Jesuitenschule der Gegenreformation getragen. Im April 1997 aber konnte Muschg die Rede bei der feierlichen Eröffnung des Kollegs halten, das er dann ein Jahr leitete. Heute arbeitet das Kolleg erfolgreich nach dem Prinzip der *Transdisziplinarität* – einzelne Disziplinen überschreiten zusammen ihre jeweiligen Fachgrenzen und finden sich auf einer neuen, gemeinsamen Erkenntnisebene. Die jeweiligen Projekte vernetzen Personen und Institutionen aus der ganzen Schweiz.

Res publica: Neben eine – und gerade, weil *verkehrtherum* – so stark empfundene Verpflichtung auf das Heimatland ist bei Muschg zunehmend die auf Europa getreten, als ubiquitärer Begriff für *Republik*. Er wird dann besonders gelten, wenn Muschg im Jahr 2003 sein Amt als Präsident der Berliner *Akademie der Künste* antritt.

VII AM AUSGANG DER MODERNE
Eine Poetik der Gegenwart 1976–1981

Ein Manifest: Fritz Zorns «Mars»

Im Oktober 1976 erhielt Muschg von einem befreundeten
Buchhändler ein Manuskript, dessen Autor – er hieß Fritz
Angst – dringlich auf eine baldige Veröffentlichung hoffte. Es
handelte sich für ihn um eine Lebensfrage in doppelter Hinsicht: Der zweiunddreißigjährige Verfasser hatte eine Beschreibung seines Lebens gegeben, und er hoffte, diese noch
gedruckt zu sehen, bevor er sterben musste. Er hatte Krebs im
letzten Stadium.* Muschg las und sah in einen Spiegel.

Fritz Angst war wie er am rechten Zürichsee-Ufer aufgewachsen – eben an der *Goldküste* –, allerdings in sehr reichen
und behüteten Verhältnissen. Er hatte dieselben Schulen besucht wie Muschg zehn Jahre vor ihm, dieselbe Universität,
war dann wie er als Lehrer ans Gymnasium zurückgekehrt –
in Angsts Fall mit den Fächern Spanisch und Portugiesisch.
Weitere Gemeinsamkeiten: Beide reisten viel, aber nur unter
großen Schwierigkeiten, beide unterzogen sich einer Psycho-

---

* Es handelte sich um den sogenannten «Lymphdrüsenkrebs»,
der eigentlich kein Krebs ist, sondern ein *malignes Lymphom*. Das erfährt
Angst aber erst kurz vor seinem Tod – bis dahin hat er seine Krankheit als
Krebs erlebt und bedacht.

analyse – in der sie dann auch ein gemeinsames Problem zu bearbeiten hatten: den Krebs. Der Krebs machte allerdings auch den entscheidenden Unterschied: Fritz Angst hatte ihn realiter, Muschg erlitt ihn nur als hypochondrische Furcht vor ihm. Und natürlich ergibt sich daraus auch die Echtheits-differenz von Leben und Literatur: Einen Tag nachdem sein Manuskript von einem Verlag angenommen ist, stirbt Angst – Muschg aber schreibt das Vorwort.

Es ist dieses hellsichtige Vorwort, das Angsts Buch zu einem Jugendmanifest der Siebziger-, Achtzigerjahre macht, in dem sich eine ganze Generation wiedererkennt. Es arbeitet mit-hilfe des eigenen Wiedererkennens das sozial Symbolische an Angsts Lebensbeschreibung heraus – als Muschg drei Jahre später an der Frankfurter Universität die Vorlesungen über *Literatur als Therapie?* hält und über *sein* Leben spricht, ist das studentische Publikum vorbereitet: Auf vielen Pulten liegt das rot geränderte Buch von Fritz Angst (der sich noch selbst das Pseudonym Fritz Zorn verordnet hatte) mit dem Titel *Mars.** Kein Zweifel, dass *Mars* der Quellort von *Literatur als Therapie?* ist.

Hätte man damals, 1977, nicht die Lektürehilfe durch Muschg gehabt, hätte man sich mit Angsts Leben kaum so intensiv identifizieren können. Angsts Herkunft, seine Kindheit, seine erfolgreiche bürgerliche Laufbahn, die aber allesamt ein ver-fehltes Leben hergestellt haben, lesen sich nämlich wie eine realitätsferne Moralschrift zum Thema *reich, aber unglücklich.* In den ersten Zeilen steht schon die Quintessenz: *Ich bin jung und reich und gebildet; und ich bin unglücklich, neurotisch und allein. Ich stamme aus einer der allerbesten Familien des rechten Zürichseeufers, das man auch die Goldküste nennt. Ich bin bürger-lich erzogen worden und mein ganzes Leben lang brav gewesen. Meine Familie ist ziemlich degeneriert, und ich bin vermutlich auch*

---

* Fritz Zorn: *Mars.* München: Kindler 1977.

ziemlich erblich belastet und milieugeschädigt. Natürlich habe ich
auch Krebs, was aus dem vorher Gesagten eigentlich selbstverständ-
lich hervorgeht.

Dem folgt nun die Erzählung von Kindheit und Jugend in
einem äußerst privilegierten Milieu, das zur Anpassung an
ein zwanghaft formales Niveau erzieht, und das bedeutet:
Harmoniebestreben, Konfliktscheu, euphemistische Wort-
wahl, Gefühlsvermeidung, automatisierte Arbeitsdisziplin,
Tabuisierung des Sexuellen ... Dass hierin seine Lebensver-
fehlung sich begründet, ist Angsts Schreibmotiv, und er schreit
es am Ende heraus. Muschg, im Vorwort, aber weiß dafür die
präziseren Begriffe. Er hat den schärferen Blick darauf – es ist
die Sicht aus dem *Verkehrtherum,* die des *Pendu.* Er ist an denselben Orten aufgewachsen wie Angst, hat wie der eine
überbehütende und doch abwesende Mutter gehabt, einen
bedrückenden Vater – aber, er hat das alles unten, im Kleinbürgertum erlebt, dessen Zwänge nicht so total waren. Früh
hat er sich deshalb selber helfen können, die Verhältnisse
durchschauen, sich in Phantasien retten, in Selbstanalyse,
schließlich ins Schreiben. Angst aber hat das alles zu spät gelernt, erst als ihm der Krebs die Augen öffnet. Dann versteht
er, dass nicht nur seine *armen Eltern* es waren, die ihm das Leben verdorben haben, sondern – mit einem Wort, das eher
drüben, am linken Zürichseeufer, zu Hause ist – *die Gesellschaft.*

Wie Angsts Krebs nun über seine *armen Eltern* mit *der Gesell-*
schaft ursächlich zusammenhängt, ist eine psychosomatische
Frage und hat das ungelöste Problem aller Psychosomatik:
Wie und wo setzen sich soziale Bedingungen so in der Psyche
um, dass sie einen körperlichen Effekt hervorrufen – etwa
eine Krankheit, beispielsweise Krebs? Diese Lücke zwischen
Ursache und Wirkung lässt sich nur mit Metaphern über-
brücken. Eine Metapher ist ein abgekürzter Vergleich, er
behauptet: Dies entspricht dem. Etwa: Eine besinnungslos
auf Profitvermehrung eingestellte Gesellschaft entspricht der

ungehemmten Zellenwucherung des Krebses. In den Siebzigerjahren hat diese Metapher im kollektiven Bewusstsein besondere Konjunktur. Es ist auch die große Zeit des Julius Hackethal und seiner psychosomatischen Krebstherapie, die eine
Operation des Tumors ablehnt. Auch Hackethal propagiert
eine Krebsmetapher, den *Haustierkrebs*: Er schläft in uns allen –
hinter dem Ofen sozusagen, doch wenn wir ihn reizen, bricht
er aus. Und auch der Hypochonder Peter Albisser hat dies Bild
schon im Kopf: *Man redet nicht umsonst von einem «Muttermal».
Es ist klar, dass es einmal bösartig werden musste.**

Muschg geht in seinem Vorwort den Gründen nach, die
Fritz Angst von seinen *wahren Bedürfnissen* – dem Leben also –
abgehalten haben und kommt zu dem metaphorischen Schluss,
hier liege ein Fall von *gestörter Kommunikation* vor: Angst lebte
chronisch in einem gefühlsleeren Unverhältnis zur eigenen
Umgebung und damit auch zu sich selbst. Der Krebs als un-
gesteuertes und unverhältnismäßiges Zellwachstum bildet
diese Tatsache ab. Insofern ist er Abbild *unserer Unfähigkeit,
mit den Bedingungen der selbstgeschaffenen Zivilisation in Frieden
zu leben.*** Das sind 1977 kulturkritische Urteile, die Muschg
nicht mehr mit sozialistischer Theorie begründen muss.

Die Generation, die *Fritz Zorns* Buch dann als ihr Manifest
liest, kann mit *linker Theorie* auch nichts mehr anfangen. Sie
stellt – was auch schon öffentlich diskutiert wird – einen *neuen
Sozialtypus* dar. Der sechs, sieben Jahre ältere Fritz Angst trägt
schon einige seiner Züge, und Muschg streicht sie mit Gespür
heraus: Angst ist stark selbstbezogen (*autistisch*), ein *Beziehungs-
loser* im menschlichen Umgang und ohne Liebe zu einem anderen, ohne *gelebte Gefühle* … Das Gespür, mit dem Muschg
dies erkennt, hat seine Wurzel in einem eigenen Defizit: Auch
er sieht sich getrennt von Leib und Leben. Mit dem dialek-

* AG, S. 228.
** Zorn 1977, S. 16.

tischen Materialismus und seiner Gesellschaftstheorie war diesem Grundgefühl nicht beizukommen gewesen. Jetzt aber, Ende der Siebzigerjahre, gewinnt Muschgs eigene Lebensproblematik erst richtig eine öffentliche Dimension. An der Krebs-Metapher wird das besonders deutlich: Die Krebsfurcht des Hypochonders avanciert zum Erkenntnismittel – eine individuelle Disposition wird repräsentativ.

Krankheit als Metapher: Krebs

Bestimmte Krankheiten haben bekanntlich ein *Gesicht,* in dem sich ihr Charakter auszudrücken scheint. Im Werk Thomas Manns, beispielsweise, erscheint die *Neurasthenie* – die *reizbare Nervenschwäche* – als eine Reaktion auf die Überforderungen der Moderne. Die *Tics* des Christian Buddenbrook drücken eine kulturelle Stimmung aus: *Ich kann es nun nicht mehr.* Und Manns *Zauberberg*-Roman steht ganz im Zeichen der ausgrenzenden und genialisierenden Tuberkulose. Jetzt, in den Siebzigerjahren des 20. Jahrhunderts, treten zwei Krankheitsbilder in den Vordergrund und bekommen ein kulturelles Gesicht: der *Krebs* und die psychische Fehlentwicklung des *Narzissmus.* Natürlich hatte sich das atmosphärisch lange vorbereitet, doch die Verdichtung zur Zeitsignatur geschah in der erstaunlich kurzen Zeit von wenigen Jahren. Es kennzeichnet Muschgs besonderes Gespür für öffentliche Zustände, dass er jetzt sofort reagiert: Er macht aus der eigenen Krebsfurcht eine umfassende kulturelle Metapher, und für seine eigene seelische Herkunft kann er jetzt eine neue pädagogische Idee aufgreifen: Das narzisstische *Drama des begabten Kindes.* Alice Miller, die Zürcher Psychoanalytikerin, beschrieb dies frühe Seelendrama 1979 in einem erziehungswissenschaftlichen Bestseller.

Die damalige psychosomatische Diskussion über den Krebs

wurde von der These des abtrünnigen Psychoanalytikers Wilhelm Reich bestimmt, es handele sich dabei um eine *Biopathie:* Reich versteht darunter eine depressive Gesamterkrankung des Organismus, deren destruktive somatische *Folge* der Krebs sei.* Das ist genau das Selbstverständnis des Fritz Angst, der ja auch erlebt hat, wie seine jahrelange Depression durch die Krebserkrankung abgelöst und ersetzt wurde. Und auch Muschg hat das immer wieder ähnlich erfahren, wenn die Krebsfurcht sich an die Stelle einer seelischen Verstimmung setzte. In seinem Vorwort zu *Mars* aber behauptet er nun auch das Allgemeine daran: *Der Krebs ist ein Urteil über die Gesellschaft [...] Im Krebskranken ist schuldig gesprochen, was uns alle am Leben hindert.*** Muschg hat jetzt die kulturelle Bedeutungskraft der Krebs-Metapher entdeckt.

Es gab natürlich auch Krebskranke, die eine solche Literarisierung ihres konkreten körperlichen Leidens erbitterte. Fast im selben Jahr wie Angst und Muschg schrieb die amerikanische Publizistin Susan Sontag einen Essay über den – eigenen – Krebs und wehrte sich gegen seine unrealistische Mythisierung.*** Vermutlich hat sie – vor allem über ihre anregende Sammlung von Krankheitsmetaphern – die bildgebenden literarischen Verfahren aber nur bestärkt.

Auch Muschg bleibt bei der Krebs-Metapher – sie funktioniert ja mit einem hohen Grad an Plausibilität. Als er 1979/80 in Frankfurt seine *Literatur als Therapie?*-Vorlesung hält, kann er das auch brauchen. Natürlich sitzen im Hörsaal die vertrauten Gestalten aus jenen *Jahren, die ihr kennt*, Therapeuten und Therapierte zumal. Doch ein anderer Teil seines Publi-

---

* Wilhelm Reich: *Der Krebs,* Köln: Kiepenheuer & Witsch 1974 (engl. 1948). Muschg kennt Reichs Thesen.

** Zorn 1977, S. 17.

*** Susan Sontag: *Illness as Metaphor,* New York: Farrar, Straus and Giroux, 1978.

kums besteht aus einer Generation, die er, zwanzig Jahre älter als sie, gar nicht mehr kennt. Er muss sie sich erst zurechtdefinieren. (Ihre Vertreter im Saal helfen ihm dabei nicht, sie haben keine Theorie über sich und neigen eher zu Spiel und Nonsense.) Mit den geläufigen *linken* Argumenten gelingt das Definieren aber nicht mehr – Muschg kann eigentlich nur etwas Allgemeines feststellen, den Eindruck von Leere wiedergeben und den von Orientierungslosigkeit: *Hier saßen Kinder einer globalen Depression, die keine Zukunft mehr vor sich sahen oder spürten.* Und woran lag das? Vermutlich an den Bedingungen der propagierten *Leistungsgesellschaft.* Und der Krebs, was hat er damit zu tun? Ja, der ist hier allerdings zuständig: *So muss sie aussehen, die neue Seuche einer Zivilisation, die die Unterdrückung der Triebe honoriert, die Geißel bürgerlicher Völker, die tüchtig sind auf eigene Kosten.*[*]

Mit dieser Wendung aber ist Muschg nun ganz im eigenen Fahrwasser: *[...] ich glaube es leicht, daß der Krebs die protestantische Krankheit sei, ein Todesurteil des verinnerlichten Über-Ich über das unter unmenschlichen Geboten erstarrte, von eigenem Ungenügen gelähmte Individuum.*[**] Hier lässt sich logisch und legitim die eigene Familien- und Kindheitsgeschichte anschließen. (Hält nicht eine bestimmte Wirtschaftstheorie den strengen Protestantismus für die Wiege des modernen Kapitalismus?) Wie Fritz Angst von den Eltern den Krebs bekam, so bekam Muschg von ihnen die Furcht vor dem Krebs. Hier hat er das biographische Verbindungsstück zu den nur scheinbar so weit entfernten *Kindern einer globalen Depression* gefunden.

Ist das mehr als ein rhetorisch-literarisches Konstrukt? Für einen Schriftsteller ganz gewiss. Die Krebs-Metapher nimmt einen wichtigen Strang der seelischen Biographie Muschgs auf und kann zugleich die öffentliche Repräsentanz dieser Bio-

[*] LaT, S. 70.
[**] LaT, S. 69.

graphie beanspruchen. Hier erfüllt sich, was die Hoffnung jedes Autors ist: *In mir lebt der Glaube, daß ich nur von mir zu erzählen brauche, um auch der Zeit, der Allgemeinheit die Zunge zu lösen, und ohne diesen Glauben könnte ich mich der Qualen des Produzierens entschlagen.* (Thomas Mann)

Ein psychologisches Zeitzeichen

Die *globale Depression*, die Muschg 1980 feststellt, das sind die politischen und wirtschaftlichen Krisen der Siebzigerjahre – kenntlich an Spitzenereignissen wie Nixons *Watergate*-Skandal, dem desaströsen Ende des Vietnamkriegs und der theokratischen Machtübernahme im Iran. Die daraus resultierende Depression exportierten die USA in die Welt. Sie war nicht nur eine ökonomisch-politische, sondern hatte auch einen sozialpsychologischen Hintergrund, der sich noch ganz anders hergestellt hatte als durch die genannten Ereignisse. Zwei herausragende Veröffentlichungen in jenem Zeitraum kennzeichnen diesen Hintergrund:

Der Romancier Tom Wolfe prägte in einem 1976 im *New York*-Magazin erscheinenden Artikel für die Siebzigerjahre den Begriff *Ego-Jahrzehnt* (*Me Decade*) und erläuterte ihn als Abwendung von den kommunitaristischen Idealen der Sechzigerjahre und als Entwicklung hin zu einem beziehungsarmen Individualismus. Drei Jahre später publizierte der Sozialhistoriker Christopher Lasch sein Buch *The Culture of Narcissism* (dt. 1980: *Das Zeitalter des Narzissmus*), das den endgültigen Umbruch im dominanten Sozialcharakter beschreibt: von der bürgerlichen Besitzelite zu einer neuen bindungsschwachen Managerelite. (Man wird das später als die *neoliberale Reconquista* interpretieren.) Lasch stellte fest: *Die neue Elite, die sich von den Prinzipien der alten Bourgeoisie lossagt, identifiziert sich nicht mehr mit dem Ethos der Arbeit und der Verantwortung für* erarbeiteten Wohlstand, sondern mit einer Weltanschauung, die Hedonismus und Selbsterfüllung als höchste Werte erkennt. [...] sie ersetzt Charakterbildung durch Permissivität, Trost für die Seele durch Behandlung der Psyche [...]* Obschon Wolfe von der Gegenkultur ausgeht und Lasch die Funktionseliten analysiert, bewirkten ihre Publikationen einen allgemeinen Wiedererkennungseffekt.

Auch in Deutschland. Die konkreten amerikanischen Verhältnisse, die in den beiden Arbeiten dargestellt wurden, waren hier zwar längst nicht so deutlich ausgeprägt, aber den beschriebenen Sozialcharakter gab es schon. Etwa als eine künftige Elite, die wieder angepasst in den Hörsälen saß, sich jedoch mit Fritz Angst identifizierte und jedenfalls schon ahnte, was ihr Leben einschränkte: der *narzisstische Käfig. Narzissmus* war das neue Wort, das rasch umlief – es stammte natürlich von Sigmund Freud. In einer neuartigen, geradezu gegenfreudianischen Bedeutung aber kam es jetzt aus den USA zurück.

Entwickelt hatten die neuen Narzissmus-Theorien zwei amerikanische Psychoanalytiker Wiener Herkunft, Heinz Kohut und Otto Kernberg. Es ist deshalb weniger die soziologische, sondern die psychologische Gedankenschiene, auf der die neuen Theorien Deutschland erreichten. Sie haben das intellektuelle Menschenbild dieser Jahre intensiv geprägt und machten dabei – etwa in der Literatur – bewegende Entdeckungen möglich. Merkwürdigerweise liegt der Schwerpunkt dieser Narzissmus-Rezeption gar nicht in Deutschland, sondern in Zürich. Hervorragend daran beteiligt ist die Schweizer Psychoanalytikerin Alice Miller, das Psychoanalytische Seminar Zürich (eher mit der Abwehr befasst), der Literaturwissenschaftler und Leiter des Thomas-Mann-Archivs Hans Wysling – und eben Adolf Muschg, der mit *Literatur als Thera-*

---

* Christopher Lasch: *Das Zeitalter des Narzissmus,* München: Bertelsmann 1982, S. 310 f.

pie? eine quasi narzisstische *Poetik der Gegenwart* schreiben wird. Das kleine intellektuelle Biotop Zürich erlaubt zu beobachten, wie eine Krisenepoche sich ein neues – «passendes» – Selbstkonzept aneignet.

Zürcher Narzissmus

Am 12. Dezember 1980 ereignete sich auf einem zentralen Zürcher Verkehrsplatz vor den Augen vieler eine Selbstverbrennung. Silvia Zimmermann, eine junge Frau mit einer Heimerziehungs-Kindheit und einem von Drogen bestimmten Erwachsenenleben, übergoss sich am *Bellevue* mit Benzol und zündete sich an. Das war das Flammenzeichen für eine Ausweitung von bereits vorhandenen Jugendunruhen. In der Folge griff der Protest auf die Stadt über: *Züri brännt*. Wie so oft ging es um ein autonomes Jugendzentrum. Die Proteste, die mit erheblichen Zerstörungen einherkamen, hielten über ein Jahr an. Dem *altlinken,* an '68 geschulten Urteil blieben ihre Ziele und ihre Vorgehensweise lange unverständlich. Es handelte sich offenbar um unreflektierte *Punks* und *Spontis*.

Muschg allerdings ging bald auf, dass diese Unruhestifter eigentlich schon im Frühjahr im Frankfurter Hörsaal mit am Tisch gesessen hatten. Es waren dieselben *Kinder einer globalen Depression*. Theoriegeleitet waren sie mitnichten, politische Programme hatten sie auch nicht, nur viele kleine Einzelkonzepte – gegen die Wohnungsnot oder für eine neue Drogenpolitik. Prinzipiell ging es ihnen um einen starken, von vielen geteilten, doch schwer erklärbaren Überdruss. Vermittelt wurde er dem Zürcher Publikum mit punktueller Gewalt und deren verwunderlicher Kehrseite: Lust am Spiel, an der Parodie des Abgelehnten, am schauspielerhaften Ausstellen seiner selbst, an der Herstellung subjektiver, wenig dauerhafter Zeichen … Als Gefühl war das gewiss ernst zu nehmen, hatte aber irritierenderweise nicht das vertraute Schwergewicht revolutionären Protests. (Es reichte aber dazu, dass Muschg seine Frankfurter Vorlesungen über *Literatur als Therapie?* gleich noch einmal umgeschrieben hat, aus *dieser* Perspektive auf die Akteure. Sie soll hier schon einmal eine *narzisstische* genannt werden.)

Schwierigkeiten mit dieser neuen Jugend bekamen um 1980 vor allem die Pädagogen und die Psychologen. Den Aufbruch von 1968 hatten viele von ihnen als eine Krise des *Spätkapitalismus* wahrgenommen und damit auch als ein Versprechen gesellschaftlicher Veränderungen. Statt deren aber stand jetzt eine neue Deutungsparole am Horizont, ziellos und vieldeutig: die *Postmoderne.* Man versuchte, die bisherigen Theoriefundamente dagegen in Stellung zu bringen, und das bedeutete aber auch die Revision bisheriger Positionen, damit sie noch passten. So revidierte man beispielsweise die Sozialpsychologie, soweit sie Psychoanalyse und Marxismus miteinander verband. Eines dieser neuen Konstrukte war der *Neue Sozialisations-Typus,* zum flüssigen Diskussionsgebrauch bald als *NST* abgekürzt. Er beschrieb den irritierenden Grundcharakter der neuen Jugend, wie er aus erheblich veränderten Familienverhältnissen hervorgegangen sei: Die Schrumpfung zur Kleinfamilie habe zur übermäßigen Konzentration des Kindes auf die Mutter und auf sich selbst geführt. Konstruiert hatte den *NST* der Hannoveraner Erziehungswissenschaftler Thomas Ziehe, indem er 1975[*] eine einschneidende Theorieveränderung in der Psychoanalyse aufgriff: Der Austroamerikaner Heinz Kohut hatte 1971 in seinem Buch *The Analysis of*

---

[*] Thomas Ziehe: *Pubertät und Narzißmus. Sind Jugendliche entpolitisiert?,* Köln: EVA 1975; die Hauptrolle in der Diskussion um den *NST* spielte allerdings ein Reader: Helga Häsing, Herbert Stubenrauch, Thomas Ziehe (Hg): *Narziß: ein neuer Sozialisationstypus?,* Bensheim: pädextra 1979.

*the Self** den Schwerpunkt in der Entwicklung des Kindes neu bestimmt. Nicht mehr die konfliktträchtige ödipale Triangel Vater-Mutter-Kind sei heutzutage entscheidend, sondern oft unzureichend aufgebaute Beziehungen des Kindes zur Welt der Objekte. Es bleibe dann *narzisstisch* an sich selber kleben und hafte noch als Erwachsener an diesem archaischen und damit falschen Selbst.

Für die Mythologie der Psychoanalyse bedeutete das den Wechsel vom vatermörderischen Ödipus zum – vermeintlich – selbstverliebten Narziss. Die Jugendlichen, die da in Zürich protestierten, beispielsweise, hatten vermutlich weniger einen Konflikt mit dem Vater auszutragen als die Folgen einer allzu innigen Symbiose mit der Mutter. Und ihre Träume gingen oft ins Ungemessene, unrealistisch Grandiose. Hatten sie nicht den säuglingshaft archaischen Schlachtruf: *Wir wollen alles, und zwar subito!*

Die deutschen und die Schweizer Psychoanalytiker beäugten diese Entwicklung misstrauisch. Einmal hatten sie seit '68 auf eine gesellschaftspraktische Verwendung der Psychoanalyse gehofft: Im 68er-Slogan *Macht kaputt, was euch kaputt macht!* war diese Hoffnung ja auch enthalten. Doch in der verjuxten Revolutionsparole der Zürcher Protestler *Nieder mit den Alpen! Freie Sicht aufs Mittelmeer!* fand sie sich jetzt nicht wieder. Zum andern hatten die Psychoanalytiker ein – durchaus einsehbares – systematisches Problem mit der Narzissmus-Theorie Kohuts und mit dem *NST* Ziehes: Sie waren eingeschworen auf das klassische Seelenmodell Freuds, dem nun einmal der Ödipus-Komplex zugrunde lag. Jeder Schachzug in der Therapie fußte logisch darauf. Die Hypothese eines narzisshaften Rückzugs der Libido auf das frühe Selbst war

---

* Heinz Kohut: *The Analysis of the Self. A Systematic Approach to the Psychoanalytic Treatment of Narcissistic Personality Disorders*, New York 1971; dt. *Narzißmus*, Frankfurt am Main: Suhrkamp 1973.

dafür kein Ersatz. Man war fair, aber skeptisch gegenüber den neuen Theorien. Das Zürcher Psychoanalytische Seminar veranstaltete 1980 eine nachmals berühmte Tagung zum neuen Narzissmus-Konzept, an der vor allem die Skeptiker zum Zuge kamen. Hinter ihrer Kritik stand gut erkennbar auch ein *linker* Vorbehalt: Kohut war zu unpolitisch.[*]

Doch es war schon zu spät. Der neue Narzissmus nistete bereits im Seminar selbst. Dort hatte man sich schon seit einigen Jahren mit einer oppositionellen Kollegin auseinanderzusetzen. Sie war polnische Jüdin, hatte während der deutschen Besetzung in Warschau ein Studium im Untergrund absolviert und war relativ spät zur Psychoanalyse gestoßen. In den institutsinternen Reibereien fand man sie meist aufseiten der apolitisch Bewahrenden – ihr Name war Alice Miller. Doch die konservative Miller hatte, im Seminar wenig bemerkt, eine eigene, durchaus nicht orthodoxe Therapierichtung eingeschlagen. Ihr war aufgefallen, dass sich in den psychoanalytischen Praxen längst ein neuer Krankentypus eingestellt hatte, dem man mit den tradierten Diagnosen nicht beikam: Er litt nicht an psychosexuellen Konflikten, sondern, beispielsweise, an einem Stimmungswechsel zwischen Grandiosität und Depression, zwischen Größenphantasien und innerer Leere.

Bei ihrer Suche nach Erklärungen stieß Miller auf die neuartige Narzissmus-Theorie Heinz Kohuts und verfolgte seine Linie in ihrer Praxis. Dabei wurde sie auch von einem eigentümlichen Misserfolg motiviert: In ihren persönlichen zwei Lehranalysen (!) war es ihr nicht ausreichend gelungen, Zugang zur eigenen Kindheit zu finden. Sie nahm jetzt offenbar Zuflucht zu einer ihr aus persönlichen Gründen einleuchten-

---

[*] Die Tagung ist dokumentiert in: Psychoanalytisches Seminar Zürich (Hg): *Die neuen Narzissmustheorien: zurück ins Paradies?* Frankfurt am Main: Syndikat 1981.

den Hypothese über frühe Kindheit, die sich nicht mehr an die konventionelle Triebtheorie hielt. Das war Kohuts Angebot. 1979 fasste Miller drei ihrer Aufsätze zu einem Buch zusammen, das bei Suhrkamp herauskam: *Das Drama des begabten Kindes und die Suche nach dem wahren Selbst**. Es traf einen Nerv: Im ersten Jahr wurden fünfzigtausend Exemplare abgesetzt. Tilmann Moser, führender *progressiver* Psychoanalytiker jener Jahre, stellte es im Juli 1979 im *SPIEGEL* vor**: *ein mutiges und dringliches Unterfangen*. Das Buch wecke neue Hoffnung, weil es unbekannte seelische Tatsachen aufdecke: *[…] die Aufmerksamkeit ist auf eine neue, packende Weise geweckt, und sie wirft ein neues Licht auch auf das Elend vieler Jugendlicher und Erwachsener, die durch den langerkämpften Freiraum der Lust gewandert sind und sich verzweifelt fragen, warum die Erregung so selten die Leere ausfüllt.*

Es handelt sich um die ernüchterte Trauer in den späten Siebzigern. Der eher intellektuelle Rausch von '68 war verflogen und die – bei der Psychoanalyse rückversicherte – sexuelle Freiheit war durchexerziert. Man zog seine Libido zurück und besetzte wieder sich selbst. Eine Literatursorte erschien ziemlich rasch, die es – wie Handke, Nicolas Born, Jochen Schimmang – auf autobiographische Rechenschaft und Innerlichkeit abgesehen hatte; Marcel Reich-Ranicki gab ihr den Namen *Neue Subjektivität*. Sie vertrug sich bestens mit dem *Neuen Sozialisations-Typus*, der sich ja auch schon in einem leitenden Narrativ spiegeln konnte: in Fritz Zorns *Mars*. Und jetzt war eine zweite Leiterzählung hinzugetreten, die vor allem die Enttäuschungen durch die Psychoanalyse wettzumachen versprach: *Das Drama des begabten Kindes*. Bei Alice Miller – so merkte Adolf Muschg sofort – handelte es sich um unsere

---

* Alice Miller: *Das Drama des begabten Kindes und die Suche nach dem wahren Selbst*, Frankfurt am Main: Suhrkamp 1979.
** *Der Spiegel* Nr. 29 / 1979, S. 141–143.

wahre Mutter, unsere angeblichen Eltern waren nur Stiefeltern gewesen. Die *wahre Mutter* aber erzählte uns jetzt, wie es bei diesen Laios und Jokaste wirklich zugegangen war: schlimm, seelenmörderisch schlimm. Aus Ödipus musste deshalb ein gestörter Narziss werden. Aber eben auch ein König. Alice Miller schrieb den ödipalen *Familienroman* jedenfalls zu einer narzisstischen Erfolgsstory um: *Ich habe das Buch gebraucht wie eine Kur.* (Muschg)

Das Buch muss heute etwas erläutert werden. Die Psychoanalytikerin Miller konzentriert sich auf die Kindheit, macht dabei aber eine einschneidende Operation: Sie trennt sich von Freuds Triebtheorie, dem A und O seines Modells, wonach die Entwicklung der menschlichen Persönlichkeit eine Folge ihrer Triebschicksale war. Stattdessen nimmt Miller jetzt eine eigenständige Entwicklungslinie für das menschliche Selbst an. Das *Selbst* ist die Umfassungsstruktur der Persönlichkeit – salopp: die Gesamtperson – und enthält prinzipiell alle psychischen Elemente, die Freud bereits definiert hat. Es ist nur nicht mehr dem Freud'schen Modell unterworfen, die Triebe haben ihre Dominanz verloren. Das Schicksal des Selbst beginnt beim Säugling und ist den Eltern überantwortet: *Am Anfang war Erziehung.* Nur sind beim kleinen Menschen nicht mehr die ödipalen Konflikte primär, sondern sein Versorgungs- und Sicherheitsverhältnis zu den beiden bestimmenden Objekten seiner Welt, Vater und Mutter. Und hier ist meist die Mutter die Dominante.

Die Mutter erfüllt die *narzisstischen* Bedürfnisse des Kindes, als eigenständig anerkannt und geliebt zu werden. Der kleine – und darin durchaus gesunde – Narziss darf sich spiegeln im glänzenden Auge seiner Mutter. Doch die Mutter kann auch eine Deformation des *wahren Selbst* bewirken, wenn sie ihr Kind nicht als eigenständig wahrnimmt, sondern unbewusst ihre Wünsche auf es projiziert. *Begabte* Kinder merken das, weil sie überdurchschnittlich *sensibel* sind. Das Kind streckt sich also nach der Decke und wird so, wie es spürt, dass die Mutter es will. Da es ja *begabt* ist, glänzt es in der Schule und später im Beruf, nicht selten als Künstler. Aber, es hat sein *wahres Selbst* verfehlt, vor allem seine *echten* Gefühle. Dafür inszeniert es fortwährend ein *falsches Selbst* als Wunschprodukt seiner Mutter. Es ist zum *gestörten* Narziss geworden. Darin also besteht das Psychodrama des begabten Kindes.

Ein wichtiges Moment der Vermittlung dieser Gedanken war Millers erfahrungsnahe, einfühlsame Sprache – hier sprach *die wahre Mutter.* Dafür gibt es biographische Gründe. Zum einen liegt die Annahme nahe, dass Miller selbst eine narzisstisch gestörte Kindheit hatte, an die sie aber nicht herankam – ihre beiden Lehranalysen scheiterten in diesem Punkt. Den zweiten biographischen Grund für ihre Empathie weiß man erst jetzt genau: Miller und ihr Mann hatten an ihren Kindern ähnlich gehandelt, wie sie das nun verurteilte. Ihr Buch war auch aus Diskussionen mit ihrem Sohn Martin hervorgegangen, der seine schlimmen Kindheitserinnerungen mit ihr durchgesprochen hatte. Einen Akzent legt er heute auf die belastenden Kriegserlebnisse seiner Eltern.[*] Und hier wird tatsächlich das gemeinsame psychische Substrat Millers und der Generation, für die sie schrieb, liegen.

Sie stellt das selber schon – ohne die autobiographischen Bezüge – in ihrem Buch heraus: *In verschiedenen Zuschriften, die ich [...] erhalten habe, spiegelt sich ein gemeinsames Schicksal der zwischen 1939 und 1945 geborenen Menschen. Die meisten dieser Kinder haben die ersten Jahre ihres Lebens neben einer Mutter verbracht, die durch den Krieg oder Verfolgung noch mehr als sonst verunsichert und verängstigt und auf die Einfühlung ihres Kindes in hohem Maße angewiesen war. Diese narzißtisch besetzten Kinder mußten all ihre Qualitäten einsetzen, um der Mutter beizustehen und ihr Sorgen zu ersparen, worunter die Entwicklung ihres wahren Selbst*

---

* *Der Spiegel,* Nr. 29, 2010, S. 139.

beträchtlich gelitten hat. Sie stehen jetzt im Alter zwischen dreißig und vierzig Jahren, und es geschieht zuweilen, daß sie einige Jahre Analyse brauchen, um selber Gefühle von Angst, Zorn oder Verwirrung bewußt erleben zu können. Es ist, als ob bisher nur der Mutter das Recht auf solche Gefühle hat zugesprochen werden können. [*]

Die Resonanz dieser zwischen Dreißig- und Vierzigjährigen, die nun selbst Kinder hatten, begründete den Sensationserfolg Millers. Man konnte aber getrost die bis zu Fünfundzwanzigjährigen hinzuzählen, die in den schweren ersten Wiederaufbaujahren geboren wurden – den *Neuen Sozialisations-Typus* also. Und die Schweizer Protestjugend? Deren Mütter waren doch von Krieg und Nachkrieg verschont geblieben? Ihr Elternhaus hatte doch eher der Kapitalismus verzerrt. Nun, diese Jugend war ja auch nicht an der *Goldküste* aufgewachsen und hatte sich doch in Fritz Angsts *Mars* wiedererkannt. Zeitanalysen, in denen sich eine Generation wiedererkennt, wirken schon durch ihre psychosoziale Grundstimmung – sie müssen nicht in allen lebensgeschichtlichen Details zutreffen. Doch sie bieten ein starkes Orientierungsmuster an für ein bisher mangelndes Selbstverständnis.

Auch Hermann Burger war ja Schweizer und brauchte doch den Krieg nicht, um so schwer *Matrose*-geschädigt zu sein, dass er sich eine *wahre* und bessere Mutter erschuf. (Auch er ist durch Alice Miller inspiriert. [**]) Sein Roman *Die künstliche*

---

[*] Miller 1979, S. 54. – Das eindrucksvolle Buch des Sohnes Martin Miller über seine Mutter (*Das «wahre Drama des begabten Kindes». Die Tragödie Alice Millers,* Freiburg: Kreuz 2013) ist erst nach Abschluss des Manuskriptes erschienen. Es bekräftigt, dass die Theorie Millers über eine narzisstisch deformierte Kindheit wohl primär aus ihrer eigenen psychischen Prädisposition hervorgegangen ist, die dann durch ihre Erfahrungen in den Jahren der Verfolgung traumatisch nachverstärkt wurde. Hier liegt das gemeinsame psychische Substrat, das sie mit ihrer Generation verbindet.

[**] Burger 1986, S. 94 f. – Ich denke, dass auch das psychologische Gesamtkonzept des Romans sich an Miller hält.

Mutter (1982) – eine literarische *Mammographie* also – erfindet eine *Stollentherapie*: Der depressive Privatdozent Schöllkopf fährt in den *euterwarmen Höhlenraum* eines Heilstollens ein und kehrt damit noch einmal in den Mutterleib zurück. Diese *künstliche* ist die bessere Mutter, und Schöllkopf wird noch einmal geboren, mit grandiosem Anspruch umgeben von hochkarätiger Weiblichkeit, darunter die *nordische Helena* Dagmar Dom (= Berghoff), das Fernsehidol. Als neuer Mensch geht er aus dem Berg hervor, ja sogar als *zwei* neue, genannt *Armando UNO* und *Armando DUE*. Und diese zwei hat Burger, der Autor, mithilfe von Alice Miller gezeugt[*] – Armando UNO: das ist die narzisstische Grandiosität der Euphorie und Armando DUE: das ist das Nichtigkeitsgefühl der narzisstischen Depression, die auf dem Fuße folgt. *Gli Armando* – sind die nun wirklich eine verbesserte Wiedergeburt des Privatdozenten Schöllkopf? Nein, sie ist schließlich doch danebengegangen: Die psychischen Extreme sind ja geblieben. Der Autor Burger hat bei der Neugeburt seiner Ich-Figur nicht auf seine narzisstische Krankheit verzichten können, die ihm die Euphorie und ebendas einträgt, was das Besondere seiner Kunst ist: das *Feuerwerksidiom*, die *Wortorgie*. Burger sagt dazu, es habe sich dabei um die *Eigengesetzlichkeiten eines Stoffes und der Figuren* gehandelt, gegen die er nichts ausrichten konnte: *Kurz, der Autor versuchte alles, um über das Medium Armando gesund zu werden, die Stollentherapie der Künstlichen Mutter zu einem guten Ende zu führen, die Geister, die ich gerufen hatte, waren dagegen.*[**] Als Hermann Burger das feststellt – im Frühjahr 1986 –, steht er an demselben Katheder in Frankfurt wie sechs Jahre vor ihm Adolf Muschg. Und er spricht zum selben Thema wie der Vor- und Doppelgänger: ob man über die Literatur gesund werden kann.

[*] Burger 1986, S. 94.
[**] Burger 1986, S. 92.

Narzisstisches Selbstbild

Im gesellschaftlichen und intellektuellen Biotop Zürich hatte sich das *Zeitalter des Narzissmus* auf kleinem Raum kondensiert. Die Impulse wirkten dann bald nach Deutschland hinüber (über *Mars*, *Das Drama des begabten Kindes*, die Narzissmus-Schrift der Psychoanalytiker, die Jugendunruhen). In dieser Umbruchzeit, die jetzt versuchte, das Bild einer neuen Epoche zu entwerfen, war weiterhin der Suhrkamp-Verlag eine Ideen-zentrale. Dem wurde er 1979 einmal mehr gerecht mit der Wiederaufnahme der Frankfurter Poetik-Vorlesungen, die 1968 eingestellt worden waren. Das erste Kolleg hielt im Sommersemester 1979 Uwe Johnson über *Begleitumstände* – er meinte damit die historischen und die biographischen Kontexte seiner Werke. Johnson schlug einen völlig neuen Ton an: Er wurde persönlich, privat, intim. In einem (nachgetragenen) Schlusswort berichtete er sogar von einer dreijährigen Schreibblockade, die er seiner Frau verdanke. Sie habe ein Verhältnis mit einem tschechischen Spionageoffizier gehabt und ihn, Johnson, ausspioniert. (Die Vermutung erwies sich später als falsch.)

Johnson hatte damit den Ton der *Neuen Subjektivität* – der neuen Literatur-Parole seit etwa 1973 – angeschlagen. Es schien, als ob die jetzt diskutierten Autoren sämtlich Alice Miller gelesen hätten und danach die bei ihr klaffende Leerstelle – die des Vaters – ausfüllen wollten. Solche Bücher kritischer Vatersehnsucht hießen 1980 beispielsweise *Suchbild. Über meinen Vater* (Christoph Meckel) oder *Nachgetragene Liebe* (Peter Härtling). Als Muschg zum Nachfolger Johnsons auf die Poetik-Dozentur bestellt wurde, hatte er nun jede Lizenz, vorbehaltlos in eigener Sache zu sprechen: *In eigener Sache gibt es keine Indiskretion, nur Offenheit. Diese bin ich natürlich nicht Ihnen schuldig, aber mir.* Er erschrieb sich ein Selbstbild, das in seiner

Freimütigkeit und aber auch in seiner psychologischen Prä-
zision nicht früher möglich gewesen war. Das Modell dazu
lieferte die Psychoanalyse, aber in ihrer neueren Ausprägung
als Narzissmus-Theorie (Kohut) und als narzissmustheoretische
Erziehungspsychologie (Miller). Dies neue Paradigma tauchte
viele unklare Lebensumstände in helleres Licht und hatte eine
merkwürdig befreiende Kraft.

Muschgs Themafrage heißt 1979 *Literatur als Therapie?* und
ist *Ein Exkurs über das Heilsame und das Unheilbare.* Was sollte
die Literatur in seinem Fall denn überhaupt therapieren? Die
Zeit? Die Gesellschaft? Das hatte nicht funktioniert. Muschg
geht die politischen Hoffnungsmetaphern der vergangenen
Jahre durch und gibt sich zu, was sie sind: Rationalisierungen
und ausweichende Umschreibungen psychischer Zustände.
Für sein konkretes Leiden hat er aber doch schon einen konkreten Namen gefunden, nur präsentabel schien er lange nicht
zu sein. Der Name der Krankheit verlangte deshalb nach Übersetzung in *schöne Sätze.* Jetzt aber ist er endlich auszusprechen:
Hypochondrie. (Ein überaltertes Wort zwar in Ermangelung
eines einsichtigeren.) Gemeint ist das immer neue Auftauchen
eines Krebsverdachtes und der damit angezielte kathartische
Prozess: von der leiböffnenden Untersuchung hin zum befreienden negativen Befund. *Der Gnaden- und Liebesersatz funktioniert immer wieder, dessen Gebrauch oder Mißbrauch ich bis zur
Selbstverstümmelung getrieben habe.*[*] Es ist nun paradoxerweise
gerade die Schulmedizin – nicht die Psychologie –, die diesen
Freispruch auf Zeit regelmäßig und verlässlich liefert. Ein
abgekürztes Verfahren – etwas verknotet sich zum Krebsverdacht, der Arzt geht ihm mit seinen Instrumenten nach und
meldet: *Physisch ohne Befund.*

Und psychisch? Eine psychosomatische Krankheit wie die
Hypochondrie kann ihren Mann zum Psychoanalyse-Experten

---

[*] LaT, S. 155.

machen. Damit hat er Zugang zum *Lebensraum Psychoanalyse*. Er wird im Gespräch mit den Analytikern, in der Lektüre der Fachliteratur und mit dem, was er selber darüber schreibt, ein erträglicheres Leben führen können. Die institutionelle Psychoanalyse und ihre personelle Umgebung sind ja ein ständiges Heilungsversprechen. Wer hier mitmacht, ist schon auf dem besten Wege, auch wenn er nur liest oder diskutiert. Das private Psychoanalyse-Expertentum etwa des Hypochonders fügt sich hier gut ein und ist damit ein beträchtlicher Krankheitsgewinn, eine Art sekundärer Gesundheit. Mit ihr kann man leben, indem man seine Krankheit häufig umkreist und bedenkt – wenn auch nicht kuriert.

Gerne wüsste der Kranke natürlich, was ihm denn seine Krankheit eigentlich sagen will – oder etwa nicht? *Will er es wirklich wissen? Wenn ich mein eigenes Krankheitsverhalten betrachte, bin ich mir nicht so sicher. Auch ich suche den Arzt, der sich an meine Symptome hält und sie auf ihrer Ebene behandelt. Ich melde einen Mißstand an, aber scheine seine Dechiffrierung nicht zu wünschen; jedenfalls lautet der Vertrag, den ich mit dem Arzt schließe [...] auf die Sprache der Schulmedizin. Sollte meine Krankheit* [gemeint ist das jeweilige hypochondrische Symptom] *weiter her sein, so beteilige ich mich an der Verdrängung ihrer Gründe und bitte höchstens um ihre Ursachen. Ich möchte mich nicht entdecken, sondern versichern.**

Muschg möchte sich *nicht entdecken?* Und diese Feststellung findet sich in einem der hellsichtigsten und informiertesten Selbstentwürfe in der Literatur der letzten Jahrzehnte! Wozu dann dieser psychoanalytische Selbstentwurf? Diese Frage beantwortet sich später. Fürs Erste gilt, dass Muschg ein genaues psychologisches Bild von sich zeichnet, in dem die *Hypochondrie* und auch andere Leiden gut unterkommen. Es ist aber ein Seelenbild *von außen*: Es erkennt die (Kausal-)*Ursachen* see-

---

* LaT, S. 163.

lischer Verhältnisse (etwa: die von der Mutter bewirkte Verpflichtung zur *Größe*), kann diesen Sachverhalt aber als tieferen *Grund* nicht mehr lebendig nachempfinden (das ginge nur
auf der Couch des Analytikers). Gelingt das aber vielleicht
beim Schreiben, in der Literatur? Dann wäre sie doch Therapie? Auf diese Frage soll ja alles zulaufen.

Muschg zeichnet sich in *Literatur als Therapie?* (nach Alice
Miller und Kohut) als *gestörten Narziss*. Es ist dafür ja lebensgeschichtlich alles vorhanden. Einmal die fordernden Eltern
ohne jede Einfühlung – der Vater muss allerdings (um des Miller'schen Modells willen) in seiner Bedeutung zurücktreten,
die Mutter aber kommt mit ihrer überwältigenden Mischung
aus depressiver Hilflosigkeit und grandioser Erwartung voll
zum Zuge. Sie löst die Einfühlung des *begabten Kindes* Friedrich Adolf aus, er geht den Bund ein mit ihrer Erwartung und
konzentriert sich allmählich auf das Talent, das bei ihm am
besten entwickelt ist: Literatur verstehen und selber schreiben. Er wird ein *großer Dichter* werden.

Doch vorerst und viele Jahre ist Friedrich Adolf nur ein
Dichter-Darsteller. Er meidet den Weg in seine eigene Lebenswirklichkeit – unterschlägt seine *echten Gefühle* (*was hätten sie
anders sein können als schreckliche Trauer*), erprobt seine Gedichte nicht an fremder Kritik, eignet sich *eine Schreib-Pose in
der Art Stefan Georges* an. *Ich wurde ein durchaus verlogener Mensch.*
Ein *falsches Selbst* (Miller) hatte sich hergestellt.

Das *falsche Selbst* war nicht durchzuhalten: *Mein Körper
begann die Differenz zu meinen poetisch unterschlagenen Bedürfnissen in Form dunkler, sogenannter «psychosomatischer» oder «funk-
tioneller» Störungen anzumelden. Mit dem Verdacht eines Tumors
im Kopf verdarb ich mir meinen ersten längeren Auslandsaufenthalt
in England [...]** Das war die hypochondrische Urszene gewesen: Johnny Gunther hatte seinen Auftritt, der krebskran-

---

* LaT, S. 96.

ke Held im Verbandsturban, und reichte seinen Tumor an Muschg weiter. Und wie kamen sie zustande, diese Störungen, was lag ihnen psychologisch zugrunde, *welche Not? In meinem Fall habe ich eine Ahnung davon [...] eine* schuldige *Not also, eine Über-Ich-Forderung, vor der [man] nicht zu bestehen glaubt – und davor in die Krankheit flüchtet, die zugleich eine echte Zuflucht ist. Denn sie bringt die Schuld zum Schweigen, indem sie ein Organ für sie sprechen lässt, das zugleich die Not anzeigt und um Hilfe ruft.*[*]

Um welche *Schuld* handelt es sich? Muschg antwortet so präzise wie dunkel: eine *Über-Ich-Forderung.* Das kann so manches sein. Muschg ist da nicht herangekommen (das ergab auch unser Gespräch). Man kann nur tasten: Handelt es sich um eine Verpflichtung zur *Größe,* der Mutter und auch dem Vater geschuldet? Um die Furcht also auch, der Forderung der eigenen – daraus entsprungenen – Größenphantasien nicht zu genügen? Die Entstehungsgeschichte von *Im Sommer des Hasen* legt das nahe. Oder die des Buches über Gottfried Keller.

Diese schwierigen, doch glücklich ausgegangenen Entstehungsgeschichten, die fortan das Schreiben von Literatur möglich machten, haben aber nicht die *Hypochondrie* therapiert, wie Muschg doch hätte hoffen dürfen. Und hier wird es nun wirklich dunkel – erhebt sich ein dunkler Verdacht: Eine – wie auch immer beschaffene – *Schuld* oder Schuldigkeit liegt seiner Kunst zugrunde, aber der Künstler *will* ihre Beschaffenheit auch gar nicht kennen: *Da liegt denn der Verdacht mehr als nahe, daß dieses Unwissen unentbehrlich, daß es ein Werk gezielter Verdrängung ist oder wird – weil die Quelle der Produktivität nur als dunkle weiterfließt und ausdrucksfähig bleibt. Wer diesen Konflikt zum Schreib-Beruf gemacht hat, wird um dieses Unwissen besorgt bleiben, wie der Analyse-Widerstand der Künstler beweist. Er wird die Lebensbedingungen seiner Kunst im Grenzfall*

[*] LaT, S. 123.

gegen den eigenen Lebenswunsch schützen. * So musste sich ja auch Hermann Burger entscheiden, und zwar in äußerster Konsequenz. Er hat mit den Wörtern *sein Selbst verjuxt* und sich in der Folge umgebracht.

Nein, Literatur ist keine Therapie! Aber wozu dann der ganze Erklärungs- und Verstehensaufwand Muschgs, die genaue Schilderung des eigenen narzisstischen Fallbeispiels nach Miller und Kohut, die Geschichte seiner Krebsverdächte, der Versuch, den Künstler (und damit sich) als gesellschaftlichen Seismographen hinzustellen –? Hat Muschg einen dauerhaften Gewinn davon? Nun, es ist nicht der Gewinn einer geglückten Psychoanalyse – da hätte sich etwas in ihm verändert. Aber, er verfügt jetzt über ein psychologisches Selbstbild für die Außenwelt, an dem er nun genau erkennbar ist. Wiedererkannt finden sich auch Kritiker, Autoren und Leser darin als in einer *Poetik der Gegenwart*.

Die schönste und paradoxeste Leistung von Muschgs ingeniösem Essay aber liegt in seiner semantischen Gestalt: Sie bildet den enormen intellektuellen Aufwand des Essayisten Muschg ab, mit dem er den Künstler Muschg interessant und fruchtbar im notwendigen Unwissen über sich selbst hält.

Zum Schluss: An einem bestimmten Punkt kündigt Muschg Alice Miller die Gefolgschaft: Als er nämlich feststellt, dass sich ihr Modell *an keinem Autor so gut demonstrieren lässt wie an Hermann Hesse – den ich schätze, dessen ästhetische Beweiskraft ich aber beim besten Willen nicht zu überschätzen vermag. Bei ihm mag man zur Not zugeben, daß die Geschichte seiner «Begabung» glücklicher hätte ablaufen können, ohne Verlust für das Werk [...]. Aber bei Beckett oder Thomas Bernhard?* ** Nein, in die künstlerische Hesse-Nachfolge möchte kein begabtes Kind, da nimmt es doch lieber das Unglück auf sich.

* LaT, S. 84.
** LaT, S. 115.

Konservatismus und Zeitgeist:
Das Zürcher Thomas-Mann-Archiv

Ein Jahr nach dem Tode Thomas Manns, im August 1956, schloss seine Familie mit der ETH – der Eidgenössischen Technischen Hochschule – einen Schenkungsvertrag. Das war der Dank für eine ungewöhnliche Auszeichnung, die Mann mit großer Befriedigung entgegengenommen hatte: die Verleihung des naturwissenschaftlichen Doktors der ETH. Sie erhielt nun seinen gesamten literarischen Nachlass und richtete ein Forschungsarchiv ein. Mit einem ökonomischen Seitenaspekt der Schenkung fand sie sich bald generös ab: Der Unterhalt der neuen Forschungsstätte kam sie teuer zu stehen. So brachte die ETH ab 1962 das Archiv im Haus am Oberen Schönenberg unter, einem Patrizierbau aus dem frühen achtzehnten Jahrhundert – hier hatte der Literaturmäzen Johann Jakob Bodmer Klopstock, Wieland und den jungen Goethe zu Gast gehabt. Im zweiten Stock mit Blick auf Altstadt und See wurde Thomas Manns Arbeitszimmer nachgestellt. Ging man die knarrende Treppe hinauf, passierte man an den Wänden Fotos und Gemälde – Kindheits- und Jugendbilder Thomas und Katia Manns.

Am Ende dieser Treppengalerie, neben dem Eingang, aber hing eine Fotokopie, die in den Sechzigerjahren bei Besuchern noch für starke Irritation sorgte. Es war ein Artikel aus Meyers Konversationslexikon von 1897 über den Typhus, die Krankheit, an der Hanno Buddenbrook stirbt: *Mit dem Typhus ist es folgendermaßen bestellt* – die berühmte Schilderung von Hannos Krankheit hatte jeder Besucher im Kopf und sah nun sofort, dass Thomas Mann sie bei Meyer *abgeschrieben* hatte. Drinnen, im Archiv, benutzte man schon einen respektvolleren Ausdruck für Manns Abschreiben und nannte es die *Technik der Montage*. Er hatte eben fremde Textstücke in den eigenen Text einmontiert, das war erlaubt. Aber irritierend war es doch.

Konservator des Archivs – im Nebenamt – war der Literaturprofessor Hans Wysling (1926–1995) von der Universität. Er hatte die klassische Zürcher Bildungslaufbahn absolviert: Geboren in Stäfa (an der *Goldküste* also, und zwar in einem der *richtigen* Häuser), Maturität A am Literargymnasium (wie später Muschg), Promotion bei Emil Staiger (wie Muschg), Deutschlehrer am Realgymnasium Zürichberg (wie später auch Muschg), Habilitation an der ETH bei Karl Schmid (wie, jedoch komplizierter, später auch Muschg). Nicht nur die akademische, auch seine Militärlaufbahn konnte sich sehen lassen – als ich ihn kennenlernte, war er schon Major (er wurde noch Stabschef einer Division). In der Zürcher *Gesellschaft* kannte man ihn, er spielte eine Rolle in der angesehenen *Zunft zur Schiffleuten* (Leitspruch: *Auf Wellen und vor Anker treu)*, die bei Traditionsfesten wie dem *Sechseläuten* oder dem *Schifferstechen* auf der Limmat besonders hervortrat. Auch hat er – in historischem Kostüm, nach einem Vorbild von 1456 – tatkräftig mitgeholfen, einen heißen Zürcher Hirsebrei auf dem Rhein nach Straßburg zu schiffen, wo man ihn noch warm verzehren konnte. Hans Wysling war ein *währschafter* Zürcher Konservativer. Im Übrigen: Humorvoll und witzig, mit viel Talent zur Freundschaft.

Und eigentlich der richtige Mann, mit Kunstsinn und Respekt den Nachlass einer Literaturgröße zu hegen und zu pflegen. In der Germanistik lebten damals noch kräftige Reste der Genieverehrung des 18. Jahrhunderts – gerade der Zürcher Germanist Staiger beförderte sie – und umgaben das literarische Kunstwerk mit einer immateriellen Aura. Einer der genieästhetischen Glaubenssätze besagte, dass ein Text nach einer bestimmten *Entelechie* – einer verborgenen inneren Zielsetzung – im Schreibenden *organisch* wachse. Zwischen Entelechie und dem schließlich gedruckten Buch fungierte der

Dichter dann als eine Art geweihter Zwischenwirt. Natürlich regte sich demgegenüber bei manchem auch Skepsis, hatte nicht beispielsweise Gottfried Benn behauptet, ein Gedicht *entstehe* nicht, sondern sei kalkuliert, es werde *gemacht* –? Ein praktikables Gegendogma zur Genieästhetik entstand daraus aber nicht – es wäre auch zum gefährlichen Stolperstein für das wissenschaftliche Ansehen und die Karriere geworden.

Tatsächlich reifte im Archiv aber bald die Erkenntnis, dass man mit Thomas Manns Nachlass einen solchen Stolperstein beherbergte. Die Nachlassmaterialien boten das Bild einer Schreibwerkstatt, die sich vom Arbeitszimmer eines Stubengelehrten kaum unterschied: Zu einigen Romanen, beispielsweise, gab es Handapparate voller Fachliteratur, Mappen mit Exzerpt- und Bildersammlungen, Zeitungsartikel, Wort- und Begriffslisten ... Zeugnisse eines schier pedantischen Fleißes. Wo aber war da noch Raum für Inspiration und Entelechie? Wo blieb der *Geist der Dichtung*? Hier lag das erhebliche Risiko eines Umgangs mit dem Nachlass: Man konnte ihn – in den Augen der Fachkollegen – überbewerten und war dann ein geistfremder Positivist. Hans Wysling hat dann dieses Risiko auf sich genommen und bekam es immer wieder mit Kritik und Häme zu tun. Der polemischen Parole vom *Zürcher Positivismus* gegenüber berief er sich dann auf das tradierte Philologenethos. (Heute gehört, dafür schuf Wysling die Voraussetzung, das Werk Thomas Manns zu den besterforschten der Weltliteratur.)

Man konnte im Zürcher Archiv Thomas Manns Arbeitsweise rekonstruieren. Ich kam 1962 für ein Jahr dazu und unternahm das für die Josephsromane – es sollte meine Dissertation werden. Mühsam tastete ich mich durch das sehr unterschiedliche Material zu den Romanen und kam eigentlich nur dann weiter, wenn ich mir vorstellte, ich sei Thomas Mann und schriebe. Was würde ich lesen wollen, welche Denklinien verfolgen? Natürlich war das Blasphemie und, schlimmer noch, es war *Psychologie*. Psychologie war für die vorherrschend text-immanente Literaturbetrachtung eine Afterdisziplin, die das Seelenleben eines Autors mit seiner Dichtung verwechselte. Hundert Meter vom Archiv entfernt, drüben in der Universität, stand Emil Staiger und dozierte psychologiefeindliche *Stilkritik*. Als ich Hans Wysling aber doch vorsichtig mitteilte, ich betriebe eine Art privater Thomas-Mann-Psychologie, stellte sich heraus, das er das auch schon lange tat. Ein gutes Gewissen hatte er dabei aber nicht.

Das änderte sich durch die Psychoanalyse. Thomas Mann hatte sie früh entdeckt und dann zum Josephsroman systematisch studiert – wer sich mit ihm befasste, musste sie eigentlich auch gut kennen. Ins deutsche öffentliche Bewusstsein war sie Anfang der Sechzigerjahre noch nicht zurückgekehrt, schon gar nicht an die Universitäten. Ich hatte mir die Psychoanalyse im badischen Freiburg angeeignet, wo die einzige zugängliche Werkausgabe Freuds in der Psychiatrie stand. Immerhin kannte ich sie, als ich nach Zürich kam, Hans Wysling aber noch nicht – auf einem konservativen Zürcher Bildungsweg musste man ihr nicht begegnen. Doch nun studierte er Freud, allerdings, wie er glaubte, nur aus historischen Gründen. Das war sein zweites fachliches Risiko, das er einging. Irgendwann merkte ich später in unseren Gesprächen, dass er mit der Psychoanalyse auch persönlich einverstanden war. Vieles bei Thomas Mann erschloss sich ihm nun von Freud her – und erschloss ihm jetzt auch die eigene Lebenspraxis. Allerdings ging er mit dieser Tatsache diskret um, denn damit stand er bei Freunden und Fachkollegen oft allein.

Wysling nahm meine Dissertation über Mythos und Psychologie bei Thomas Mann in seine anspruchsvolle *Studien*-Reihe auf, und wir blieben fortan im Austausch. Der ging meist über Thomas Mann, aber nicht antiquarisch: Wir beide hatten gemerkt, dass man bei ihm viel über das aktive Schreiben von Literatur lernen konnte. Was war das für ein Prozess, und wie lief der ab? Vermutlich verbargen wir dabei voreinander – verschämte Zwerge auf den Schultern des Riesen –, dass wir selbst gern *schreiben* würden. 1976 wiesen wir einander, die Briefe überschnitten sich, dringend auf eine Buchneuerscheinung hin: Es handelte sich um Heinz Kohuts große Monographie über narzisstische Persönlichkeitsstörungen*. Tatsächlich erschien in dem Persönlichkeitstypus, den Kohut vorstellte, vieles von dem, was uns an Mann unerklärlich oder irritierend war: die schier zwanghaften literarischen Erhöhungsphantasien, die seine Werke ja auch waren (von der *Königlichen Hoheit* bis zum großen Papst Gregorius), die Gefühlskälte, die Egozentrik, seine Ich-Schwäche …

Es gab Bedarf für Kohuts Deutungsangebote noch aus einem zweiten Grund: Der erste Band von Thomas Manns Tagebüchern (1933–1934) war gerade im Druck. (Diese Tagebücher würden unser Thomas-Mann-Bild völlig verändern.) Verstörendes fand sich darin und musste doch verstanden werden. Wie etwa der Tagebucheintrag am 10. April 1933, zehn Wochen nach der Machtergreifung Hitlers: *Die Juden … Daß die übermütige und vergiftende Nietzsche-Vermauschelung Kerr's ausgeschlossen ist, ist am Ende kein Unglück, auch die Entjudung der Justiz am Ende nicht.* Woher diese erbarmungslose Härte? Bei Kohut konnte man dazu finden: So sieht die narzisstische Reaktion auf eine *narzisstische Kränkung* aus – diese ist unauslöschlich und zeitigt ein maßloses Rachebedürfnis. Der Kritiker Alfred Kerr war einer der bösartigsten Verfolger Thomas Manns gewesen, mit ständigen Anspielungen auf seine Homosexualität. Die Tiefe der persönlichen Kränkung bewirkt hier den ungehemmten Übergriff auf Kerrs Juden-

---

* Heinz Kohut: *Narzißmus. Eine Theorie der psychoanalytischen Behandlung narzißtischer Persönlichkeitsstörungen*, Frankfurt am Main: Suhrkamp 1976. Es war diese Taschenbuchausgabe, mit der Kohuts Konzept bekannt wurde.

tum. Gemildert werden Manns Worte dadurch nicht, es mindert sich aber die Ratlosigkeit des Lesers. Er kann jetzt besser verstehen. Kurzum: Die neue Narzissmus-Theorie ermöglichte ein wesentlich angemesseneres und auch gerechteres Verständnis Thomas Manns und löste die Germanistenprojektionen auf ihn ab.

Das geschah aber gegen bedeutende Widerstände bei den Thomas-Mann-Forschern. Die schlichteste Abwehrformel, in der sich fast alle trafen, hieß: Die Epigonen der Narzissmus-Theorie versuchten, Manns Kunst zu erklären und psychologisch zu verkleinern. In solches Licht wollte Hans Wysling ja nun nicht geraten und wurde recht vorsichtig. Aber er schrieb energisch an einem Buch. Ich hatte mittlerweile viel mit Walter Kempowski zu tun, er ließ sich oft und lange interviewen und übergab mir seine Tagebücher. In einer Monografie über ihn konnte ich das Narzissmus-Konzept recht sinnvoll einsetzen, und Walter Kempowski war völlig einverstanden.* Bestärkt, wandte ich mich wieder der Thomas-Mann-Forschung zu. Jedenfalls – ich arbeitete schließlich an einer *linken* Uni –, war ich bald mit den gesellschaftskritischen Aspekten der Narzissmus-Lehre bekannt – mit den Arbeiten Christopher Laschs, Alice Millers, Thomas Ziehes und was jetzt dazu aus dem Boden schoss.

Hans Wysling interessierte sich dafür nicht. Er beschränkte sich auf die Literatur, und im Übrigen schrieb er an einem Thomas-Mann-Buch. Für mich ist es heute eine reizvolle Vorstellung: Zwei der wichtigsten Werke zum Thema Literatur und Narzissmus entstanden fast im selben Jahr in Zürich – Adolf Muschgs *Literatur als Therapie?* (1981) und Hans Wyslings *Narzissmus und illusionäre Existenzform* (1982). Sie entstanden an den zwei oppositionellen Ufern des Zürichsees – Wysling

---

* Manfred Dierks: Autor-Text-Leser: Walter Kempowski, München: Francke 1981.

schrieb seins in Uetikon an der *Goldküste* und Muschg das seine drüben am klammen *Schnupfenufer*. Doch gibt es denn einen uferspezifischen Unterschied zwischen beiden? Ich kann ihn nicht sehen. Ihr Erkenntnisgewinn steht jedenfalls auf derselben Höhe. Muschg hat eine repräsentative Zeitpoetik verfasst, Wysling – durchaus aus dem Geist derselben Zeit, aber von einem anderen Ort – ein dauerhaftes Bild Thomas Manns.

Hans Wysling blieb – auch nach der heutigen Sitzverteilung – ein Konservativer. Mit dem gesellschaftlichen Auftrag von Literatur war er nicht einverstanden. Jeden politischen Aktionismus kritisierte er. Dabei war er fasziniert von der Schweizer Gegenwartsliteratur und hielt so gründliche wie einfühlsame Vorlesungen darüber.* Er hat viel für ein besseres Verständnis von Hans Boesch getan oder auch für das Werk E. Y. Meyers. Öfter hat Hermann Burger in seinen Veranstaltungen vorgelesen – einmal fuhr das ganze Seminar im Postauto nach Schiltwald, wo Burger aus seinem Roman *Schilten* las, der dort spielt. Auch für die Gegenwartsliteratur setzte Wysling die Narzissmus-Theorie ein, seinen Aufsätzen über Frisch (*Narzissmus und Intellektualität*) und Dürrenmatt (*Protestantismus und Narzissmus*) ist kaum zu widersprechen. Doch viel persönliche Nähe zur politisierten Literaturszene hatte er nicht. Die – vermutlich notwendige – Mischung aus echter Empörung und gesinnungskonformer Selbstüberredung, die solche Szenen antreibt, verstand er nicht. Wer wie er proklamierte, Schriftsteller sollten schreiben und nicht *unter*schreiben – Aufrufe, Manifeste nämlich –, fiel aus dem Konsens.

---

* Hans Wysling: *Zur Situation des Schriftstellers in der Gegenwart*, Bern und München: Francke 1974; Ders.: *Streifzüge. Literatur aus der deutschen Schweiz 1945–1991*, hg. und eingeleitet von Hans-Rudolf Schärer und Jean-Pierre Bünter, Zürich: Schulthess 1996.

Muschg hat in dem Jahrzehnt, das dem Auslaufen der 68er-Bewegung folgte – etwa ab 1975 – seine literarische und persönliche Statur ausgebildet. So wird er fortan öffentlich als feste Größe erscheinen. Er hat geklärt, was er leisten kann und was nicht – so ist er, beispielsweise, gesellschaftlich *engagiert*, wo etwas auf den Nägeln brennt, aber er ist kein Sozialist. Seine literarische Arbeit hat erkennbare thematische Kerne – es geht um *Leib und Leben* –, denen in immer neuen Facetten die Geschichten entspringen. Muschg hat bestimmte Konzepte, die eigene Persönlichkeit und ihre Herkunft zu verstehen – so kennt er den protestantischen Selbstzwang mit Max Weber oder das Geltenlassen von Ambivalenz im *Zen*, und beides nicht nur als Benennungen, sondern als Abbildung eigener psychischer Zustände. Sein eigentliches und hilfreichstes Selbstverständnis aber bildet er mithilfe der psychoanalytischen Narzissmus-Theorie aus.

Er gerät damit in größere kulturelle Zusammenhänge. Wie die *klassische* Psychoanalyse für lange Zeit der westlichen Moderne das erforderte Seelenmodell geliefert hatte – mit dem Akzent auf dem *Unbewussten* und dem *Ich* –, so reagiert auch ihre narzissmusorientierte Weiterentwicklung auf eine veränderte kulturelle Lage. Sie konzentriert sich auf einen neuen Befund im Ausgang der westlichen Moderne: auf ein fragiles und nicht ausbalanciertes Selbst. Nach einer Unterscheidung des französischen Soziologen Alain Ehrenberg ging es bei der *klassischen* Psychoanalyse um den ödipalen (Trieb-)*Konflikt,* derzeit aber stehe ein Selbst im Vordergrund, das sich nicht mehr im Konflikt sehe, sondern sich als *unzureichend* empfinde – defizitär gegenüber den eigenen Wünschen und gegenüber den ihm gestellten

Aufgaben.* Es sei überfordert durch die zunehmende Individualisierung von Arbeit und Leben. Grob und deutlich gesagt: Das Selbst kann das ihm neoliberal zugeschobene Maß an Selbstbestimmung nicht schultern.

Diese Einsichten kommen in Europa auf, als die *linken* Hoffnungen untergehen, also Mitte der Siebzigerjahre. Hoffnungen waren die *linken* Bewegungen in vielerlei Hinsicht gewesen – vom normalen Generationskonflikt bis hin zu überfälligen Reformen in den Humanwissenschaften –, *ein* Motiv war jedoch dabei zentral: Der Kampf für den *Fortschritt* war ich-stärkend. Hier fand das Subjekt ein sinnvolles Unterkommen. Der Wegfall dieses Unterkommens brachte bald viele neue Einzelkonzepte zur Geltung, die die Existenz eines geschlossenen Subjekts überhaupt bezweifelten – von der französischen Dekonstruktion über Lyotards Postmoderne und Lacans *imaginäres Ich* hin zu den psychoanalytischen Narzissmus-Theorien. Durch ihre Vielfalt verdeckten diese Konzepte ihre Zusammengehörigkeit. Was denn hatte der *Tod des Autors* (Barthes, Foucault) gemein mit einem Ganglienmodell des postmodernen Ich (Lyotard)?

Eine reale Grunderfahrung war ihnen gemeinsam: die Krise des modernen Subjekts. Es hat den Anschein, als ob die westliche Leitphantasie vom *autonomen Subjekt* mit den *linken* Bewegungen nach 1968 endgültig untergegangen ist. Eine Zeit lang blieb diese Einsicht noch auf intellektuelle Diskussionen beschränkt und existierte als akademisches Phantasma ohne Bodenhaftung. Schließlich aber erreichte sie die Träger der Realverhältnisse – die Allgemeinheit. Für Deutschland ist der Zeitpunkt dafür angebbar: 1998 erschien

---

* Alain Ehrenberg: *Das erschöpfte Selbst. Depression und Gesellschaft in der Gegenwart*, Frankfurt am Main: Campus 2004 (frz. 1998). – Ehrenberg setzt – bei ähnlichen Befunden – die Ich-Psychologie von Pierre Janet an die Stelle des Narzissmus.

die Übersetzung eines Werkes des amerikanischen Soziologen Richard Sennett *Der flexible Mensch. Die Kultur des neuen Kapitalismus* und erreichte breite Leserschichten, die hier diffuse eigene Erfahrungen endlich ausformuliert fanden. Der ursprüngliche Titel *The Corrosion of Charakter* – die Zersetzung der Persönlichkeit – benennt noch genauer, was Sennett beschreibt: die Auflösung von Kontinuitäten – von der zeiträumlichen Lebensgeschichte bis zu Arbeitszusammenhängen –, die einmal eine konsistente Persönlichkeit ausgemacht haben.

Die psychoanalytische Narzissmus-Theorie, auf die sich Muschg bezieht, fügt sich in diesen Zusammenhang und ist eine Antwort auf die von Sennett beschriebenen Verhältnisse im *neuen Kapitalismus*. Als Muschg sich in ihr wiedererkennt – 1979 in seinen Vorträgen über *Literatur als Therapie?* –, handelt diese Theorie noch von einer individuellen psychischen Fehlentwicklung. Wenige Jahre später versteht sie sich unter dem Namen *Selbstpsychologie* als ein zeitgenössisches Seelenmodell, das sowohl die Pathologie wie die gegenwärtige Normalität des Seelischen beschreibt. Genau diese Verallgemeinerung leistet Muschg schon in seinen Frankfurter Vorträgen (1979/81) und im Vorwort zu Fritz Zorns *Mars* (1977). Es ist die Verallgemeinerung der eigenen Verfasstheit – hier wird der scheinbare Sonderfall Muschg repräsentativ. Seine Literatur hat es ständig zu tun mit einem fragilen oder flüssigen Selbst, mit der Neigung zur Dissoziation und setzt zugleich Festigungstechniken dagegen ein: Phantasien von Ganzheit vor allem und deren textliche Entsprechung – ein haltendes Netz von Assoziationen. Erst in den jüngsten Romanen ändert sich das auf eine interessante Weise.

Das *Zeitalter des Narzissmus* und seine Konzepte vom Subjekt (wie die *Selbstpsychologie*) ist eine Grenzerscheinung. Es markiert den Übergang von der *klassischen Moderne* (1850–

1970) zur *Spät-* oder *Postmoderne.** Adolf Muschg und seine Literatur sind für diese unruhige und ungewisse Übergangsphase repräsentativ – aber auch für die Versuche, diesen Übergang zu gestalten und mit einer (bemessenen) Hoffnung auszurüsten.

Hanna Muschg beginnt zu schreiben

Ihre Kinder mochten die Geschichten, die sie für sie erfand – und um 1974 begann Hanna Muschg, sie aufzuzeichnen. Als Übersetzerin von Donald Barthelme und Grace Paley – schwierigen Autoren der amerikanischen *counter culture* – hatte sie Schreiberfahrung, aber keinen eigenen Schriftstellerehrgeiz. Das änderte sich über ihre (vorerst ungedruckt bleibenden) Kindertexte: An dem dafür reservierten wöchentlichen Schreibtag stellte sich dann irgendwann Satz für Satz und sehr langsam die Geschichte einer Zugfahrt her – gegeben als der innere Monolog einer Frau. Kein Kindertext: Der Roman *Die stehende Uhr* (1978) ist Satz für Satz eine Inspektion der geläufigen Welt und bestimmter – verfremdeter, verzogener, brüchiger – Sichtweisen auf ihre Wirklichkeit.

---

* Auf diese Einteilungen der Moderne sollte man sich einigen können, bei unterschiedlicher Theoriefüllung der Phasen. Die Moderne-Diskussion ist ja keineswegs abgeschlossen – dieser Essay folgt ihr implizit auf der Linie der *Zweiten Moderne,* wie sie Ulrich Beck entworfen hat und wie ihr andere Autoren in zentralen Feststellungen nahestehen: Christopher Lasch, Anthony Giddens, Zygmunt Bauman, Richard Sennett. Es ist auch kein Zufall, dass Thomas Mann öfter einmal in diesen Essay hereinspielt. Er hat die erste große Krise der *klassischen Moderne* um 1900 am eindringlichsten dargestellt – seine *Buddenbrooks* sind auch eine Erzählung von der Bedrohtheit des Subjekts (Thomas, Christian). Die «moderne» Nervenkrankheit *Neurasthenie,* unter der die Brüder Buddenbrook leiden, ist sozialpsychologisch eine Vorform der *narzisstischen Störung,* mit der es Muschgs Peter Albisser zu tun bekommt – wie eben auch Fritz Zorn oder die Klienten von Alice Miller.

Hanna Muschg (Hanna Johansen), um 1979

Der Erstling wurde in fast allen großen Feuilletons vorzüglich aufgenommen. Am zweiten Roman *Trocadero* (1980) machte die Kritik dann eine Beobachtung, die bis heute gilt: Eine Ich-Erzählerin erzählt nicht nur die ausgelieferte Situation einer Frau in einem *Männerpalais*, sie hat auch die Literaturstimme einer Frau: Sie verweilt beim Randständigen, bisher nicht Anerkannten, bespricht es genau und oft mit Wärme; sie hat Anerkennung im Ton für den *hilfsbereiten* Mann, ist ihm aber nicht dankbar; ihre Klangfarbe ist leise Ironie.

Der kämpferische Feminismus begann sich für Hanna Muschg zu interessieren, befand sie jedoch als zu wenig aggressiv. Im Übrigen mag auch gestört haben, dass sie eine übergreifende kulturkritische Sicht auf die auslaufende Moderne hat, die sie nicht nur aus der Lage der Frau bezieht – ähnlich wie die von ihr übersetzte Grace Paley. So stehen Hanna Muschgs Bücher weder für eine dezidiert feministische Perspektive noch für das harmlos aufmüpfige Genre *Frauenlitera-*

tur. Wohl aber dürfte stimmen, dass ihre Romane ganz überwiegend weibliche Leser haben. Ab 1987 schreibt sie sie unter einem eigenem Namen: Hanna Johansen.

1983 kehrte sie zur Kinderliteratur zurück – mit *Bruder Bär und Schwester Bär,* einer durchaus realistischen *Coming of age-*Erzählung zweier Tierkinder. Tiererzählungen dominieren ihre Kinderliteratur: Ente, Eule, Gans, Maulwurf sind die Hauptfiguren und in *Felis Felis* (1987) die Katze, geradezu das Totemtier der Schriftstellerehe mit Adolf Muschg. Johansens vielfach übersetzte und preisgekrönte Kinderbücher haben erkennbar dieselbe Autorin wie die Romane: Sie sind (mit Ausnahmen, für die sie den Wetzlarer Phantastikpreis erhielt) faktengenau und realistisch in Raum und Zeit, wenn auch oft ironisch oder komisch doppelbödig, und sie teilen sich mit kindlichen Lesern die Lust am (scheinbaren) Paradox. Didaktisch sind sie nur durch ihren Hintergrund von verlässlich recherchierten historischen oder wissenschaftlichen Tatsachen. Auf sprachliche und strukturelle Experimente verzichten sie allerdings.

In der *Kurnovelle* (1994) wird von der Ich-Erzählerin Eva das Jahr ihrer Ehekrise, der endgültigen Trennung und ihres ungewissen Neuaufbruchs erzählt. Eine stabil geglaubte Welt zerfällt, die Illusion ihres möglichen Wiederaufbaus taucht auf und geht bald wieder unter. Eva verlässt Adam, ihren Mann, und ihre drei Töchter. In einer bestimmten Beziehung greift die Novelle auf Johansens Erstling zurück: Das Leben ist fremd geworden – widersprüchlich zerfahren von vielen Eisenbahnzügen. Doch die Texte unterscheiden sich auch: Die Kurnovelle ist eine kunstvolle Komposition, die dem Katastrophenjahr eine Fassung gibt.

VIII JAPAN UND *DAS ANDERE*
Zen und Meister Eckhart

Das ausgeschlossene Dritte

Japan – seine Kultur, sein modernes Alltagsleben und *Zen*, die japanische Ausprägung des Buddhismus – ist Muschgs *Heimwehland*. Es wurde dazu, als er eben lesen konnte. Er las als Kind das Buch seiner Halbschwester Elsa *Hansi, Ume und ich*, das von der Japanreise des kleinen Schweizers Hansi mit seiner Schulfreundin Ume handelt. Da das reale Milieu von Friedrich Adolfs Zolliker Elternhaus – in dem ja auch die ältere Halbschwester aufgewachsen war – darin eine Rolle spielte, verschmolzen das fremde Land und der Ort seiner Kindheit für ihn zu *einer* Phantasie: Das ferne Japan versprach alles, was ihm in der realen Heimat fehlte – es wird Nähe gewesen sein, Geborgenheit und Freiheit von strengen Geboten. Mit den Jahren reicherte sich die Phantasie *Japan* an – weitere Inhalte kamen hinzu wie die Verheißungen des *Zen*-Buddhismus –, und Muschg nannte sie nun *ein ganzes Leben*. Das war der Name für die Sehnsucht nach Heilung und Einheit. Was Muschg zu dieser Ganzheit fehlte – und es war ja viel –, mochte in Japan auf ihn warten. Insofern war es eine Heimat – damit erklärt sich das romantische Paradox vom fremden *Heimwehland*.

Die Japan-Phantasie hatte Schubkraft und bestimmte in

manchem die Literatur und das reale Leben: *Im Sommer des Hasen*, Muschgs erster Roman (1965), mit dem er sich von der Schreibblockade befreite, spielt in Japan. Zerutt dann, der Gegenspieler des Schweizer Intellektuellen Albisser, trägt Züge eines *Zen*-Meisters; eine von Albisser erhoffte «westliche» Psychoanalyse wird von ihm umgelenkt in die Aporien des «östlichen» *Zen*. (*Albissers Grund*, 1974) 1985 verbringt Muschg vier Wochen in einem *Zen*-Kloster bei Kyoto, das auf westliche Gäste eingestellt ist. Er bekommt sein *Koan*, die lehrhafte Denkunmöglichkeit, übt das kreuzlähmende *Zazen*, eine angeblich entspannende Sitzmethode, und einmal – er ist schwer erkältet – bringt ihm der oberste Lehrmeister süßen Kuchen in die Zelle. 1986/87 verfilmt die ARD Wilfried Busers Liebesgeschichte aus dem *Sommer des Hasen* – es war ja einmal Muschgs eigene gewesen, und auf gewisse Weise wiederholt sie sich jetzt, fünfundzwanzig Jahre später: Muschg lernt Atsuko Schauwecker näher kennen, Frau eines deutschen Japanologen in Kyoto, und 1991 wird er sie heiraten. Seitdem hat er japanische Verwandte, Zugang zum normalen japanischen Alltagsleben und vor allem eine Partnerin, mit der alles Exotische zu konkreter Erfahrung wird und dabei jede Fremdheit verliert – wenn auch nicht in diesem oder jenem Fall seine absolute Unzugänglichkeit. Ab 1987 schreibt Muschg an seinem *Roten Ritter* (1993), einer Nachdichtung des mittelalterlichen *Parzivâl* Wolframs von Eschenbach – sie wird sein *Opus Magnum* und eine erste Lebenssumme. Vor allem für dies ganz erstaunliche Buch erhält er 1994 den Büchner-Preis, und als er später die drei Namen nennt, *ohne deren Träger es den Roten Ritter nicht gäbe**, sind es die dreier Zen-Meister: Suzuki Taisetzu, Hisamatsu Shin-ichi, Harrada Sekkei.

In *Eikan, du bist spät* (2005) taucht Japan dann wieder leibhaftig auf. Der Cellist Andreas Leuchter fährt in einer Le-

* Hw, S. 15.

benskrise nach Kyoto, wo auch seine geheimnisvolle Geliebte Sumi lebt, die eine gefeierte Musikerin ist. Sie hatte sich fünfzehn Jahre zuvor von ihm getrennt. Kurz vor ihrer Trennung war es ihr damals gelungen, auf dem Cello ein schwieriges Musikstück zu interpretieren, das für Leuchter mit zentralen Jugenderinnerungen verbunden ist: mit früher Freundschaft und mit der rigiden Verhärtung seines Ich. Leuchter selbst war die Interpretation nie gelungen. Als er jetzt in Kyoto diese Musik unerwartet wieder vernimmt – vollendet gespielt von einer Schülerin Sumis –, widerfährt es ihm: Er wird erleuchtet. Hat er wie der alte Mönch Eikan plötzlich den Buddha gesehen? Nun, nicht gerade den Buddha – *Satori*, die Zen-Erleuchtung, ist ihm nicht zugestoßen. Aber er hat das Äußerste erfahren, das einem westlichen Menschen zustoßen kann: Es *zerbrach, was lebenslang seine Person gewesen war. Die Maske, die sein Gesicht zusammenhielt, sprang auf, und Tauwasser drängte durch die Risse. Er fühlte es aus den Augen laufen und durch die Finger.*[*]

Im Kapitel *Zwei Berge* versucht Muschg, sich an das heranzuschreiben, was dabei in Leuchter vor sich geht: Er benutzt rein musikalische Bilder, die in die räumliche Klangvorstellung eines Berges übergehen. Dieser verdoppelt sich dann als Spiegelbild seiner selbst, worauf der eine dieser zwei Berge sich verflüssigt zu einer Riesensturzwelle, die dem brüderlichen Berg aber weiterhin entspricht. *Und Leuchter hörte es, ein für allemal: Der Berg ist die fest gewordene Welle, die Welle ist der verschwindende Berg.*[**] Jetzt ist ihm vollends aufgegangen, was es mit dem Berg auf sich hat: ER WAR AUS DEM STOFF DES AUSGESCHLOSSENEN DRITTEN.[***]

Leuchters Lebensproblem war, in seiner Persönlichkeit

---

[*] Ed, S. 245.
[**] Ed, S. 250.
[***] Ed, S 248.

etwas, das er *auch noch* ist, nicht zulassen zu können – das wäre dann nichts Widersprüchliches gewesen, sondern ein Drittes, *das Andere.* In jenem Musikstück, das er in Kyoto hört, macht er endlich die Erfahrung dieses *Anderen* – seine Identitätsmaske zerbricht, und er ist: ja, was? Benennbar ist es nicht.

Das Thema des *Eikan*-Romans ist konventionell: Ein Europäer leidet am stahlharten Gehäuse seiner Individuation und erfährt *im Osten* eine Befreiung. Das Besondere an Muschgs Kunstleistung ist aber, dass er den inneren Vorgang der Befreiung nicht nur behauptet, sondern ihn auch *darstellt.* Das geht, da er ja mit «westlichen» Mitteln arbeitet, nur in einem Prozess. Der *Zen*-Mönch Eikan – Leuchters Vorbild – wird (nach einer alten japanischen Erzählung) plötzlich und wie zufällig erleuchtet – dem Andreas Leuchter aus Zürich aber kann nur ein Bewusstseins*prozess* zustoßen. Dieser muss, soweit das überhaupt darstellbar ist, ein unbegrifflicher Vorgang sein, sonst würden sofort die «westlichen» Denkgesetze greifen. Deshalb ist das Medium hier die *Musik.* Sie ist eben nicht *das Abbild der Ideen*, sondern repräsentiert das *innere Wesen, das Ansich der Welt* unmittelbar, wie Schopenhauer gewusst hat, dessen Mystik sich immer wieder auf den Buddhismus bezieht.

So erreicht das *Eikan*-Kapitel *Die Berge* eine bedeutende Annäherung an den – «westlich» verstanden – mystischen Moment der Erleuchtung des Andreas Leuchter. Wie aber hat Muschg diesen Text geschrieben? Er ist ja – das ist gut erkennbar – Produkt einer absichtlich evozierten Vorstellung des Autors, die sich an so etwas wie Erleuchtung annähern will. Wie geht das vor sich? Ein den paradoxen *Zen*-Regeln entspringendes *Satori* scheidet aus, es wäre keine Vorstellung dazu nötig. Auch setzt es jahrelange Meditation voraus. Muschg ist schon deshalb nie auch nur in die Nähe von *Satori* gekommen. Aber natürlich ist manches über diesen Bewusstseinszustand bekannt geworden – von «östlicher» wie von «westlicher» Seite. Man kann durchaus versuchen, diesen Zustand über eine Vorstellung davon auszulösen – es wird nicht das «östliche» Original sein, das dann auftaucht, aber doch eine Annäherung. Für Muschg reichte das offenbar aus, um schreibend ein Gefühlsexperiment zu unternehmen, das nach «westlichen» Möglichkeiten in die Nähe solcher Erleuchtung gekommen ist.

Eikan, du bist spät führt deutlich vor, was Muschg von *Japan* erwarten durfte und was es ihm vorenthielt. In seiner Fremdheit war es eine Verheißung vom besseren Leben und vom anderen Denken – *Ganzheit* schien es zu versprechen und die Zulässigkeit des *ausgeschlossenen Dritten*. Japan bot einen Experimentierraum, in dem sich solche Hoffnungen bedingt erfüllten – und zwar weiterhin als «westliche» Literatur. Muschg spielt ja auch niemals den Eingeweihten. Und dass sein Held Andreas *Leuchter* heißt, ist mit Ironie zu verstehen. Hier gibt der Autor seiner Figur schon im sprechenden Namen absichtsvoll mit, was im japanischen *Zen* doch nur unerwartet und absichtslos eintreten kann: die *Erleuchtung*.

Klostergast

Die *Zen*-Klöster sind im heutigen Japan nicht mehr Zentren der Kultur, sowenig wie die Klöster in Europa. Auch ist ein Mönch, der *Zen* in seine Lebensmitte gestellt hat, durchaus dieselbe seltene Erscheinung wie bei uns ein Barfüßer in seinen Sandalen. Allerdings wird der spirituelle Kern des Buddhismus in Japans Klöstern am Leben erhalten. Und Interessenten aus den westlichen Kulturen haben durchaus Zugang. Über die Art dieses Zugangs allerdings bildete der Westen überspannte Phantasien aus, die oft nur das Bewusstsein eigenen Mangels auf *Zen* projizieren. Die wenigen Deutschen etwa, denen *Satori* widerfahren ist und die etwas daraus gemacht haben – eine Seelenlehre wie

Karlfried Dürckheim, eine Theologie wie Hugo Enomiya-Lassalle –, wurden dadurch zu unerreichbaren Vorbildern. Ein realistischer und dennoch fruchtbarer Kontakt mit der Praxis des *Zen* sieht in der Regel auch weniger anspruchsvoll aus, als es Dürckheim oder Lassalle vorgemacht haben.

Muschgs beherbergten in Kilchberg eine japanische Gaststudentin, die eine *Zen*-Vergangenheit hatte und weiterhin Beziehungen zu ihrem Meister in Kyoto pflegte. So begleitete sie ihn, den *Roshi* Sekkei Harada, auf seinen europäischen Reisen und übersetzte für ihn. Sie vermittelte Muschg schließlich einen Aufenthalt in seinem Kloster, das sich in der Küstenstadt Obama nördlich von Kyoto befindet. Im Mai 1985 fand er sich dort zu einem vierwöchigen Aufenthalt ein. Als Folge der vielen Vortragsreisen Sekkei Haradas hatte das Kloster immer wieder westliche Gäste, vor allem Amerikaner. Einige bewarben sich auch um die endgültige Aufnahme in die klösterliche Gemeinschaft. Die Klausur war für Muschg also keine Isolation, er war nicht nur auf sein mäßiges Japanisch angewiesen.

Doch für eine Grenzerfahrung war er bereit – er hoffte darauf. Schließlich trat sie auch ein, doch kaum wie erwartet. Sie war zwar Folge der «vergeblichen» Arbeit am Rätselspruch seines *Koan*, sicherlich auch Frucht des *Dokusan*, des persönlichen Gesprächs mit dem *Roshi* – vor allem aber ergab sie sich aus den wiederkehrenden Tagesbeschäftigungen: *Jeden Tag um vier Uhr aufstehen, zwei Stunden Sitzmeditation, Zazen, dann eine Stunde Saubermachen, alles vor dem ebenso eiligen wie kärglichen Frühstück: ein penibel geregelter Tagesablauf mit viel körperlicher Arbeit, die ebenfalls als Meditation zu gelten hatte.*[*] Hier liegt der Akzent: Die tägliche Routinearbeit ist schon Meditation. Und das *Zazen*, das korrekte Sitzen mit untergeschlagenen Beinen, hat beileibe nicht die Ich-auflösende Trenn-

---

* Adolf Muschg: *Aussteigen? Einsteigen!* In: *Frankfurter Rundschau* vom 24.8.1985; zitiert nach Gellner 2010, S. 132.

kraft der Ekstase – es bringt eher die wechselseitige Durch-
dringung von Leib und Geist, die Verschmelzung von Subjekt
und Objekt. Das gilt allerdings für den schon vorgerückten
Schüler, der Muschg nicht geworden ist. Denn das *Zazen* ist
sehr schmerzhaft für den Anfänger, und Muschg ist nicht weit
über diese Stufe hinausgekommen, die die Existenz mit Qual
erfüllt. Doch sein meditativer Fortschritt ist für ihn trotzdem
ausreichend gewesen.

Das ist Muschg in seinen vier Klosterwochen zugefallen:
Im Wesentlichen erlebte er eine Nivellierung seiner Welt-
erfahrung, die die unterschiedlichen Dinge und Bedürfnisse
jetzt *nebeneinander* stellte. Zu dieser Nivellierung gehörte es
auch, ungelöste Widersprüche hinzunehmen: So war der Ta-
gesverlauf ritualisiert und streng einzuhalten – und doch gab
es eklatante Verstöße Einzelner gegen die Tischzeiten oder
die Ausgangsregeln, die niemanden zu kümmern schienen.
Insgesamt aber: Manchmal – oder gerade deswegen – tauchte
eine Stimmung auf, ein Existenzgefühl von etwas, *wovon in
den Religionen die Rede ist, SEIN.*[*]

*Ich habe im Kloster erlebt, dass Leben mit sich eins sein kann, und
mit seinem scheinbaren Gegenteil, dem Tod; und dass es, wenn alles
gleich gültig ist, nichts Gleichgültiges mehr gibt. Das ist etwas mehr,
als ich bisher in der Politik oder in der Literatur, im Gespräch oder in
der Liebe gelernt habe. Ist dazu ein Leben im Zen-Kloster nötig? Bei
mir war es nötig: als Erfahrung, daß das Selbstverständliche schwer
ist, aber möglich. «Der gleiche Wind weht überall», steht auf der Kal-
ligrafie, die mir der Meister mitgegeben hat. Ja, wenn wir nur die
Nase haben, um die wir uns diesen Wind wehen lassen können: dann
besteht die erste kleine Erleuchtung vielleicht darin, ihn vom eigenen
Atem nicht mehr zu unterscheiden. Ein innerliches Geschäft? Ganz
im Gegenteil. Und dann: warum eigentlich «im Gegenteil»?*[**]

---

[*] a. a. O., S. 131.
[**] a. a. O., S. 134.

Diese *erste kleine Erleuchtung* wäre dann von derselben Beschaffenheit wie die des Andreas Leuchter im *Eikan*-Roman:
nämlich AUS DEM STOFF DES AUSGESCHLOSSENEN DRIT-
TEN, der die Gegensätze nicht kennt.

Japan und die deutsche Mystik

Seit seinem ersten Japanaufenthalt hat Muschg Annäherungen
an das *Zen* versucht – man kann das heute einen gelungenen
west-östlichen Brückenschlag* nennen. Verbindungsglieder sind
bestimmte Entsprechungen in der Mystik von Ost und West –
Muschg beruft sich auf Angelus Silesius und vor allem auf
Meister Eckhart (1260–1328), den ketzerischen Theologen ohne
personalen Gott. Aus biographischer Sicht kann man fragen:
Wie hat er denn diese Mystiker gelesen? Nicht als Philologe
sicherlich, auch nicht streng als Philosoph. Es war eine sprach-
nahe Rezeption (wie bei seiner Lektüre der Psychoanalyse).
Schon die Dissertation über Barlach gewinnt die besten Einsichten an dessen mystiknaher Bildersprache. Muschg ist
Schriftsteller, seine Begriffe und seine Erschütterungen begegnen ihm selbst schon in Wortgestalt. Wenn ihm im Kloster
aufgegangen ist, dass der *Wind,* wie er überall weht, sich nicht
von unserem *eigenen Atem* unterscheidet, Welt und Ich eins
sind, kann er dazu ein ähnliches Sprachbild bei Meister Eckhart erinnern: den *grunt.* Das *Durchbrechen* des Ich in die
namenlose Gottheit und damit das Zusammentreten beider
bedeutet, dass es jetzt für immer seinen *grunt* – seinen Grund
und Boden – gefunden hat. Das ergibt auch einen neuen
Unterton für einen Romantitel Muschgs: für *Albissers Grund.*
Albisser will zu sich selbst *durchbrechen* und belagert damit

---

* So Christoph Gellner in seiner profunden philosophisch-
theologischen Rekonstruktion.

Zerutt, den verkappten *Zen*-Meister, versteht aber dessen paradoxe Angebote nicht. So verfehlt er seinen *grunt*.

Man wird Muschg nicht auf ein Mystikstudium festlegen können, nicht auf ein religiöses Eindringen in diese Sphäre. Was er ihr verdankt, sind eher Denkbilder, Grundgefühle, Stimmungen und Sehnsüchte, die sich mit festen Wortvorstellungen verbinden, mit wiederkehrenden Zitaten vor allem. Zum Beispiel: *Auf dass der Mensch lerne mitwirken mit seinem Gott!* Das ist ein Satz von Meister Eckhart über die Wirkeinheit von Mensch und Gott – vom aktiven Mitmachen des Menschen in der Welt Gottes.* Dies Zitat durchquert Muschgs Werk. Noch der verfolgte und gebrannte Jude im *Roten Ritter* weiß standhaft: *Kümmere dich nicht darum, ob Er dir beistehe, sondern steh bei ihm.*

Die Vertrautheit mit Meister Eckhart stammt allerdings aus einer *mystischen Phase, die ein bißchen geborgt war* – von der eigenen Familie geborgt nämlich, besonders vom Halbbruder Walter, dem Professor in Basel. In der radikalfrommen Tradition des Zürcher Oberlandes, in der noch der gemeinsame Vater erzogen worden war, lebte ja die Anekdote, dass *der Böhm* immer noch *jeden Tag* ins Haus komme – der volkstümliche Mystiker Jakob Böhme also. Walter Muschg erinnert diese Überlieferung und schreibt: *Böhmes Bücher standen, zusammen mit denen des Thomas a Kempis, in der reformierten Schweiz auf dem Brett der Bürger- und Bauernstuben.*** Das steht in Walter Muschgs bedeutender Monografie über *Die Mystik in der Schweiz* (1935), die mit einer Grundsatzerklärung beginnt: *Religion ist Wissen von der Tiefe des Seins.* Hier lässt sich immer

---

* Nach Gellner 2010, S. 93 f. – Das Eckhart-Zitat findet sich schon in der Druckfassung der Barlach-Dissertation (S. 23), und Muschg beschließt damit auch – in Barlachs Ausformung – effektvoll diese Arbeit (S. 52).

** Walter Muschg: *Die Mystik in der Schweiz. 1200–1500*, Frauenfeld und Leipzig: Huber 1935, S. 382.

noch der Protest Walters gegen den väterlichen Schriftglauben mit seinem personalen Gott heraushören. Friedrich Adolf schließt sich später an: Eine Erleuchtung sei ihm im Kloster nicht widerfahren, doch begegnet sei ihm *das, wovon in den Religionen die Rede ist, SEIN.*[*]

Muschg hat das Buch des Halbbruders immer wieder einmal befragt – das Eckhart-Kapitel etwa nährte seine *mystische Phase* um 1961, als er Deutschlehrer war und an der Volkshochschule unterrichtete. Meister Eckhart ist bei japanischen *Zen*-Lehrern gut bekannt, sein eigenschaftsloser Gott und seine Vereinigungsidee von Selbst und Welt (*Leer*-Werden) kommen ihrer Lehre am nächsten. Muschg hat deshalb viel Publikum, als er im November 1963 im Deutschen Kulturinstitut in Tokio einen Vortrag hält: *Der Weg bei Meister Eckhart.*[**] Gemeint ist einmal der Lebensweg des Thüringer Dominikaners über Erfurt, Köln nach Avignon – und auf ihm seine wichtigste Leistung: die Begründung einer sakralen deutschen Prosa. Dann beschreibt Muschg Eckharts zweiten, den mystischen Weg zu Gott (in den *grunt*) und zurück in die Welt (auf den *Marktplatz*). Die Darstellung schmiegt sich an Eckharts Gedanken- und Gefühlsbilder an und erläutert sie auch manchmal mit großer Einlässlichkeit. Es handelt sich um die Erkundung eines seelischen Erfahrungsraums – ist aber kein eigener Nachvollzug!

Das gilt auch für die Annäherung an *Zen* von Meister Eckhart her. Man stellt sich das gern vor als Übersprung aus der einen in die andere Sphäre. Tatsächlich ist dieser Übersprung aber gar nicht möglich. Was aber wirklich mit Eckharts mystischen Mitteln gewonnen werden kann, ist ein leichterer Zugang zu *Zen*, eine Art Propädeutik. Muschg beschreibt im

[*] Muschg bei Gellner 2010, S. 131.
[**] Wichtigste Textabschnitte und Analyse bei Gellner 2010, S. 87–94.

217

Laufe seiner Japanerkundungen *Zen* immer feiner als einen seelischen Erfahrungsraum, in den er Streifzüge unternimmt. Was er zurückbringt, sind *Erfahrungsbrocken*, eine kleine, doch begründete *Hoffnung* auf ein neues Verhältnis zur Welt und ihren Dingen – nicht das Verhältnis selbst. Ein solcher *Erfahrungsbrocken* ist beispielsweise: ein Gefühl zu bekommen für den *Eigen-Sinn der Dinge*.

Man lese den kleinen Versuch Muschgs *Vom Li der Dinge oder: Wie leben wir eigentlich?* (1988) Darin steht ein Satz über die Oberfläche von Material, von Holz etwa. Das Chinesische habe ein Wort dafür: *Li ist die Fähigkeit eines Materials zur Reife.* Man könne das aus dieser Holzoberfläche erspüren, wenn man auch keinen Nutzen davon hat. Manchen mag das anmuten wie esoterischer Tiefenschwindel – eine überflüssige Spreizung der Wahrnehmung. Tatsächlich aber gehört solche – methodisch betriebene – Aufmerksamkeit für die Beschaffenheit der Dinge heute in eine ernst zu nehmende Kritik der *Moderne*. Es geht dieser Kritik um die Autonomie der Dinge, ihre Unabhängigkeit vom interpretierenden Geist des Menschen. Sigmund Freuds Begriff des *Animismus* – Weltbeherrschung durch die Allmacht der menschlichen Gedanken – wird in dieser neuen Sicht umformuliert zu einem symmetrischen Verhältnis der Weltbeteiligten zueinander.[*]

---

[*] Hierzu 2012 die Berliner Ausstellung *Animismus* im *Haus der Kulturen der Welt*, dann Irene Albers, Anselm Franke (Hg): *Animismus. Revisionen der Moderne*, Zürich: diaphanes 2012 und Bruno Latour: *Wir sind nie modern gewesen. Versuch einer symmetrischen Anthropologie*, Frankfurt am Main: Suhrkamp 2008.

Transzendenz und Mystik:
«Das Licht und der Schlüssel»

Der Roman *Das Licht und der Schlüssel* (1984) ist eine Fortsetzung der Poetik von 1981 *Literatur als Therapie?* und zwar in einem geradezu vermessenen Sinne. Muschg nimmt sich den literarischen *Salto Mortale* vor: Er will seine Poetik als Roman erzählen. Das Erkenntnismittel dieser Poetik war die Psychoanalyse gewesen. Die Poetik fragte: Kann Literatur heil machen? Wie verhält sich die Kunst zum Leben? Lebt sie denn selber? Wie ist ein Autor beschaffen – ist er eine umrissene Person? Oder von fragwürdiger Identität?

Solche Fragen als eine Geschichte zu *erzählen*, läuft ein Risiko – man landet rasch bei einem allegorischen Puppentheater: Diese Figur stellt die Kunst dar, jene Figur das Leben, und die dort im fernen Dunkel, ungreifbar und mächtig, das ist wohl der Autor. Als solche Großallegorie kann man *Das Licht und der Schlüssel* in der Tat lesen und durchaus mit Gewinn – Muschg ist viel Gutes dazu eingefallen. Doch er hat mehr gewagt: ein Spiel mit der Transzendenz.

Der erste Teil des Romans erzählt das Fundament der Geschichte: Sie spielt in Amsterdam. In der Herengracht 1001, in einem Keller, lebt der Vampir Samstag. Über ihm, in der Beletage, wohnt Mona, eine ehemalige Stewardess, die eine bösartige Autoimmunkrankheit hat. Das alte Patrizierhaus am Kanal gehört übrigens Rulman Merswin Gezaghebber, einem unermesslich reichen Tabakmogul, der mit dem Vampir einen besonderen Vertrag geschlossen hat.

Zwischen Mona und dem Vampir hat sich ein magisches Verhältnis hergestellt. Die Todkranke liegt in ihrem Salon auf einem Sofa, und der Vampir erzählt ihr Geschichten – solange er erzählt, wird sie nicht sterben. Und er hat ja einiges zu berichten, etwa, wie er frustrierte Arztgattinnen therapiert:

Er saugt sie. Sie halten ihm bereitwillig die Halsschlagader entgegen, er beißt zu und nährt sich. Den Blutspenderinnen ist danach auch viel wohler. Der Vampir Samstag heißt mit Vornamen Constantin und ist einäugig. Sein Vertrag mit dem vollkommen blinden Gezaghebber besagt nun das Folgende: Samstag soll die besten drei Stilleben aus Hollands *Goldenem Zeitalter*, dem Barock, auffinden. Gezaghebber verbindet damit einen geheimen Wunsch, den der Vampir ahnt. Und erst dann darf der Vampir die Suche abbrechen, wenn sich klipp und klar herausstellt, dass ein solches Bild, wie es Gezaghebber will, gar nicht existiert – dass es nicht menschenmöglich war, es zu malen. Dann kann Samstag zu seinem Auftraggeber sagen: *Es ist eine Utopie. Es gibt kein Bild auf der Welt [...], das Sie sehend machen kann.*

Die allegorische Bühne ist nun überschaubar: Constantin Samstag kennen wir ja schon – er hieß einmal Zerutt, hat durch die Schüsse von Peter Albisser ein Auge verloren und ist Muschgs Kunstfigur. Das heißt, er ist (auch) ein Sinnbild der Kunst, ist beschaffen wie sie: untot, nur scheinlebendig. Für die Aufgabe, Mijnheer Gezaghebber ein Stilleben (*nature morte*) zu besorgen, ist er deshalb genau der Richtige. Und Mijnheer Gezaghebber, der das unbedingte Sagen hat im Spiel und dem alles gehört, der ist der Tod. Im Übrigen gibt der Vampir auch eine allegorische Antwort auf die Frage, ob Kunst Therapie sein kann: Wunder vermag sie nicht, Gezaghebber bleibt blind. Aber sie stärkt das Leben – Mona wird wieder gesund, Erzählen kräftigt eben den Lebenswillen.

Man kann den Roman in dieser allegorischen Textebene befriedigend lesen, sie verlangt ja kein naives Einverständnis, sondern ironisches Mitmachen. Muschgs Erfindungen zum Thema *Kunst und Leben* sind geistreich und witzig genug. Doch er hat mehr vor, das wird noch ersichtlich. Dazu hat es Sinn, den biographischen Hintergrund des allegorischen Roman-Spiels heraufzurufen – er liegt in der Zeit der Dissertation über Barlach und in der *mystischen Phase* (die Jahre um 1961), die sich daran anschloss.

Damals hatte sich am Beispiel des Bildhauers und Dramatikers Ernst Barlach ein Grundverhältnis zur Kunst ausgebildet: Psychologisch stellte Muschg in Barlachs Werk einen thematischen Kern fest – das konkret biographische Vater-Sohn-Verhältnis. Dieses überhöhte sich Barlach zum *Mysterium*, in dem nun der Vater als Gott erschien. Und dem *Mysterium* wiederum entsprangen bei Barlach rätselhafte, semantisch nie ganz aufklärbare Aussagen – sie hingen dem konkreten Bedeutungskern an als sein ungreifbarer Schatten. Muschg nannte sie *das Andere*. Der Weg zu ihm war der mystische. Sein Medium war die Kunst.

Zu dieser Ideenkonstellation kehrt Muschg zurück, als er 1982 *Das Licht und der Schlüssel* entwirft und dazu passende Stoffe sichtet. Das Vater-Sohn-Verhältnis soll in diesem neuen Roman wieder die Zentrale bilden, und zwar in seiner Überhöhung zum *Mysterium*: Der Vater als ferner Gott. Zu diesem Plan wird Muschg auf verblüffende Weise fündig in Barlachs Leben. Barlach hatte 1930 von der Schauspielerin Tilla Durieux und ihrem Ehemann, dem Industriellen Ludwig Katzenellenbogen, einen Auftrag für deren Musiksaal erhalten. Er entwarf neun Figuren für einen *Fries der Lauschenden*: Alle neun lauschen der Musik und drücken ihre Empfindungen auf die ihnen je eigentümliche Weise aus – *Der Gläubige* mit entzücktem Staunen, *Die Begnadete* als erleuchtet, *Die Pilgerin* froh, ihr Ziel erreichend. Der Fries ist ein Sinnbild von der Macht der Kunst über die Menschen, und an seiner Ausführung lag Barlach sehr viel.

Sie rückte 1932 plötzlich in weite Ferne, als der Auftraggeber Katzenellenbogen wegen Wirtschaftsvergehen zu Gefängnis verurteilt wurde und ins Ausland flüchtete. Der Auftrag entfiel. Barlachs eigene Situation komplizierte sich ab 1934 ebenfalls, da er bei den Nationalsozialisten jetzt als *ent-*

arteter Künstler galt und die Käufer ausblieben. Da führte ihm ein Glücksfall einen neuen Mäzen zu. Der Hamburger Tabakfabrikant Hermann Fürchtegott Reemtsma richtete sich ein neues Haus ein und war dafür auf der Suche nach zeitgenössischer Kunst. Im Sommer 1934 kam er in Barlachs Atelier nach Güstrow und war bald von dem unvollendeten *Fries der Lauschenden* fasziniert. Reemtsma beauftragte Barlach mit seiner Fertigstellung.

1935 waren acht Figuren ausgearbeitet, nur über die zentrale, abschließende Figur war sich Barlach lange im Zweifel. Schließlich entschied er sich für *Der Blinde:* Er lauscht, während er sich an Stäben durchs Leben tastet, die Lider über den Augen geschlossen – doch die Kunst macht ihn innerlich sehend. Ende 1935 war der Fries vollendet, und man wählte für die Übergabe einen passenden Termin im evangelischen Kirchenjahr: Am 24. November 1935, dem *Ewigkeits-* oder *Totensonntag,* wurde der *Fries der Lauschenden* an Hermann Fürchtegott Reemtsma feierlich übergeben.

Der einflussreiche Reemtsma hielt fortan aus der Ferne die Hand über den gefährdeten Barlach, dem bald von den Nazis auch Ausstellungsverbot erteilt wurde. Als er 1938 starb, kümmerte sich Reemtsma um seinen Nachlass. Nach dem Kriege gründete er in Hamburg das Ernst-Barlach-Haus. Sein größtes Verdienst allerdings lag darin, nach 1945 für Barlachs Werk zu werben und es ein zweites Mal durchzusetzen. Darin hatte er einen bedeutenden Helfer: Walter Muschg. Muschgs *Großer Bruder* versuchte, die von den Nazis verfemten Expressionisten wieder ins Recht zu setzen – neben Hans Henny Jahnn konzentrierte er sich dabei auf Barlachs Dichtungen, die er als *Mysteriendramen* verstand.

Damit ist nun für *Das Licht und der Schlüssel* – Muschgs erzählte Kunst-Theorie – der Bezirk rekonstruiert, in dem der Roman mit wesentlichen Ideen und Strukturen wurzelt. Es handelt sich um biographische Verhältnisse, die immer wieder in Richtung auf Transzendenz und Mystik zeigen, ohne selber dort anzukommen. Sie mögen immer wieder den psychologischen Geschmack von Mystik annehmen, deren religiöse Qualität haben sie nicht.

Da ist das autobiographische Vater-Sohn-Verhältnis: Schon im ersten Roman Muschgs – *Im Sommer des Hasen* – taucht es auf als ein verkappter *Brief an den Vater*: Bischof schreibt den gesamten Romantext als Rechenschaftsbericht an den fernen Konzernlenker Manuel Inauen. Im Rang *Konzernlenker* steckt schon eine Vater-Überhöhung, die nach und nach auf die konkrete Anspielung auf Gott hinausläuft. Dasselbe Verhältnis wird nun in *Das Licht und der Schlüssel* hergestellt: Der Vampir Samstag schreibt seine Geschichte als Briefe an den blinden Tabakmagnaten Rulman Merswin Gezaghebber, der sich verborgen hält. Dieser hat den Vampir verpflichtet, ihm ein Kunstwerk – ein Stilleben – zu liefern, das ihn wieder sehend machen kann.

Hinter dieser Konstellation taucht das reale Verhältnis von Hermann Fürchtegott Reemtsma und Ernst Barlach auf. Der Tabakmagnat will vom Bildhauer ein Kunstwerk – den *Fries der Lauschenden* –, das ein Sinnbild der Kunst überhaupt ist: Sie macht *Den Blinden* wieder sehend. An einem Totensonntag wird es Reemtsma übergeben. Das Ganze ist ein Assoziationsbündel, aus dem im Roman einiges realisiert wird: Gezaghebbers Blindheit; das von ihm gewünschte Stilleben (*nature morte*), das ihn allegorisch auch zum Tod persönlich macht, der Gewalt vom höchsten Gott hat. Ja, vielleicht ist er dieser zu fürchtende Gott sogar selbst? Es würde dem Vaterbild Muschgs entsprechen. Das alles ist in dieser Weise interpretierbar, doch letztlich bleibt es offen – es bleibt ein Spiel mit Assoziationen, Suchbewegungen in Richtung Transzendenz, die aber nicht dort ankommen.

Was aber ist mit dem mysteriösen Gespann von Vampir Samstag und Tabakkönig Gezaghebber, Rulman Merswin

Gezaghebber? Samstag schreibt ja den Romantext als Briefe an den Holländer, und in einem Nachtrag finden sich dreizehn Briefe Mijnheer Gezaghebbers an Samstag, in denen er sich über Gott, die Welt und die Kunst auslässt. Der Detektiv im Buch, van Helsing, weist aber klipp und klar nach, dass dieser Anschein gar nicht stimmt: Samstag hat die Briefe an sich selber geschrieben, Rulman Merswin gibt es gar nicht. Das ist nun das beliebte Spiel mit der Autorschaft von Literatur: Wer hat den Text verfasst? Ginge es aber nur um dieses Vexierspiel, wäre das hier nicht von Interesse. Doch es gibt noch eine andere Wahrnehmung: Der Name Rulman Merswin ist so unbekannt nicht.

Rulman Merswin hieß im Hochmittelalter ein sehr reicher Handelsmann in Straßburg, der sich, einer Vision gehorchend, zu mystischen Betrachtungen von der Welt zurückgezogen hatte. Er hatte einen heimlichen Vertrauten, den *Großen Gottesfreund,* einen Begnadeten, der im Verborgenen lebte. Dieser stand mit Rulman über geheimnisvolle Boten in Verbindung und sandte ihm durch sie auch seine mystischen Schriften. Rulman sorgte dann für ihre Verbreitung, und die Bücher des *Gottesfreundes* wurden berühmt und übten große Wirkung aus.

Leider handelt es sich bei dieser schönen Literaturanekdote um ein Märchen. Philologen des 19. Jahrhunderts wiesen nach, dass der historische Rulman Merswin die Schriften des *Gottesfreundes* selbst verfasst hatte, und auch die an ihn gerichteten Sendschreiben hatte er sich selbst geschrieben. Es ist offenkundig, dass Muschg hier in der mystischen Literatur das Modell für die fingierte Korrespondenz Vampir:Mijnheer gefunden hat: Der Vampir hat sich den Tabakmagnaten ausgedacht, ihm den Mystikernamen gegeben und dessen angebliche Briefe selbst geschrieben. Und wo genau ist Muschg auf dies Fiktionsmuster gestoßen? Im Standardwerk Walter Muschgs *Die Mystik in der Schweiz,* Kapitel *Mystik der Laien.*

Auch dieser Sachverhalt bezeugt noch einmal eine Suchbewegung im mystischen Feld. Zu vermuten: Muschg hat versucht, das Problem literarischer Autorschaft ins Transzendente zu heben – das Spiel mit der Identität eines Autors ins Metaphysische zu überhöhen, wie es etwa Thomas Mann im *Erwählten* mit dem *Geist der Erzählung* gemacht hat. Dazu hat Muschg im Buch des Bruders nach Anregung gesucht. Doch der spirituelle Aufschwung gelang nicht. Da verzichtete Muschg und blieb auf dem soliden Boden der frommen Fälschung.

IX BETRIEB UND KLAUSUR
Der Rote Ritter 1982–1994

Literaturbetrieb und schwierige Texte

In den Achtzigerjahren befestigt Muschg auf mehreren Gebieten eine herausragende Position. Als akademischer Germanist publiziert er kaum in Fachzeitschriften, doch als Vortragender – über Grimmelshausen, Goethe, Schiller, Gottfried Keller, Barlach natürlich, über Literatur und Psychoanalyse – steht er auf vielen Podien. Als Publizist ist er auch *in den Medien* erfolgreich. Über viele Jahre schreibt er Beiträge für das Hörfunkmagazin des Südwestfunks *Blick in die Zeit,* ab 1988 leitet er beim SWF eine wechselnd (so mit Sloterdijk, Höhler, Stürmer) besetzte Gesprächsrunde, den *Baden-Badener Disput* (bis 1993). Die großen Akademien nehmen ihn auf – die in Berlin, Darmstadt, Mainz, Hamburg. Zusammen mit Martin Walser, André Weckmann und anderen gibt er die *Allmende* heraus, eine Literaturzeitschrift fürs alemannische Dreiländereck. Neben seiner Lehre an der Eidgenössischen Technischen Hochschule betreibt er dort auch ein kleines Schreibseminar, in dem regelmäßig Schriftstellerkollegen zu Besuch sind. Er wird zum *Writer in Residence* berufen – so nach Los Angeles. Und natürlich erscheint in regelmäßiger Folge seine Literatur: ein Roman, Erzählbände, Essays, ein Filmdrehbuch.

Überblickt man die Reihe dieser Aktivitäten, nimmt sie sich aus wie eine durchgeplante Klettertour auf den multimedialen Parnass der Gegenwart. Tatsächlich ist sie aber eher Folge einer ungebremsten Produktivität, die sich ihre Realisierungschancen sichert, wo sie sich bieten. Im Übrigen: *ungebremst?* Zu Muschgs Produktionsverhältnissen gehört ja weiterhin das Bedürfnis nach einer Phase der Beängstigung und ansteigenden Verzweiflung, die sich dann in einer wunderbaren Katharsis zu entladen vermag: Immer wieder stellt sich die *Hypochondrie* ein und erfüllt ihre längst eingerastete Aufgabe – doch welche denn genau? Massive Krankheitsbefürchtungen begleiten Muschgs Produktion, sind aber nicht die notwendige Bedingung fürs Schreiben selbst. Sie gehören offenbar in einen umfassenderen psychologischen Kontext. Erfahrungsmäßig vorhersagbar – irgendwann hat man sie doch «durchschaut» – sind diese Kreislaufstörungen, Herzanfälle, Krebssymptome übrigens auch nicht, das behauptet nur das Lehrbuch. Sie sind hinzunehmen, von Muschg, von allen im Haus. Sie stören, verzögern, das Werk mindern sie nicht.

Ich lernte Muschg 1984 bei Walter Kempowski kennen. Kempowski betrieb damals die Fernsehsendung *Literatur im Kreyenhoop* – Kreyenhoop hieß sein großes Haus in der Heide –, in der einmal im Jahr bekannte Autoren noch unbekannte, junge vorstellten. Die von ihnen vorgelesenen Texte wurden dann von den Mentoren und einem Rudel Germanisten kritisiert. Muschg stellte Jürg Beeler vor, ein Mitglied seines Zürcher Schreibseminars (heute Schriftsteller), der beeindruckende, aber verschlossene Gedichte vortrug. Erich Fried mochte sie, Jörg Drews überhaupt nicht und Peter Turrini machten sie Angst. Muschg seinerseits fand bemerkenswert, dass Beeler neuerdings auch Prosa schrieb und das wie ein ganz anderer Autor. Ihn faszinierte dieser Absprung von der Lyrik. Später merkte ich, dass Muschg hier seine eigene Entwicklung wiederentdeckt hatte. Bis zum dreißigsten Lebensjahr gelangen ihm ja ausschließlich Gedichte. (Auch Beeler schreibt heute nur Romane.)

Jeweils am Schluss der Literaturtage drehte ich den Spieß um und führte mit einem der Mentoren ein Gespräch über eine Neuerscheinung von ihr oder ihm – und zwar nach handwerklichen Gesichtspunkten. Im Vorjahr hatte ich mit Sarah Kirsch geradezu literaturdidaktisch eines ihrer Pflanzengedichte zerlegt, sie hatte Sinn in dieser Erdung gesehen und vergnügt mitgemacht. Das war im deutschen Fernsehen neu, noch besaß die Literatur hier eine antiprofane Aura. Diesmal hatte Adolf Muschg zugesagt, mit mir über *Das Licht und der Schlüssel* zu sprechen – der Roman war gerade erschienen. Eigentlich längst bekannt mit Muschgs Schreibweise, hatte ich diesmal doch erhebliche Schwierigkeiten gehabt, mich in das Regelwerk des Buches hineinzulesen. Sein inneres Thema war die Kunst, und es unternahm etwas besonders Schwieriges: Es *handelte* nicht nur über Kunst, sondern es versuchte, die Entstehung eines Kunstwerks vor den Augen des Lesers *abzubilden*.

Dazu benötigte das Buch mehrere Erzählebenen, zwischen denen dann die verbindenden Assoziationen spielten. Es waren aber sehr viele solcher klammernden Assoziationen – unmöglich, beim ersten Lesen auf dem Laufenden zu bleiben. Und zu einer Zweitlektüre hatte ich nicht die Zeit. Da versuchte ich es mit einer «schwebenden» Leseweise, die sich nicht in die einzelnen «festen» Bedeutungen vertiefte, sondern sich mehr auf das ganze Netz von Entsprechungen und Anklängen einließ – es ergaben sich weitläufige Muster: das künstliche Leben des Vampirs Samstag und seine Erlösung, die Kunstbetrachtungen des blinden Mijnheer Gezaghebber, die falschen Originalbilder des falschen Kunstfälschers van Meegeren und schließlich die zum Leben entschlossene, kranke Mona, die durch Erzählkunst sich behaupten kann.

Zwischen diesen Mustern spielte für mich Muschgs Roman,

und ich überblickte jedenfalls seine Gesamtgestalt. Wir führten dann ein Gespräch über *Das Licht und der Schlüssel* – es war meinerseits ein wenig abgehoben und schwebte, doch falsch war es nicht. Später wurde mir auch klar, warum meine Lesetechnik funktionierte. Ich hatte sie schon lange an Thomas Manns Texten geübt – vom *Zauberberg* an sind sie ja feinste Assoziationsgewebe, etwa derart: Hans Castorps Fieberthermometer, das er im Mund hält wie eine Zigarre, ruft über das Spiel der Analogien die Gestalt der (spanischen Zigarrenarbeiterin) Carmen auf und damit das große Thema Verderben bringender Erotik und zugleich (über den Rausch des Rauchens) den Zustand der Ich-Entgrenzung am Meeresstrand. Muschgs Romane werfen ähnliche Sprachnetze aus. Das Problem bei Mann wie bei Muschg: Man erfasst sie zureichend erst beim zweiten oder sogar dritten Lesen.

Neues Leben: Atsuko Kanto

1983 las Muschg im Goethe-Institut Kyoto aus dem Erzählband *Leib und Leben*. Dabei lernte er Atsuko Schauwecker kennen, eine Mitarbeiterin des Instituts, deren deutscher Mann als Japanologe an der Universität lehrte. In seinem Haus kam auch ein Lesekreis zusammen, in dem vor kurzem Muschgs *Sommer des Hasen* behandelt worden war – an dessen japanischem Frauenbild Atsuko Schauwecker erheblich Anstoß nahm. Auf einer Party im Kyoto-Domizil der deutschen Leiterin des Goethe-Instituts Osaka setzte sie Muschg davon vehement in Kenntnis. Man schied in gegenseitigem Missvergnügen.

Als Muschg das nächste Mal nach Japan kam, hatte er drei Monate als *Writer in Residence* in Los Angeles hinter sich, die von einer lebensbedrohlichen Herzdiagnose überschattet wurden. Entsprechend aufgewühlt landete er in Osaka. Die Mitarbeiterin des Goethe-Instituts, die man zu seiner Begrüßung abgeordnet hatte, war Atsuko Schauwecker. Muschg, in elender Verfassung, machte nicht viele Worte, und man fuhr beiderseits sprachlos in seine Unterkunft, das Kyoto-Domizil der Institutsleiterin. Sie war allerdings abwesend, hatte aber ein harmlos anzügliches Begrüßungsschild hinterlassen: *Willkommen A+A.* Diese Zusammenstellung ihrer Initialen aber reichte schon, um Atsuko Schauwecker zu verärgern. Sie verabschiedete sich kurz angebunden, jedoch mit einer Feststellung von merkwürdiger Tiefsicht: *Herr Muschg, Sie sind gesund!* Tatsächlich stellte sich heraus, dass die fatale Herzdiagnose auf einer Verwechslung der Krankenakten beruhte.

Atsuko Schauwecker, geborene Kanto, stammte aus einer Ärztefamilie in Kyoto – der früh verstorbene Vater war Mediziner, der ältere Bruder und die jüngere Schwester praktizieren auch heute noch. Sie selbst, 1952 geboren, studierte an einer renommierten Tokioter Frauenuniversität Englische Literatur und heiratete dann den in Osaka lehrenden Japanologen Detlev Schauwecker. Die Fortbildung zur Bibliothekarin führte sie auch nach Deutschland, wo sie zuvor schon an den Goethe-Instituten Lüneburg und Berlin Sprachkurse besucht hatte. Nach dem Diplom übernahm sie eine Bibliothekarsstelle am Goethe-Institut Kyoto. Sie hatte mit ihrem Mann zwei Kinder.

Bei jenem zweiten Besuch Muschgs in Kyoto veränderte sich jedoch das Verhältnis zu Atsuko grundlegend. Es hatte sich eine Spannung zwischen ihnen aufgebaut – eine Mischung aus Aggression und Abwehr –, die nicht lange auszuhalten war. So schlug sie bei einem nächtlichen Spaziergang in eine unverhoffte Umarmung um, und schließlich wurde Liebe daraus. Atsuko besuchte Muschg fortan regelmäßig in seinem Kyoto-Haus und behandelte ihre überraschende und immer auch zweischneidige Liebe mit demselben Ernst, mit dem sie ihn früher angegriffen hatte. Muschg war von dieser Gefühlsmischung aus Passion und Aggression fasziniert, es war ein Kontrastprogramm zu allem, was er bisher kannte.

Noch nicht erlebt und entsprechend unterschätzt hat Muschg damals Atsukos sachliche Unbedingtheit in der Liebe: Sie nahm seine *schönen Sätze* beim Wort und verpflichtete ihn darauf. Ihre Person gewann dadurch ein absolutes Gewicht, das er später einmal in ein drastisch überzeichnetes, jedoch gefühlswahres Bild fasst: Die Kalmückin Yalukha – im Roman *Sutters Glück* (2001) – erschlägt ihren Mann mit der Axt, als er den Ernst ihrer Liebe zu einem anderen Mann nicht wahrhaben will. Es geht ihr um den Rang ihres Gefühls.

Wieder in Europa, begann Muschg von Brief zu Brief, in die Rolle hineinzuwachsen, die er sich in Kyoto zugetraut hatte. Atsuko schuf Tatsachen. Sie trennte sich von ihrem Mann und nahm ihre kleinen Kinder mit – kündigte ihre Stelle, verließ auch die internationale Schule, an deren Aufbau sie beteiligt gewesen war, und ließ es zum Bruch mit ihrer angestammten Gesellschaft kommen. 1988 traf sie mit den Kindern in Berlin ein, wo sich Muschg als Fellow des Wissenschaftskollegs aufhielt. Man bezog gemeinsam eine Familienwohnung des Kollegs. Ein irreversibler Beschluss zum Zusammenleben war damit noch nicht gefasst – die Fassade des Provisoriums wurde noch aufrechterhalten.

Das auch noch in der Schweiz. Man zog gemeinsam an den Zürichsee, lebte aber in getrennten Wohnungen. Atsuko wohnte mit ihren Kindern in Herrliberg zur Miete und übernahm am Zürcher Japanologischen Institut einen Lehrauftrag, der sich vielleicht ausbauen ließ, um sie notfalls unabhängig zu machen. Mittlerweile war sie von ihrem Mann geschieden – ein Schritt, den Muschg für sich noch hinauszögerte. Hanna Muschg band ihn nicht und band ihn damit umso mehr. Dieser allgemeinen Ungewissheit zum Trotz machte er sich daran, in Männedorf ein Haus zu erwerben und es für ein gemeinsames Leben mit Atsuko und ihren Kindern auszubauen. Die

Atsuko Muschg, geb. Kanto (2009)

psychischen Kosten für alle Beteiligten waren sehr hoch – *Akrobatik auf hohem Seil ohne Netz.*

Muschg hat später literarisch Rechenschaft darüber abgelegt, in seinem Roman *Sutters Glück*: in der karikierenden Schilderung jener *Amour fou,* die die Kalmückin Yalukha mit dem egozentrischen Künstler Jörg von Ballmoos verbindet, der ihrem Gefühlsernst nicht gewachsen ist. Tatsächlich erwies sich auch *im Leben* die Verbindung der Japanerin Atsuko mit dem «Westler» Muschg – sie haben 1991 geheiratet – als das Gegenteil dessen, was man nach den kulturellen Klischees erwarten sollte: Der No-Nonsense-Typus ist Atsuko geblieben, immer auf klare Verhältnisse bedacht – aufseiten Muschgs aber finden sich Ambivalenz und Mehrdeutigkeit, wie er sie gerade am östlichen Denken bewundert. Aus diesen Widersprüchen ist eine lebenstüchtige Einheit entstanden, in der Atsuko ihre Rolle gefunden hat, seit ihre Kinder selbständig sind – auch als «Berufsmuschg», wie sie es selbstironisch aus-

Alex Schauwecker, Sohn von
Atsuko Muschg aus erster Ehe
(2003)

Nanna Schauwecker, Tochter von
Atsuko Muschg aus erster Ehe
(2000)

drückt. Ihr persönliches Rückzugsgebiet bleibt die Musik, und dabei ist ihr Klavierspiel über eine Liebhaberei weit hinausgewachsen.

Erziehungsroman eines Muttersohns

Für 1987/88 folgt Muschg einer Einladung ans Berliner Wissenschaftskolleg, wohin Atsuko mit ihren Kindern bald nachkommt. Das Wissenschaftskolleg ist 1981 nach dem Vorbild des *Institute for Advanced Study* in Princeton gegründet worden und versammelt für jeweils ein Studienjahr herausragende Forscher. Die *Fellows* bringen eine laufende Arbeit ins Kolleg mit oder fangen dort eine neue an. Muschg, der als Schriftsteller eingeladen ist, braucht in seiner Lage sogar ein doppeltes Projekt: Es soll literarisch über eine längere Zeit ergiebig sein – am besten ein stoffreicher Roman. Und zweitens soll es Muschgs reichlich erschüttertes Leben tragen und ordnen

Atsuko und Adolf Muschg mit dem japanischen Literaturnobelpreisträger Kenzaburō Ōe

helfen – das schaffen nicht alle Romanentwürfe. Bei Sichtung infrage kommender Themen rückt schließlich ein Stück Literatur in den Vordergrund, an dem Muschg früh eine entscheidende Kunsterfahrung gemacht hatte.

Das war im Studium gewesen. Der frühe Wunsch, Schriftsteller zu werden, hatte, mangels Realisierungschancen, zum Germanistikstudium geführt – Kompromiss und *Scheinnähe zur Dichtung*, wie Max Frisch spottete. In einem Proseminar Max Wehrlis über mittelalterliche Literatur hatte der Student damals ein Referat über *Parzivâl und die Minne* übernommen – ein Standardthema über die Liebesideologie jener Zeit. Allerdings gelang Muschg dabei eine philologische Entdeckung, durch die die Arbeit zu jener Augenöffnung und Schlüsselerfahrung wurde, wie sie jedes engagierte Studium kennt: Er stellte fest, dass Wolfram die Farben in seinem Roman kalkuliert einsetzte – der Kontrast *schwarz/weiß* bezeichnete das Gralsthema, der von *rot/weiß* die Minne. Das Ganze hatte Sys-

In Japan: Atsuko und Adolf Muschg

tem und konnte beschrieben werden – eine damals originelle Beobachtung. (Der Strukturalismus war von der deutschen Literaturwissenschaft noch nicht angeeignet worden.) Wehrli erkannte die eigenständige Leistung und lobte gegen seine Gewohnheit nachdrücklich. Eine solche Bestätigung setzt natürlich immer eine deutliche Erinnerungsmarke.

Offenbar aber gab es damals noch eine andere, grundsätzlichere Einsicht: Die Liebe und die religiöse Gralsmotivik sind im *Parzivâl* zentrale Werte und gehörten für den so erzogenen Muschg in den moralisch-religiösen Bereich. In Wolframs Roman aber fand er sie – über die zugehörige Farbsystematik – auch rein ästhetisch eingesetzt, als Mittel der sinnlichen Beeindruckung. Drei Tropfen Gänseblut im Schnee sind erst einmal ein Bild mit sinnlicher Wirkung: *Jetzt war die Welt nicht mehr schwarz. Jetzt brannte sie an drei Punkten und wärmte sein Herz.*[*] Danach – übers Sinnlich-Bildliche hinaus – mochte dann die rot-weiße Schneeschrift auch semantisch lesbar werden als Symbol der Liebe, die das Gralsdunkel vertreibt. Diese Einsicht in die ästhetische Gemachtheit eines Textes hat Muschg sich dann auch als *rite de passage* festgehalten: *Es war meine Bekehrung zur Kunst.*

Ein derart «besetzter» Text wird sich in einer Notsituation zuverlässig bemerkbar machen. Er taucht jetzt, 1987, auf, und Muschg hat sein Projekt: Er würde den *Parzivâl* des Wolfram von Eschenbach neu erzählen. Es sprach viel dafür. Eine Neu-erzählung des *Parzivâl* stellte sich in eine lange Überlieferungstradition – schon Wolfram hatte «nacherzählt» –, die der jeweils aktuellen Variante Schutz und Würde verlieh, beispielsweise: Dass eine verwitwete Mutter sich mit ihrem Sohn ins Versteck flüchtet und ihn zur Weltfremdheit erzieht, wird so vom epischen Einfall zum erzählerischen *Archetyp,* an dem sich die Kunst jedes Neuerzählers zu bewähren hatte. Andererseits gab dieser Archetyp auch dem jeweiligen Einzelfall die Würde des Menschlich-Typischen – im Mutter:Sohn-Verhältnis von Herzeloyde und Parzivâl fand gewiss auch das von Frida Muschg und Friedrich Adolf ein Unterkommen. Da Wolframs Roman eine mit Figuren und Geschehnissen reich gefüllte Welt anbot, konnte Muschg darauf hoffen, das eigene Leben und dessen Personal befriedigend dort unterzubringen.

Denn darauf musste er es anlegen. Es konnte nicht gelingen, die eigene hoch gespannte Lage allein durch die Arbeit des Schreibens zu bewältigen, durch eine Art Fahnenflucht allein. Die Lage wollte auch «durchgearbeitet» sein. Sie enthielt zwei Familien – die eine in der Zerstörung begriffen, die andere im Entstehen; zwei Frauen, deren Leben von ihm

[*] RR, S. 529.

236

abhing, und vier Kinder, zwei eigene und zwei jetzt hinzu-
kommende (Konrad, der Älteste, lebte bei seiner Mutter in
Bern). Vorstellbar, was sich hier an Schuldbewusstsein, an
sozialer Angst und Sinnzweifeln angesammelt hatte. In der
Realität war damit schwer zurechtzukommen. Die Literatur
allerdings bot jetzt die Chance einer «sekundären Bearbeitung». Das war 1987, im ersten Halbjahr im Wissenschaftskolleg: Muschg ging mit dem *Roten Ritter* in Klausur. Die Bibliothek lieferte, was er brauchte. Im Hause gab es Gesprächs-
partner, Reinhard Baumgart und Dieter Wellershoff darunter,
ebenfalls *Fellows,* und schließlich Peter Wapnewski, der Alt-
germanist und erste Rektor des Kollegs. Der Romanstoff erwies sich als aufnahmebereit – er hielt dem Nacherzähler ein
erstes Kapitel geradezu entgegen: die wundersame Geschichte
der jungfräulichen Mutter Herzeloyde und ihres Söhnchens.
Hierfür war schließlich eigener Lebensstoff reichlich vorhanden, gut vereinbar mit der großen Vorlage Wolframs. Als
Muschg zu schreiben begann, stand dem nichts im Weg.

Die Muster und das Eigene: zur Erzähltradition

Muschgs biographische Situation blieb desaströs und drang mit
ihren Forderungen durch alle Ritzen seiner Schreibklausur. Es
fragte sich natürlich, ob das *Parzivâl*-Projekt für diese Lage
nicht zu groß sei – Grundzüge der Forschung waren aufzuarbei-
ten, Kulturgeschichtliches anzueignen und auch die Vorgänger
im Nacherzählen. Das Geschichtliche erwies sich aber dann
doch nicht als Problem, hier bewährte sich philologische Zä-
higkeit. Anders stand es mit der Erzähltradition des *Parzivâl* –
dort hatte man Vergleichen standzuhalten. Da war vor allem
der pathetisch-religiöse *Parsifal* Richard Wagners, der sich während der Arbeit daran selbst als *Ober-Kirchenrath* ironisiert hatte.
Muschg stieß sich von diesem Vorgänger ab, schon weil er

selber, wenn auch anders, nämlich provokativ, den Reiz des Religiösen verspürte: Hier ließ sich der Gral einmal arg blasphemisch deuten, ganz gegen seine christliche Symbolhaftigkeit. Gegen diesen väterlichen Stachel zu löcken, reizte immer noch.

Ein ernst zu nehmender Konkurrent auf dem Buchmarkt war allerdings Dieter Kühns Rekonstruktion des Wolframschen *Parzivâl* in (meist) reimlosen neuhochdeutschen Versen. Das Buch war gerade (1986) erschienen, und Muschg hatte es rezensiert: als kongeniale Nachdichtung. Allerdings bleibe es «historisch», das heißt in Wolframs Zeit verhaftet. Kühn habe aber die historische Figur des Parzivâl gleichsam hingestellt für unsere Gegenwart – als eine Möglichkeit, uns selbst einmal im *sehr Andern* zu erfahren. Der *Parzivâl* Kühns war damit eher ein Arbeitsanreiz.

Am Ende war das Hauptproblem ein ganz anderes Vorgängerwerk, das mit dem *Parzivâl* kaum etwas zu tun hatte – Thomas Manns Roman *Der Erwählte* (1951). Er erzählt den *Gregorius* des Hartmann von Aue nach, des Zeitgenossen Wolframs. Und selbstverständlich hat Mann schon alle Aneignungsregister gezogen, die der Moderne möglich sind. Einmal im parodistischen Sprachspiel: Es ist ein erfundenes Mittelalteridiom, eine Mischung aus Originalwendungen Hartmanns, aus Mönchslatein und eigenen Kreationen – mit erstaunlichen Verfremdungseffekten. Und natürlich wanderten Manns Vorzugsthemen in den Stoff ein, und der vermochte sie alle auszudrücken: die narzisstische Erhöhungsphantasie etwa – vom büßenden Schrumpfmännchen auf dem Stein hin zum *sehr großen Papst* in Rom; auch die erotische Ausschreitung kommt unter, diesmal als doppelter Inzest mit Schwester und Mutter: *Seine Mutter, seine Base, sein Weib, sie hatten nur einen Leib.* Und dass der Roman angesichts derart gehäufter Blutschande aus Sophokles' *Ödipus* zitiert, versteht sich genauso wie der Anklang an Freuds Psychoanalyse.

Muschg hat den *Erwählten* mit Bewunderung gelesen, wohl

auch mehrfach. Ablernen musste er ihm nichts. Er verfügte über ähnliche Erzählmittel. Was er ihm aber verdankte: die Freiheit, sie einzusetzen.

Unterkunft fürs eigene Leben

Der *Parzivâl*-Stoff erwies sich als aufnahmefähig für Muschgs aktuelle Lebenssituation – sie konnte so noch einmal durchagiert werden. Auch mögliche Problemlösungen ließen sich erzählend testen, als unverbindliche Probehandlungen. Muschg konnte sich Klärungen und Hoffnungen davon versprechen wie von einer psychologischen *Familienaufstellung*.

Im Zentrum der Fabel stehen zwei Männer – Gâwân, der minnelustige Artus-Ritter, und Parzivâl, der sündhafte Gralssucher, letztlich eine Erlösergestalt. Sie haben sehr unterschiedliche Frauen – Gâwân wird seiner eigenwilligen Orgelûse nicht mächtig und bleibt ein lächerlich Liebender. Und Parzivâl hat seine Condwîr âmûrs zwar früh lieben gelernt, sie ist die Rechte für ihn, aber er kann nicht beständig sein und verlässt sie. Nach Jahren erst trifft er sie und seine Kinder wieder, und nun bleibt er.

Diese Konstellation war gut geeignet, Muschgs Ambivalenzen aufzunehmen: die Zuneigung zu zwei unterschiedlichen Frauen, zwei Formen von Liebe und Erotik also, auch eigene widersprüchliche Charakterzüge ... Er hat dann diese Unvereinbarkeiten auf die Personen verteilt und hat sie von ihnen im Roman durchspielen lassen. Die Persönlichkeiten von Hanna Muschg und Atsuko Kanto und Muschgs Auseinandersetzung damit finden sich im Buch wieder – verfremdet, doch mit jenem Rest an Erkennbarkeit, dessen der Autor aus zwei Gründen bedarf. Erstens: Das biographische Original muss im Kern erhalten bleiben, sonst kann damit beim Schreiben keine gültige Erfahrung gemacht werden. Zweitens: Nur wenn die beschriebene Person vom Leser potenziell erkennbar ist, funktioniert das, was Thomas Mann die *sublime Rache des Künstlers an seinem Erlebnis* genannt hat.*

Denn um *Rache* handelt es sich, wenn der Autor eine kränkende oder ratlose Situation in seinem Leben im Roman noch einmal nachstellt – eine Schroffheit Orgelûses etwa oder die falsche Zurückhaltung der Condwîr âmûrs. Das muss dann keine Denunziation sein, aber doch Vergeltung – vernehmt, Ihr Leser, so schlimm war sie: *ir sült für wâr gelouben, sî hât mir alsô getân.*** Ein altes literarisches Verfahren, wie man sieht. Ebenso alt ist die elegante literarische Lösung für ein im realen Leben kaum lösbares Problem des Autors. Muschg muss ab 1987 der Scheidung seiner Ehe ins Auge sehen – auch Parzivâl trennt sich dann im Buch von Condwîr âmûrs, er kommt zum plötzlichen Abschied in ihre Kammer:

Ihr reitet zu Eurer Mutter? fragte sie.

Ja, sagte er.

Er beugte sich zu ihr; sie spürte, mehr wollte er nicht sagen, und keine Lüge.

Behüt Euch Gott, sagte Condwîr âmûrs.

Ich danke Euch, sagte Parzivâl.

Er drehte sich nicht mehr um. Sie hörte seinen eisernen Tritt auf den Fliesen [...]

*Das Pferd des Geschiedenen wiehern hörte sie nicht mehr. Denn in diesem Augenblick begann [der gemeinsame Sohn] Loherangrin zu weinen, und sie nahm ihn auf den Arm.****

Dieser *Geschiedene* ist schön und glimpflich davon gekommen.

---

* Es handelt sich um Thomas Manns berühmte Verteidigung in *Bilse und ich* gegen den Vorwurf, *Buddenbrooks* karikierten lebende Lübecker.

** «Ihr sollt's mir wirklich glauben, das hat sie mir angetan!» Ulrich von Liechtenstein (ca. 1200–1275), Lied XX.

*** RR, S. 485 f.

Am versöhnlichsten hat sich Muschg im *Roten Ritter* an seiner Mutter *gerächt*.

Er hatte ihr Bild bisher einseitig gezeichnet: Als eine sehr viel jüngere Frau, die den alten Lehrer Muschg nur um des Sohnes willen heiratete, den sie sich verheißen hatte. Und der war allerdings zur Herrlichkeit bestimmt. Gegen den Abscheu der Mutter vor Körper und Sexualität hatte Muschg mit dem Bibelzitat von der *Josephsehe* seiner Eltern polemisiert und dem – so wäre es dem frommen Vater erschienen – lästerlichen Wort von der *Heiligen Familie*. Später bekam er noch psychologisch erklärt, dass seine Mutter ihm das *Drama des begabten Kindes* eingebrockt habe. Gleichwohl gab es aber auch ganz andere Erinnerungen an sie – in Sätzen wie dem folgenden treten sie plötzlich auf: *Dabei war sie eine schöne Frau; ihr atemloser Veredelungswunsch tut mir weh, wenn ich ihre großäugigen Jugendbilder ansehe.*[*]

1987, bei der Rollenverteilung zum *Roten Ritter,* kam noch Schuldbewusstsein hinzu: Es war die zweite Ehescheidung, die er der alten Frau bald zumuten würde – bei ihrer Angewiesenheit auf eine intakte soziale Fassade. Das war nun jedenfalls literarisch wiedergutzumachen: *Ich hatte plötzlich das Bedürfnis, meine Mutter einmal zu rechtfertigen in ihrer Enge und sie ein bißchen als junges Mädchen nachzufeiern.* Muschg gab ihr die Rolle der *Herzeloyde*. Sie wird Parzivâls Mutter.

Herzeloyde ist bei Wolfram die Schwester des Gralskönigs Anfortas. Sie hat den König Castis von Waleis geheiratet, doch bevor er die Ehe vollziehen konnte, ist er gestorben. Seitdem herrscht die jungfräuliche Königin allein, sucht aber einen neuen Mitregenten. Deshalb veranstaltet sie zu Kanvoleis ein großes Turnier und setzt sich selbst als dessen Preis aus. Auf diesem Turnier erscheint auch der Held Gahmuret, ein seltsamer, doch sehr anziehender Mann. Herzeloyde ver-

[*] LaT, S. 89.

liebt sich in ihn und zwingt den Widerstrebenden schließlich mithilfe des Gerichts in die Ehe. Mit List erlangt sie von Gahmuret auch die Zeugung eines Kindes – als Parzivâl geboren wird, ist sein Vater in einem fernen Krieg bereits gefallen. Die trauernde Herzeloyde jedoch zieht mit ihrem kleinen Sohn in die Einöde nach Soltâne. Sie wird ihn so erziehen, dass er nie das Ritterschicksal seines Vaters erleiden muss.

Die Herzeloyde-Episode Wolframs stellte schon im Mittelalter einen Bruch mit den Minnekonventionen dar: So unverblümt forderte keine Hohe Frau für sich die Liebe ein und ein Kind dazu. Muschg fand gerade deshalb hier den Stoff, in dem er die eigene Mutter neu abbilden konnte: wie sie hätte sein können. Die alten Vorwürfe an sie blieben allerdings erhalten, und sie werden noch einmal drastisch ausgesprochen. Der Zauberer Klinschor, selbst ein bitter Benachteiligter, benennt die Schuld, die Herzeloyde dereinst an ihrem Sohn auf sich laden wird: *Frau Herzeleid! Wisst Ihr, was Euch gelingt? Ihr werdet ihn nicht daran hindern, ein Held zu werden. Aber soviel werdet Ihr schaffen, dass er ein elender Held wird, ein miserabler, ein gebeutelter und gebrochener, einer, der den Ehrgeiz seiner Mutter verfluchen wird, und sie damit, und sich am meisten!*[*]

Doch zuvor gönnt der Roman Parzivâls schöner, junger Mutter selige Verliebtheit: *Sie war neben dem Mann gegangen wie auf einer neuen Erde. Sie fühlte sich geführt, und die Sonne über der Welt war für sie neu aufgegangen.*[**] Und ihre Entjungferung durch den Geliebten hat sie nach kurzer Bekanntschaft selbst vollzogen, so kompliziert sich das anhört. Sie hatte sich ihr natürliches Recht genommen. Parzivâls Zeugung schließlich hat dann gründlich tierisches Niveau, hier bleibt die Minnekultur vor der Kemenatentür. So trägt Muschgs Roman seiner Mutter nach, was ihr zu einem *ganzen Leben* entgangen war –

[*] RR, S. 161.
[**] RR, S. 72.

als versöhnliche *Nachfeier*. Herzeloyde hat in der Liebe zum Leben gefunden, und doch erzieht sie den Sohn zur Lebensuntauglichkeit – mit dieser *Ambivalenz* erst ist sie *ganz*.

Der Rote Ritter kam 1993 bei Suhrkamp heraus. 1994 verlieh die *Deutsche Akademie für Sprache und Dichtung* Muschg den wichtigsten deutschen Literaturpreis. Die Jury begründete ihre Entscheidung so:

Die Deutsche Akademie für Sprache und Dichtung verleiht den Georg-Büchner-Preis 1994 Adolf Muschg, der in seinen Romanen, Erzählungen, Theaterstücken und Essays der Gesellschaft einen untrüglichen Spiegel vorhält. Auch in seinem letzten großen Roman ‹Der Rote Ritter›, der das Mittelalter mit der Gegenwart parabelhaft verbindet, bleibt dies – ob Vorsatz oder nicht – wirksam. Gefasst in eine Sprache von psychologischer Sensibilität und zugleich von kritischer Klarsicht beschwören die Bücher Adolf Muschgs die Hoffnung, dass den Menschen noch zu helfen sei.

X   FAMILIENSACHE THOMAS MANN
         Das Doppelzüngige

         Kein rettender Gedanke

... beschwören die Bücher Adolf Muschgs die Hoffnung, dass den
Menschen noch zu helfen sei. Mit dieser Feststellung – man wird
es nicht mehr gewusst haben – gab die Darmstädter Akademie
eine späte und denkwürdige Antwort auf einen Katheder-
fluch des *Großen Bruders* Walter Muschg, Literaturprofessor in
Basel. Der hatte Jahrzehnte zuvor einen bestimmten Autor
aufs Korn genommen und ihm das *Dichtertum* aberkannt:
Dieser Autor nämlich *glaubte, mit seiner Doppelzüngigkeit alle*
bisherigen Begriffe von Dichtung hinter sich zu lassen und ergötzte
eine verlorene Welt, die seinen Glauben teilte, ohne ihr die Spur
*eines rettenden Gedankens zu geben.** Damit meinte er Thomas
Mann und traf ihn tief. Das war gegen Jahresende 1953, und
ein saftiger Literaturskandal stellte sich her: Manns Hilfstrup-
pen mobilisierten die Schweizer Feuilletons, Muschgs Studenten demonstrierten vor einer Basler Zeitungsredaktion,

         * Zitiert nach Walter Muschg: *Tragische Literaturgeschichte,*
Bern: Francke, 3. Auflage 1957, S. 403, die das Zitat aus der zweiten Auflage unverändert enthält. Mann kannte zwar schon den Angriff, der in
der ersten Auflage von 1948 stand, doch für die zweite von 1953 hatte Walter Muschg ihn noch einmal verschärft und pointiert. Dieser Text wurde
nun öffentlich diskutiert.

244

ein als Laudator auf eine Thomas-Mann-Feier geladener Privatdozent brach plötzlich in Beschimpfungen des zu Ehrenden
aus, Karl Jaspers wiederum (immerhin Doktorvater Golos)
stellte sich auf die Seite Muschgs, gegen den auch bald ein
Buch mit Streitschriften erschien*, und Thomas Mann sagte
schließlich eine Einladung nach Basel ab, *solange ein Verhunzer
meines Lebens wie der Forscher Muschg dort seinen Sitz hat.*

Das alles hatte natürlich das Zeug zu einer Familienmythe:
Muschg gegen Mann. Immer wieder einmal bekam man zu-
getragen, dass Thomas Mann jene *kritische Schändung meines
Lebens* nicht vergessen konnte und über Walter Muschg das
alttestamentarische *Nicht gedacht soll seiner werden!* verhängt
hatte – sein Name durfte in Kilchberg nicht fallen. (Das hat
später einmal Monika Mann in einem Brief bestätigt.) Auf
diese Weise ergab sich eine frühe Familiarität mit Thomas
Mann, eine Art Vorzugsstellung zu ihm, die sich in Friedrich
Adolfs Dichterträume mischte. Für oder gegen die Literatur
Thomas Manns aber wurde er dadurch nicht eingenommen.
Er las sie als Schulpensum – und doch den *Tonio Kröger* ganz
zu seiner Zeit als Leidensgeschichte des Außergewöhnlichen,
Hervorgehobenen. Es blieb aber eine gewisse Distanz zu
Mann – allerdings auch ein Gefühl, es sei da etwas wiedergutzumachen, des Bruders Fehlurteil zu korrigieren. Das geschah
auch eines Tages, doch weder an *Buddenbrooks* noch am *Zauberberg,* sondern – Muschg war schon vierzig – von Grund auf
bei der Lektüre des Josephromans: *Es war wirklich meine große
Begegnung mit Thomas Mann, die gewissermaßen unwiderruflich
wurde, was den Rang dieser Person angeht und den dieses Schriftstellers.*

Die Familienaffäre mit Thomas Mann wäre nicht mehr als
eine Anekdote, wenn in ihr nicht ein prinzipielles Problem
steckte: die Frage, wie denn moderne Literatur beschaffen

---

* Otto Basler u. a.: *Für Thomas Mann.* Basel: Stephan Joos 1954.

sein müsse. Sie geht nach dem Krieg die deutschsprachige Literatur, die wieder Anschluss finden will, besonders an. Thomas Mann hat das Problem ein Leben lang beschäftigt, und Adolf Muschg, als Anfänger, wird bald damit zu tun bekommen.

Dass der Basler Germanist Walter Muschg diese Frage zu Lasten Thomas Manns erörtert, ist nach seinem Moderne-Verständnis folgerecht. Er hatte sich in den Zwanzigerjahren dem Berliner Expressionismus angeschlossen und sich dessen vitalistisches Literaturverständnis zu eigen gemacht: Literatur muss dem lebendigen *Ursprung* verbunden bleiben oder ihn suchen – sonst ist sie *entleert* und entledigt sich jeder *Verantwortung für das Geschriebene.* Sie verliert dann alle Eindeutigkeit und wird *doppelzüngig.*[*]

Walter Muschg hat einen Horror vor der *Ambivalenz* – vor der Widersprüchlichkeit oder der Mehrdeutigkeit eines Textes. *Doppelzüngig* – das ist für ihn die Parodie und vor allem die Ironie als ein *geistvolles Nichternstnehmen.* Und immer ist Thomas Mann damit gemeint. Der hatte sich schließlich ganz radikal von seinem *Ursprung* entfernt, indem er Amerikaner wurde, mit den erwartbaren Folgen: *Die Auswanderung befreite ihn von den Bedenken, die seinen Hang zur Anarchie noch eingeengt hatten [...]*[**]

Einem Missverständnis vorzubeugen: Hier spricht kein Faschismus. Es ist die Stimme der Kritik an der Moderne, wie man sie seit der Jahrhundertwende hört – man hört sie ja auch im Expressionismus und in Teilen der Psychoanalyse. Sie gehört selbst zur Moderne. Es ist auch – als die Walter Muschgs – die Stimme eines Mannes, der nach dem Krieg Hans Henny Jahnn, Alfred Döblin und Ernst Barlach wieder in ihre Rechte einsetzen will. Sie fordert von der Literatur Lebensförderung

[*] Walter Muschg 1957, S. 402–404.
[**] a. a. O., S. 403.

und Verlässlichkeit ein – Ironie ist des Teufels. Walter Muschg verfügt: *Ein großer Erzähler ist ein Lebensstrom für sein Volk. Die Bücher Thomas Manns [dagegen] sind das letzte große Versäumnis der bürgerlichen deutschen Literatur. Künftige Leser werden an ihnen vor allem verstehen lernen, warum das Deutschland, das er repräsentierte, vom Teufel geholt wurde.*[*]

Ambivalenz

Im Grunde aber hat Walter Muschg moderne Texte schon richtig beschrieben – nur mit feindlichen Begriffen. Was er für *Anarchie* hält, ist die Offenheit dieser Texte, ist ihre Werturteilsfreiheit – und damit ihre Mehrdeutigkeit. Ihre Autoren haben das Fragwürdige eines *abschließenden Vokabulars* (Richard Rorty) erkannt, das blind ist gegen die Zufälligkeit unserer Existenz und eine falsche Sicherheit vortäuscht. Sie sind notwendig *Ironiker*, indem sie nicht mehr glauben *an eine Ordnung jenseits von Zeit und Veränderung, die festsetzt, worauf es im Leben ankommt, und eine Hierarchie der Verpflichtungen einrichtet.*[**] Insofern allerdings sind moderne Autoren im Sinne Walter Muschgs tatsächlich *anarchisch*, und nur auf diese Weise können sie auch aufrichtig sein. Wenn sie schreiben, schlägt die Glaubenslosigkeit in ihre Sprache durch und prägt die Beschaffenheit ihrer Literatur – darin liegt deren höchstmögliche Wahrhaftigkeit: als *Ironie*.

Sie bedeutet aber nicht nur Unentschiedenheit, sondern auch Vermittlung zwischen Gegensätzen. *Ironie*, definiert Thomas Mann, *aber ist immer Ironie nach beiden Seiten hin, etwas Mittleres, ein Weder-Noch und Sowohl-Als auch, – wie denn ja auch*

---

[*] a. a. O., S. 404.

[**] Richard Rorty: *Kontingenz, Ironie und Solidarität*, Frankfurt am Main: Suhrkamp 1992, S. 15.

Tonio Kröger sich als etwas Ironisch-Mittleres zwischen Bürgerlichkeit und Künstlertum empfand [...]* Daher dann auch die Mehrdeutigkeit der Texte Thomas Manns. Im *Tod in Venedig,* beispielsweise, gibt es jenen seltsamen Wanderer, dem der Dichter Aschenbach zu Beginn seines Liebes- und Leidenswegs begegnet. Wenn man diese Figur beim Lesen im Auge behält, merkt man, dass sie Beziehungen zu vier wichtigen Bedeutungsschichten im Text unterhält: Der fremde Wanderer am Münchener Nordfriedhof «ist» in eins der antike Totengeleiter Hermes, dann der Tod selbst, auch eine Dionysos-Gestalt, und er steht zugleich in Beziehung zur heranwandernden Cholera. Er ist also mehrdeutig, hat eine multiple Identität – die Figur flimmert. Man kann sie *ironisch* nennen.

Am Paradigma Thomas Manns wird auch Adolf Muschgs Literatur mitverhandelt. Er fällt nachträglich mit unter das Verdikt des *Großen Bruders* in Basel – die Struktur seiner Texte ist ja durchweg *doppelzüngig* in hohem Grade. Auch bei ihm flimmert die Identität wichtiger Figuren – ist der Vampir Samstag nun auch Mijnheer Gezaghebber oder sogar der Autor des Romans *Das Licht und der Schlüssel*? Und wer ist Zerutt – slowenischer Gutsbesitzer, Freud-Schüler, Fahrender, Zen-Lehrer oder das Malgenie Soutter? Und die schwebenden Assoziationsnetze der Romane – sie durchkreuzen jede Eindeutigkeit und sind *ironisch* in Manns Verstande. *Ironisch* ist Muschgs Plädoyer für das *ausgeschlossene Dritte,* es trifft sich genau mit Manns Definition, Ironie sei *etwas Mittleres, ein Weder-Noch und Sowohl-Als auch.* Ein anderes Wort für diese Ironie ist *Ambivalenz.*

Im Grunde bezeichnet Ambivalenz ein modernes Existenzgefühl, das im Falle eines Künstlers – um lebbar zu sein – Kunst werden muss. Deshalb ist Muschgs eigene Bestimmung

---

* Thomas Mann: *Gesammelte Werke* , Frankfurt am Main: S.Fischer 1990, Bd. XII, S. 91.

von Kunst auch so total: *Das Kunstwerk spielt nicht nur mit der Ambivalenz, es besteht aus ihr.** Woher aber soll es dann bei solcher Beschaffenheit noch *die Spur eines rettenden Gedankens* für seine Zeit nehmen, wie Walter Muschg es von Thomas Mann gefordert hatte? Das ist in der Tat eine sehr schwierige Frage, wenn man unter einem *rettenden Gedanken* eine eindeutige (literarische) Aussage versteht. Sie kann in der Moderne nur von Autoren gegeben werden, die einen metaphysischen oder ideologischen Überbau besitzen, der eine Vereindeutigung der Welt ermöglicht – als religiöse oder als engagierte Literatur. Selten aber erreichen deren Texte heute den Rang von Kunst.

Nein, einen *rettenden Gedanken* wird ein literarisches Kunstwerk heute nicht zu bieten haben – nicht einmal die Spur davon. Es erzeugt keine feste semantische Substanz mehr, die irgendwann dafür tragfähig wäre, so wie sich die Maus im Milchtopf rettet. Wo aber liegt dann noch der humane Wert solcher Kunst? Diese Frage erhebt einen Anspruch, der sich in Aufklärung und deutscher Klassik herausgebildet hat: Der menschliche Wert der Literatur möge benennbar sein. Solche Verpflichtung wird ihr – ungewiss und undeutlich – bis heute zugeschrieben. Noch die Formulierung der Akademie bei der Verleihung des Büchner-Preises sucht in Muschgs Literatur wenigstens die inhaltliche Minimalspur eines *rettenden Gedankens: ... beschwören die Bücher Adolf Muschgs die Hoffnung, dass den Menschen noch zu helfen sei.* Sie tun es in der Tat, doch nicht als konkrete Aussage – sondern nur, insofern sie als Kunst gelingen.

---

* Adolf Muschg: «*Talentlos vor dem Schicksal*». *Zur Polemik Walter Muschgs gegen Thomas Mann*, in: Thomas Sprecher (Hg): *Vom* Zauberberg *zum* Doktor Faustus: *die Davoser Literaturtage 1998*, Frankfurt a. M.: Klostermann 2000, S. 20. – Muschg zeigt hier die Verwandtschaft der beiden Kontrahenten gerade aufgrund ihrer gemeinsamen existenziellen Ambivalenz.

Wie Ästhetik derart zum humanen Wert wird, beschäftigt Muschg in immer neuen poetologischen Versuchen – sein Lieblingsbegriff ist dabei das *Spiel*. Das zweckfreie *Spiel* ist der Generator der ambivalenten, assoziativen Textnetze seiner Geschichten – im Vorwort zu seiner jüngsten Essaysammlung* zeigt er das an zwei berühmten Kunst-Geweben der europäischen Tradition: an dem *Weberinnen*-Bild von Velázquez und an der Textstruktur von Ovids *Metamorphosen*. Es sind zwei große Beispiele, an denen Muschg sich selbst erklären kann. (Natürlich trägt er das Eigene diesen Beispielen ein, doch es ist ihnen nicht fremd, sie nehmen es auf.) Die *Metamorphosen* etwa befolgen nur ein Prinzip: die Verwandlung (so wird der Jüngling Hyacinthus zur Blume, die Weberin Arachne zur Spinne), doch im assoziativen Spiel sind sie völlig frei (alle können sich in alles verwandeln) – *die* Metamorphosen *sind ein Erzählteppich der Assoziation.***

Verlässliche Auskunft geben über den Gang der Welt aber kann Ovids Text nicht: *Wie könnte er sagen, was ist (oder gar: was sein soll) [...]* ?*** Verlässlich ist nur das Weltprinzip der Wandlung, dass aus allem alles werden kann – das wäre dann das, was uns heute vom *Prinzip Hoffnung* geblieben ist. Muschg beschwört es mit immer demselben Ausdruck Walter Benjamins: *eine* schwache *messianische Hoffnung*.

---

* Adolf Muschg: *Im Erlebensfall. Versuche und Reden 2002–2013*, München: C.H.Beck 2014.

** a. a. O., S. 19.

*** ebd.

XI PRÄSIDENT DER BERLINER AKADEMIE
Das Geisterhaus 2003–2005

Die Akademie

Im Frühjahr 2003 rief György Konrád, der Präsident der
Berliner Akademie der Künste, in Männedorf an, ob Muschg
Interesse habe, für seine Nachfolge zu kandidieren. Er sagte
zu. Die Präsidentenwahl durch die Mitgliederversammlung
war für April angesetzt, und ihm wurden gute Aussichten ver-
sprochen. In dieser Wartezeit trat plötzlich wieder ein Krebsverdacht auf, und als Muschg sich untersuchen ließ, war der
Befund positiv: Prostatakarzinom in den ersten Anfängen.
Eine Operation konnte man durchaus noch aufschieben. (Sie
wurde 2009 nötig.) Die nun auftretende Panik hatte erstmals
ein konkretes physiologisches Fundament. Sie ging dann allmählich in Fatalismus über, der die Lebensstimmung fortan
grundierte.

Das ergab allerdings das Gegenteil von Resignation. Muschg
ergriff die aus Berlin winkende Chance zu einer herausge-
hobenen und nutzbringenden Aufgabe, mit der man ein
bedrohtes Leben auch gut abschließen konnte. Als er dann im
Mai 2003 von der Mitgliederversammlung der Akademie zu
ihrem Präsidenten gewählt wurde, sagte er zu Peter Bichsel,
dies seien nun die Schuhe, in denen er mutmaßlich sterben
werde. Bichsel nickte.

Ein Motivbündel schnürte sich für die Berliner Aufgabe: das protestantische Gefühl, man habe noch etwas gutzumachen (auf das mutmaßliche Lebensende hin), aber auch die Freude, eine wichtige Sache *gut machen* zu können, und natürlich, wie wohl bei jedermann, die Lust, die eigenen Talente an so herausragender Stelle zu bewähren. Es waren die ersten beiden Motive, aus denen sich bald ein hoher Anspruch ergab.

Die Berliner *Akademie der Künste* liegt heute im absoluten Zentrum der Stadt, am Pariser Platz, und damit – wie man assoziieren sollte – im Zentrum Deutschlands, das sie auch finanziert (im Gegensatz zu fast allen anderen Akademien, die «Ländersache» sind). In unmittelbarer Nähe steht das Brandenburger Tor, nebenan das Hotel *Adlon* und die Botschaft der Vereinigten Staaten, gegenüber die Französische Botschaft – dazwischen einige Großbanken. Dieser starken Gegenwartssymbolik entspricht auch die geschichtliche, die mit Ort und Herkunft der Akademie verbunden ist.

Noch im siebzehnten Jahrhundert vom Brandenburgischen Kurfürsten gegründet, avancierte sie bald zur Künstler-Akademie des Landes Preußen und später zur zentralen Akademie der Künste des Deutschen Kaiserreiches – da hatte sie auch die Musik und die Literatur aufgenommen und residierte am Pariser Platz Nr. 4. Während der Weimarer Republik wurde sie von Max Liebermann geleitet, Heinrich Mann war zeitweilig Präsident der Sektion Dichtkunst. 1933 wurde die Akademie *gleichgeschaltet* – unter besonderer Beteiligung Gottfried Benns – und ins Kronprinzenpalais *Unter den Linden* verlegt, denn man brauchte ihr Haus am Pariser Platz Nr. 4 für andere Zwecke: Albert Speer zog ein, Hitlers *Generalbauinspektor für die Reichshauptstadt*, die später den Namen *Welthauptstadt Germania* tragen sollte.

Nach dem Zweiten Weltkrieg gab es die dann üblichen Ausgründungen: Als *Akademie der Künste der DDR* firmierte das Ostberliner Haus (bei der Charité), die Westberliner *Aka-*

demie der Künste stand im neu gebauten Hansaviertel. Und nach der Wiedervereinigung dauerte es einige Jahre, bis die teilweise sehr heterogenen Belegschaften der beiden Häuser zueinanderfanden – denkwürdig bleibt davon der ost-westliche Bilderstreit über Abstraktion und Figuration. Unter den Präsidenten Walter Jens (West) und Heiner Müller (Ost) gelang es 1993, die beiden Institute zusammenzuführen. 2005 übernahm die Bundesrepublik die Trägerschaft der neuen Akademie, im selben Jahr zog diese auch zum Pariser Platz zurück. Beides fiel in die Präsidentschaft von Muschg.

Die der Institution und ihrem Haus eingeschriebene historische Symbolik hatte gerade für einen Schriftsteller den besonderen Reiz von Gegenständlichkeit. Wovon sonst nur mit literarischen Zeichen gehandelt werden konnte, das zeigte sich hier als konkrete Geschichtsspur an Gebäuden, Mauern, Treppen... Günter Behnisch, der Architekt des gläsernen Neubaus am Pariser Platz, hatte auf die optische Markierung solcher Spuren geachtet: Der alte Ort der jetzt verschwundenen Treppe war gekennzeichnet, auf der der «Führer» zu seinem Chefarchitekten Speer hinuntergeschritten war, um dessen *Germania*-Entwürfe zu besichtigen; Überreste des Fensters waren zu sehen, durch das an diesem Ort der «Mauerspringer» Dieter Beilig 1971 von DDR-Grenzsoldaten «auf der Flucht» erschossen wurde; und wenn man zu den Fundamenten abstieg, sah man Reste eines Vorgängerbaus, den sich 1737 der königliche *Schutzjude* Meyer Rieß errichten ließ. (Im Stock darüber entwarf dann Albert Speer sein «judenreines» *Germania*-Berlin.)

Vor solcher Topographie gewann geläufige Geschichtsrhetorik einen festen Sinn zurück – durch konkrete Anschauung und Präsenz der historischen Wirklichkeit. Bald kann Muschg in Berlin aus dem Fenster sehen und vom Akademie-Bau behaupten: *Er ist eine Brücke, eine Passage vom repräsentativsten Platz der neuen Bundesrepublik zum Nullpunkt der Zivili-*

sation, dem Mahnmal für die ermordeten Juden Europas. Geschichte wurde an diesem Ort zur begehbaren Metapher.

Ein Programm für eine Akademie

Tatsächlich schien das Amt des Präsidenten in jenen Neugründungsjahren eine Verbindung von Macher und Poet zu sein: Der Macher hatte anstehende praktische Projekte durchzuführen, als Poet aber war er ein Macher, der auch eine ästhetische Idee davon besaß, was denn eine Akademie der Künste sein sollte. Muschg nahm den Begriff dafür von Beuys: Die Akademie war für ihn eine *soziale Skulptur*. Das hieß, ihr sozialer Organismus war nach bestimmten Ideen wie eine Plastik formbar. Natürlich blieb diesem Selbstverständnis immer Ironie beigemischt, doch grundsätzlich galt es. Der Schriftsteller wollte seinen Anteil am Präsidentenamt.

Weltfremd waren solche Überlegungen nicht: Ein beständiger Ideen-Glühpunkt, eine Leitphantasie, war unverzichtbar in der damals hochkomplexen Lage der neugegründeten Akademie – nur damit war ein Kurs festzulegen und durchzuhalten. Allerdings erwarteten die meisten Mitglieder das wohl gar nicht. Was ihnen die Akademie als Höchstes zu bieten hatte, waren die Ehre und das Renommee der Mitgliedschaft – doch keine Idee. Aber brauchte man sie denn auch? Die Wiedervereinigung war eine beträchtliche mentale Leistung gewesen – danach zog man sich erst einmal auf seine engeren Interessen zurück.

Und die waren in den Sektionen am besten untergebracht, es gab sechs – von der für *Bildende Kunst* bis zu der für *Film- und Medienkunst*. Wie in jeder anderen Sozietät dieser Art – etwa einer Universität – kämpften die Sektionen um Geld, Personalien und öffentliche Aufmerksamkeit. Einer übergreifenden Akademie-Idee bedurfte es in dieser Verhaltensebene nicht. Hier aber, in dieser egoistischen Ebene, lebt die eigentliche Dynamik einer solchen Sozietät, zeitweise läuterungsfähig zur Idee, in der Regel aber ein sehr konkretes Interessengemenge. Der natürliche Feind solcher Dynamik ist eine zentrale Gewalt, die ihr die Freiheiten zugunsten des Allgemeinen beschneidet – ein Rektor etwa oder ein Präsident. Die sich daraus ergebenden Auseinandersetzungen stellen sich dann jedem Beteiligten anders dar, je nach Interessenlage.

Es waren drei praktische Projekte, die für Muschgs Präsidentschaft anstanden:

1. Der Umzug vom alten Stammhaus am Hanseatenweg zum Pariser Platz war zu organisieren – die Neueröffnung sollte 2005 als Staatsereignis begangen werden. (Was den sehr teuren Neubau anging, braute sich etwas zusammen: Das hochgestylte Haus bot wenig Raum für die normale Akademie-Arbeit, die Mitgliederversammlung kam nicht unter, und der Archivkeller schien feucht zu sein.)

2. Im selben Jahr 2005 sollte die Akademie in die Trägerschaft des Bundes übergehen. Ein in Vorbereitung befindliches Gesetz regelte die Umstände – sein Paragraph 2 (*Aufgaben*) verlieh der Akademie den Rang einer – autonomen – staatlichen Spitzeninstitution. Dazu musste bald eine Grundsatzdiskussion geführt werden. (Zage und selten auch nur ausgesprochen mochte sich ein Vergleich mit der *Académie Française* herstellen.)

3. Es existierten bereits zwei Gutachten, die eine Neuorganisation der Akademie vorschlugen. Hauptmängel wurden in der Verwaltung und in der Kommunikationsstruktur festgestellt. Notwendige Veränderungen sollten in einer Satzungsdiskussion beschlossen werden.

Das also war Muschgs Arbeitsprogramm: vor allem *Reformen*, die man nicht nur sich, sondern auch dem staatlichen Geldgeber schuldete. Ihr natürlicher Widersacher würde das Eigeninteresse der Sektionen sein, die ihre akademische Freiheit zu nutzen wussten. Im Falle einer Akademie der Künste mischte sich hier noch ein anderer Freiheitsbegriff ein, der so verletzlich wie kämpferisch war: die Kunstfreiheit.

Wer eigene Erfahrung hat mit den Kräfteverhältnissen in akademischen Systemen, weiß, dass Reformen dieser Art auf zwei Ebenen durchgesetzt werden müssen: auf der konzeptuellen und auf der gruppendynamischen. Im Folgenden interessieren hier jedoch nur Muschgs Konzepte: Wie denkt er sich die Akademie? Denn für die sozialpsychologische Dynamik hat er wenig Talent und auch keinen Stellvertreter – er telefoniert nicht ausdauernd genug, wirkt keine effektiven Netze, hat keine Truppe hinter sich.

Die Arbeit an Konzepten für die Akademie jedoch gelingt vorzüglich. Sie erbringt eine beträchtliche Anzahl von – unveröffentlichten – Reden, Entwürfen und Vorschlägen, die die Qualität kulturpolitischer Essays haben. Daraus wird deutlich: Die Präsidentschaft nötigt Muschg zur Sichtung seiner geistigen Bestände, und er prüft sie auf ihre weitere Gültigkeit. Der Kulturpolitiker entwickelt hier sein Programm für die Gegenwart, und der Erzähler begründet, so gut das geht, noch einmal seine Kunst. Die Fluchtpunkte darin heißen *Europa* und *Freiheit des künstlerischen Spiels*.

Öffentlicher Höhepunkt der Amtszeit war natürlich die feierliche Eröffnung der Akademie am neuen, alten Ort, dem Pariser Platz. Sie verlief als geplanter Staatsakt. Am 21. Mai 2005 waren anwesend: Bundespräsident Köhler, Bundeskanzler Schröder, Bundestagspräsident Thierse, die Altbundespräsidenten Rau und von Weizsäcker, Kulturstaatsministerin Christina Weiss, der Ehrenpräsident Walter Jens ... Man sagte das Erwartbare (*Stätte der Unruhe, Max Liebermann, Ort der Energien und Ideen, Einmischung in die Politik*), doch darum war es ja nicht falsch, und alle Anwesenden schienen – laut Presseecho – sehr eingenommen von der Symbolkraft des Ereignisses.

Am Präsidenten war es, den Dank fürs neue Haus abzustatten. Und Muschg beschloss seine Rede mit einer Pointe, in der geradezu sein ganzes Akademie-Programm enthalten war. Sie bezog sich auf die gerade bevorstehende Abstimmung des französischen Volkes über die Verfassung der Europäischen Union:

Zum Schluß erlauben Sie mir noch einen persönlichen Wunsch – und ich bin glücklich, daß ihn die Akademie gestern mit großer Mehrheit unterschrieben hat. Wir bitten unsere französischen Mitbürgerinnen und Mitbürger in einer Woche um ein Ja zur Verfassung der europäischen Union.

Es lebe die Republik!

Nicht viele mögen den Anklang sofort im Ohr gehabt haben: Mit *Es lebe die Republik!* hatte Thomas Mann 1922 in Berlin seine große Bekenntnisrede zum Weimarer Staat geendet – er verstand die Republik als *positive Rechtsform* der *Humanität* und damit als *unsere nationale Sache.*[*] Muschg stellt sich im Jahr 2005 in genau diese Tradition, indem er den aktuell notwendigen Schritt über die *nationale Sache* hinaus geht: Er meint jetzt die *Republik Europa.* In ihr wären auch die Franzosen unsere Mitbürgerinnen und Mitbürger.

Für den Umgang mit den Akademie-Mitgliedern brauchte Muschg Umrisse einer Ästhetik und einen Begriff von Kunst. Bei der Vielfalt der vorhandenen Kunstsparten und auch angesichts der Tatsache, dass heute viele Künstler über theoretisch wohlfundierte, aber oft sehr spezifische Konzepte verfügen, durften die ästhetischen Begriffe nicht zu eng sein. Man hätte aneinander vorbeigeredet. Die ästhetischen Diskussionen der Siebziger- und Achtzigerjahre hatten (im Westen) durchaus einen ansehnlichen Theorie-Fundus hinterlassen, doch war er aus manchen Gründen nicht mehr kommuni-

---

[*] Thomas Mann: *Von deutscher Republik* (1922), in: *Gesammelte Werke in dreizehn Bänden* (1990), Bd. XI, S. 852.

*Akademie der Künste, Berlin: Eröffnung des Neubaus am
Pariser Platz, mit Bundespräsident Köhler (2005)*

zierbar. Zu viel daraus war kompromittiert oder stimmte
nicht mehr zu einer gegenwärtigen Kunst-Praxis.

So benutzt Muschg in seiner Kommunikation eine Reihe
von Bestimmungen – von Kunst, Autonomie, Freiheit, Wahrheit usw. –, die sichtlich aus eigener Produktionserfahrung
stammen, sich nur (wenn überhaupt) leichthin theoretisch
abstützen (bei Schiller etwa oder bei Walter Benjamin). Meist
kommen sie als allgemeine Setzungen daher und sind deshalb
gut vereinbar mit der Selbsterfahrung anderer Künstler. Das
Unlösbare aber in diesem Feld von Ästhetik, Ethik und Ideologie – beispielsweise: eine der Gesellschaft verpflichtete,
doch absolute Freiheit der Kunst – kommt unter im glänzenden Paradox.

Zumindest die Alterskohorte Muschgs (der Biograph eingeschlossen) interessiert ja, was geblieben ist aus den vergangenen Kunstdebatten vieler Jahre. Begriffe wie *Realismus, Sub-*

jektivität, Gesellschaftsbezug – mit welchem Inhalt füllen sie sich heute? Erhellen sie eine gegenwärtige Kunstpraxis noch?

Ein gutes Beispiel ist der wohl dickste Zankapfel, den das neue Gesetz zur Errichtung der Akademie enthielt: *ihre Aufgaben.* Sie kostete (nach den 56 Millionen Euro Baukosten) den Bund pro Jahr 18 Millionen, und dafür verlangte er auch etwas. Mit großer Delikatesse bestätigte er ihr zwar überall die Autonomie, doch forderte er von ihr auch eine brisante Dienstleistung: *Die Akademie berät und unterstützt die Bundesrepublik Deutschland in Angelegenheiten der Kunst und Kultur.* (§ 2,1) Keines der in dieser Formulierung enthaltenen Probleme war lösbar. Wie und auf welcher Grundlage sollte *die Akademie* zu einem nützlichen Rat finden? Durch Diskussion oder durch Experten? Welche Kunst-Auffassung würde sich darin durchsetzen – und welche nicht? Mitglieder der alten Ost-Akademie erinnerten sich auch an deren Staatsnähe – an die von ihnen eingeforderte Zustimmung zur staatlichen Kulturpolitik. Jene der früheren West-Akademie dachten dagegen an ihre einstige Bedeutung als künstlerische *und* gesellschaftspolitische Avantgarde. Beides war dahin.

Doch die Einmischung der Kunst ins Politische ist auch heute noch eine schwer zu widerlegende Idee. Muschg versucht deshalb, diese Interventionschance zu erhalten durch eine scheinbar paradoxe Operation – indem er die Beziehung zum Politischen kappt. Die Kunst kann der Gesellschaft nicht raten, aber sie kann ihr etwas vormachen: *Was können die Künste der Gesellschaft zeigen, vormachen, vorstellen, was diese nicht (mehr) weiß, und womit ihr zu helfen wäre? Ich greife einen Punkt heraus, der beide Seiten gleichermaßen praktisch, dabei höchst unterschiedlich beschäftigt: die Frage der Identität.*[*]

Und dann analysiert er – für die politische Seite – das Kon-

---

[*] Adolf Muschg: *Gedanken zu einem Schwerpunkt der Akademie,* Manuskript 11.05.2005, S. 2.

Akademie der Künste: Veranstaltung mit (v. l.)
Manfred Osten, Durs Grünbein, Detlev Ganten (2003)

Mit Jürgen Becker und Jürgen Habermas (2003)

Akademie der Künste: Fernsehaufzeichnung eines Gesprächs mit Hartmut von Hentig (2.v. l.), Antje Vollmer, Richard von Weizsäcker (2005)

Atsuko Muschg mit Walter Jens, im Hintergrund (v. l.) Inge Jens, Judit Lakner-Konrád, György Konrád (2005)

zept der nationalen, religiösen oder kulturellen Identität als
Zerstörer der Zivilisation: Die Kriege der Nationalstaaten waren ein Beispiel oder die Deutschtumsideologie der Nationalsozialisten. Und die Kunst? *Was kann die Kunst dagegen «tun»?
Unmittelbar nichts: aber als symbolische Handlung hat sie viel
dagegen zu erinnern.** Die Kunst – darauf läuft Muschgs Beschreibung nun hinaus – ist ja grundsätzlich nicht identitäts-
fixiert, sondern *ambivalent, mehrdeutig.* Insofern könnte sie der
Politik das große Beispiel für eine *kulturelle Stärke* geben, die
auf Identität verzichten kann. – Ist das nun ein zwingender
Brückenschlag zwischen Kunst und Politik, zwischen Akademie und Gesellschaft? Die Passage ist schmal und schwan-
kend. Mehr gibt unsere kulturelle Architektur zurzeit nicht
her.

Reformversuche und Rücktritt

Muschgs praktische Ästhetik dürfte in den Mitgliederversamm-
lungen und im Senat überzeugt haben. Sie war offen genug.
Umstritten jedoch waren die Reformvorschläge, für die sie
das Unterfutter abgab. Sie betrafen das Erwartbare: ein ein-
heitliches Leitbild der Akademie, ein Schwerpunktprogramm,
die Straffung der Verwaltung und natürlich den Haushalt.
Muschg fand, besonders der sei nicht nur erheblich überzogen,
sondern *kopf- und konzeptlos.* Das hieß auch: Wenn ihm durch
Reform Kopf und Konzept nachwüchsen, würde diese oder
jene Kunstsektion finanziell dabei schrumpfen. Besitzstände
würden dann fraglich. Damit waren nun die klassischen Elemente einer systeminternen Auseinandersetzung beisammen.

Sie nimmt auch einen klassischen Verlauf. Muschg ist kein

* a. a. O., S. 2.

Gruppendynamiker – er muss auf die Überzeugungskraft der Sachlage setzen. Sein Arbeitspensum ist immens, er entwirft in vielen *Papers* geradezu eine intellektuelle und organisatorische Infrastruktur für die Akademie – beispielsweise ist ein detailliertes Exposé darunter, betitelt *Pariser Platz 4* – «*Das Geisterhaus*». Es entwickelt ein TV-Fenster für die Akademie, eine periodische Gesprächssendung mit jeweils zuständigen Mitgliedern – Sabine Christiansen will es produzieren. Doch immer weniger solcher Vorschläge dringen durch, passieren den Senat. Muschgs Position verhärtet sich, melancholisch liest man im Pressespiegel von damals, der sonst umgängliche Präsident habe wieder *einen seiner gefürchteten Wutanfälle* gehabt. Schließlich ist der Umschlagspunkt erreicht – die Auseinandersetzung personalisiert sich. Muschg hat jetzt persönliche Feinde, ihnen gilt er als *zentralistischer* Präsident mit Machtgelüsten, eine Bedrohung der Autonomie. Der Senat blockiert ihn. Am 15. Dezember 2005 tritt er zurück. Walter Jens erkennt in diesem Scheitern eine klassische Fallhöhe und spricht von einer *catilinarischen Verschwörung*. Muschg ist dafür dankbar, korrigiert es aber in *eine Zusammenrottung gegen mich*.* Er bleibt Mitglied der Akademie.

* *Der Spiegel* Nr. 52/2005 http://www.spiegel.de/spiegel/print/d-44943970.html

XII   POLIS EUROPA UND SPÄTE ROMANE
Offene Kunstwerke 2005–2014

Zeit des Übergangs

Das Jahrzehnt vor dem Jahr 2014 (in dem Muschg achtzig Jahre alt wird) ist ein Zeitabschnitt großer Unbestimmtheit – kulturell, wirtschaftlich, politisch. Die Kräfteverhältnisse in der Weltpolitik verschieben sich eklatant – bei Abschluss dieses Buches scheint der *arabische Frühling* in seinen Ländern überzugehen in eine fundamentale Krise, deren stärkster Antrieb die islamistische Abkehr von der westlichen Moderne ist. Für Europa verdichtet sich die Weltwirtschaftskrise zur Notlage der Währungsunion. Mental: Unterschiedliche, kulturell tief sitzende Zeit- und Raumerfahrungen werden entbettet und globalisiert – dem Individuum öffnet sich weit das Internet, bei Schrumpfung seiner Autonomie.

Es handelt sich zweifellos um eine Zeit des Übergangs – nur: wohin? *Spät-* oder *Postmoderne* sind gewiss plausible Richtungsbezeichnungen, doch noch längst keine Inhaltsangaben. Für nicht wenige ist es jedenfalls Zeit zur Sichtung ihrer Bestände – was davon mag verloren gehen, was kann überdauern, welche neuen Projekte sind möglich? Muschg ist jedoch zu solchen Bilanzen nicht aufgelegt. Seine Tätigkeit gibt dazu allerdings Auskunft – sie hat zwei Schwerpunkte: *Europa* und die *Romane*.

Der Europa-Diskurs

Den Anstoß gab die erste große Debatte europäischer Intellektueller über *Kerneuropa*, die auf Initiative von Jürgen Habermas im Mai 2003 in Gang kam. Er reagierte damit auf den von der Bush-Administration vorbereiteten zweiten Irakkrieg und die darauf erfolgte spontane Reaktion der europäischen Öffentlichkeiten: Es kam am 15. Februar 2003 in fast allen Ländern Europas zu massenhaften Antikriegsdemonstrationen, während man sich von der offiziellen Politik weitgehend im Stich gelassen fühlte. Habermas sah in diesen länderübergreifenden Aktionen eine Chance für die Intellektuellen, bei sich und in ihrem Lande ein europäisches Bewusstsein zu erneuern – wenn nicht gar erst herzustellen. Am 31. Mai 2003 erschienen dann quer durch Europa Artikel zur Frage der europäischen Identität: von Umberto Eco in *La Repubblica,* von Gianni Vattimo in La Stampa, Habermas und Derrida schrieben sowohl in *La Libération* wie in der *Frankfurter Allgemeinen,* Fernando Savater in *El País,* Richard Rorty (als einziger Amerikaner) in der *Süddeutschen* und Muschg in der *Neuen Zürcher Zeitung.* Mit dieser Initiative wurde *Europa* demonstrativ wieder zur Sache der europäischen Intellektuellen.[*]

Von da ab bildete *Europa* für Muschg den thematischen Fluchtpunkt, an dem er sein Programm für die Berliner Akademie ausrichtete und den er auch danach beibehielt. Mittlerweile existieren dazu über fünfzig Essays, Memoranden und auch Reden – gehalten an europäischen Denkmals- und Verkehrsorten wie Aachen, Brüssel, Bonn, Berlin, Freiburg und

---

[*] Das war der öffentliche Effekt. Den intellektuellen Europadiskurs gibt es schon seit über zweihundert Jahren – dazu und grundsätzlich Paul Michael Lützeler: *Kontinentalisierung. Das Europa der Schriftsteller,* Bielefeld: Aisthesis 2007.

Mit Peter Handke, Atsuko Muschg, Ulla Berkéwicz

*Deutsch-arabische Poesietagung in Dubai: Mit (v. l.)
Mohammed bin Rashid Al Maktoum, Hans Magnus
Enzensberger und Michael Krüger (2008)*

Görlitz. 2004 war Muschg mit den Krupp-Vorlesungen über *Was ist europäisch?* beauftragt. Er arbeitete dann in der Auswahlkommission für die europäische Kulturhauptstadt 2010 mit – das ganze Ruhrgebiet wurde nominiert, und Essen erhielt stellvertretend den Zuschlag. Ab 2006 moderierte Muschg zusammen mit Antje Vollmer im Weimarer Nationaltheater die politisch-kulturelle Gesprächsreihe *Polis Europa* (bis 2011). Im Oktober 2012 hielt er in Bonn zum Tag der Deutschen Einheit die *Wasserwerks-Rede* über *Europa – die schwere Geburt*[*]. Sie ist ein Manifest.

Die derzeitige Diskussion zum Stand der europäischen Einheit ist hochkomplex und voller Widersprüche. Sie findet in zwei grundsätzlichen Ebenen statt – einer wirtschaftlich-sozialen und einer historisch-kulturellen, die sich analytisch zwar gut scheiden lassen, während sie doch in der Realität oft vermischt werden. Dazu kommt als weitere Komplikation: Sowohl für die kulturellen Erscheinungen Europas wie für seine wirtschaftlichen Verhältnisse gibt es zahlreiche und unterschiedliche Interpretationsmuster – so verwirrt sich schon das Gespräch eigentlich verwandter Geister. Das zeigte im Sommer 2013 die Auseinandersetzung zwischen Jürgen Habermas und dem Soziologen Wolfgang Streeck über die Frage, wie sich einer neoliberal gesteuerten Globalisierung des Kapitalismus am wirksamsten begegnen ließe. Der «Realist» Streek setzte auf die (verbliebenen) nationalen Institutionen in Europa, Habermas als «Visionär» hielt das für einen Rückfall und sah die Lösung nur in einem überstaatlichen europäischen Gemeinwesen.[**]

Das zentrale Beispiel für perspektivische Wahrnehmung

---

[*] Erschienen unter dem Titel *Vergessen wir Europa? Eine Gegenrede,* Göttingen: Wallstein 2013.

[**] Zu Habermas / Streeck siehe *Blätter für deutsche und internationale Politik* 5/2013 und 9/2013.

gibt seit 2010 Griechenland ab. Seine wirtschaftlich-soziale Lage ist heute eigentlich jedermann bekannt: Das Land befindet sich zu einem großen Teil im Besitz einer wirtschaftlichen «Elite», die sich dem Gemeinwesen wenig verpflichtet fühlt. Die Politiker sind mit ihr identisch oder von ihr weitgehend abhängig. Vorgeschriebene demokratische Prozeduren (Wahlen) werden von der Politik über ein Klientelsystem beeinflusst, dessen Kosten der Staat längst nicht mehr tragen kann. Griechenlands Verwaltung ist weit überdimensioniert, und wichtige Institutionen (Finanz- und Katasterämter) sind nicht zureichend funktionsfähig.

Seit 2010 erhält Griechenland aus der Eurozone *Hilfspakete*. Sie sind an die Auflage von einschneidenden Reformen geknüpft – was vor allem bedeutet, dass die führende Politikerschicht sich selber abschaffen und die Wirtschaftselite erhebliche Einbußen hinnehmen müsste. Wie zu erwarten, passiert das auch nicht. Unvermeidliche Einsparungen und andere Korrekturen werden – mit schlimmen Folgen – nur der Mittel- und Unterschicht auferlegt, die sich politisch (noch!) nicht wehren kann. Diese Verhältnisse sind schwer zu vereinbaren mit der allerdings nicht zu bezweifelnden Tatsache, dass das Land eine Demokratie mit freien Wahlen ist.

Griechenland ist für jede Richtung der Europa-Politik ein Dilemma. Die der deutschen Regierung setzt wirtschaftlich-kapitalistische Prioritäten, die Opposition möchte die Interessen der griechischen Arbeitnehmer vertreten, beugt sich aber dem Primat des Wirtschaftlichen. Hier jedoch – und deshalb überhaupt habe ich das Vorstehende in Erinnerung gerufen – liegt eine ganz reale Gefahr für die allgemeine Glaubwürdigkeit des Europa-Diskurses: Weder die Informationspolitik der deutschen Regierung noch die der Opposition hält sich an die griechischen Realverhältnisse. Nur versprochene, aber nie durchgesetzte Reformen werden zu Fortschritten erklärt, die Notwendigkeit weiterer Kredite vernebelt (Regierung), die Differenz zwischen öffentlicher Armut und privatem Reichtum – und der tätige Anteil der griechischen Sozialdemokratie daran – wird nie klar herausgestellt (Opposition).

Diese gezielte Verzerrung der wahren Verhältnisse ist aber der deutschen Öffentlichkeit durchaus bewusst. Insbesondere die Massenpresse (*Bild*, *BZ*) hält den Gedanken an die von ihr sogenannten *Pleitegriechen* wach, die Korrespondenten der *großen Zeitungen* leisten – dezenter – denselben Dienst. Das Internet ist voll kritischer Kommentare (siehe nur *SPON*, *ZEIT* und die diversen Griechenland-Blogs). Das legt den Schatten der Unglaubwürdigkeit über den Europa-Diskurs. Man beginnt ihn zu verdächtigen – als Vehikel schwer durchschaubarer wirtschaftlicher Interessen und Zusammenschlüsse, als währungspolitisches Instrument des *Marktes*.

Das wird noch verstärkt durch die unzulässige Koppelung zweier Wertungen: Natürlich hat Griechenland eine Sonderstellung im europäischen Projekt – als Geburtsort und Wurzelgrund der westlichen Kultur. Ihn ehren heißt, ihn noch bei seinen späten Bewohnern erkennen und bedanken. Doch es geschieht zu viel davon. Im Rettungs-Diskurs wird aus Griechenland unversehens wieder *Hellas*, wird die klassisch-romantische Antike angerufen und mit ihrem Schwergewicht in die Wagschale gelegt. Es ist aber der Euro, den diese Waage wägt, und die alkäische Ode oder Platons *Symposion* gehören in eine andere Gewichtseinheit. Sie täuschen hier nur über den derzeit rein wirtschaftlichen Grundcharakter des europäischen Projekts, der allen bewusst ist. Dieser Täuschungscharakter (er muss nicht immer so gemeint sein) der Berufungen auf die Antike schädigt ganz erheblich das Vertrauen in die Europa-Idee.

Muschgs Europa

Wie wohl bei allen seines Jahrgangs hat die Sympathie für *Europa* bei Muschg biographische Wurzeln: die Erfahrung des Krieges und seiner Folgen und das idealisierte Griechenland-Bild des Bildungsbürgertums.

Eine sentimentalische Liebe zu Griechenland war für den jungen Schweizer dabei das Frühere – seine Begegnungen mit der Antike sind typische Bildungspassagen, was ja nicht gegen ihren tiefen Eindruck spricht: Zur Konfirmation gibt es das Album *Ewiges Griechenland* (darin Hofmannsthal: *Was in diesem Licht lebt, das lebt wirklich*), dann wird der verehrte Griechisch-lehrer zum Vorbild, bei eigenen Schreibversuchen öffnet sich Hölderlins *Hyperion* als Seelenlandschaft, *Griechenland* wird zur Sehnsuchtsfährte, die 1955 unvorsichtig auch mit Freunden im Auto bereist wird – und von da ab vermieden: als *ungestör-tes Land der Seele*. Im Alter taucht es im Erzählwerk auf.

Der Schweizer Muschg ist nicht materiell vom Krieg be-troffen, doch als Mitglied der deutschsprachigen Kultur kennt er doch bald das *Nie wieder!,* wie es die Deutschen und die Franzosen sich einander versprechen und damit den ja längst existierenden *Paneuropa*-Gedanken ins Leben zurückrufen. Er verfolgt mit seinen Altersgenossen die bewegenden symbo-lischen Handlungen wie das Schleifen der Schlagbäume an der deutsch-französischen Grenze oder die Verleihung des Aachener Karlspreises. Die Begründung der *europäischen Ge-meinschaften* als Wirtschaftsvereinigungen ab 1951 (EWG u. a.) hatte programmatisch einen über das Ökonomische hinaus-weisenden kulturellen und antimilitaristischen Sinn. Hier, stark gefühlshaft, oft auch verbunden mit Ich-Idealen und Lebens-entwürfen, liegen für Muschgs Generation die Wurzeln für ihr europäisches Bewusstsein. Es hat immer auch mit der em-pirischen Realität des Zweiten Weltkrieges zu tun.

Das erklärt eine spontane, grundsätzliche Entscheidung, die Muschg trifft, als er im Mai 2003 – gleichzeitig mit Derrida, Eco, Habermas und anderen – seinen Artikel zu *Kerneuropa* schreibt: Die neue ökonomische Klammer der Staatengemeinschaft – seit 2002 der Euro – macht ihm keine Hoffnung. Sie schaffe keine Werte, in der die Europäer ihre spezifischen eigenen wiedererkennten: Ein *Europa, das sich nichts weiter als rechnen muß, verliert seinen Boden als Solidargemeinschaft.*

Worauf sonst aber soll sich die Einheit Europas gründen, woraus besteht sein Kern? Muschg weiß keine zureichende Antwort. Ein Faktum aber kennt er: *Fraglos ist Europa nur als Erinnerungs- und Erfahrungsgemeinschaft – mit der Besonderheit, dass es Erinnerungen sind, die uns gründlich trennen mussten, bevor sie uns verbanden, und dass die Erfahrungen solche von Gegensätzen waren, die unüberwindlich schienen. Und doch wurden sie überwunden, aber nicht von Berechnenden, sondern von Erschütterten.*

Das ist eine eindeutige Entscheidung gegen die Wirtschaft als identitätsbildende Kraft. Muschg sagt nicht mehr *neoliberaler Kapitalismus,* aber er meint ihn. Was aber hält Europa dann im Innersten zusammen, was stiftet seine Identität? Die *Erschütterten* sind ja nicht mehr da. Was kann an die Stelle der *Erschütterung* treten? Muschg gibt nun doch eine Antwort – man mag sie *spät-* oder *postmodern* nennen. Es ist eine Schriftsteller-Antwort. Sie beruht auf Introspektion in das eigene Selbst und weiß, dass der Befund für die Gegenwart gültig ist. Sie heißt: Identität ist am Ausgang der Moderne längst etwas existenziell Anderes, als wir zu denken gewohnt sind.

Es ist beeindruckend, wie Muschg dies Andere aus eigener Selbsterfahrung entwickeln kann. Was also kann er setzen als Grundstock für die Einheit der Europäer, worin sind sie miteinander identisch – oder besser: einander gleich?

Vor allem darin, dass sie als Individuen nicht, wie eine antiquiert-moderne Leitphantasie es immer noch will, ein klar umrissenes Selbst besitzen: *Zu seinem Glück – und dem seiner Um-*

gebung – hat auch der einzelne Mensch keine scharfen Ränder. Das Individuum, das kleinste, doch ausschlaggebende Glied Europas und der Welt, muß, als Glied einer Res Publica, aber auch als Bruder und Schwester teilen lernen. Eben dafür ist es, anders als die Wortbedeutung von «Individuum» suggeriert, auch selbst teilbar – in bestimmten Grenzen, gewiß, aber erstaunlich ausdehnungsfähigen Grenzen. Jeder von uns lebt mit mehreren Hüten und kann seine Loyalität verteilen, ohne sie oder sich verraten zu müssen. ⃰

Es geht hier um die *erstaunlich ausdehnungsfähigen Grenzen* des Individuums. Das ist gewiss Selbsterfahrung – aber ist sie auch übertragbar? Soziologen, die sich mit der Lage des spätmodernen Selbst befassen, bekräftigen das: Richard Sennett beschreibt dies Selbst als *flexiblen Menschen*, für Zygmunt Bauman ist seine Identität *flüssig.* Auch hinter ihren Metaphern steht Selbstempfindung oder Empathie. Beide Autoren sprechen jedoch von Verlusten – wie aber, wenn man dieser unfesten Verfassung des Selbst gerade das Positive abgewönne?

Muschg unternimmt es. Was ist mit der Identität? *Als Behauptung ist sie auf den höheren Stufen des Lebens so unhaltbar wie auf seiner elementaren. Von bloßer Abgrenzung hat schon die Zelle nicht gelebt. Sie ist auf Stoffwechsel angewiesen und bedarf zur Selbsterhaltung einer durchlässigen Grenze, der Membran, die sie zugleich vor dem Ersticken in sich selbst und vor der Überflutung von außen bewahrt. [...]*

Selbst die geschlossenen Systeme archaischer Stammesgesellschaften kennen mindestens zwei Ausnahmen von der Regel der Autarkie: die Exogamie, also die grenzüberschreitende Heirat (die man als ein erweitertes Inzestverbot verstehen kann) und die Gastfreiheit als notwendige Einschränkung «natürlicher» Fremdenfeindschaft. Beides sind gezielte Grenzüberschreitungen, die den Stoffwechsel der Gesellschaft garantieren, aber immer auch ihre Sicherheit in Frage

---

 ⃰ Adolf Muschg: *Gibt es und brauchen wir eine europäische Identität?* Vortrag in Wolfsburg 24.1.2008 (Manuskript).

*stellen. Die Ambivalenz im Ausbalancieren widersprechender Be-
dürfnisse kommt auch in der Sprache zum Ausdruck. «Hospes»=
Gastfreund und «hostis»=Feind sind aus derselben indogermanischen
Wurzel gewachsen.*

Man sieht, was hier zum Zuge kommt. Es sind Denkmo-
tive, der eigenen Konstitution geschuldet und als Denkstil
auch sprachlich hochtrainiert: die *Ambivalenz* als ausgehal-
tener Widerspruch und das notwendige Eindringen des Fremden (*Anderen*) ins Eigene. Muschg versteht sie als anthropo-
logische Mitgift und setzt sie beim Individuum an:

*Schon beim Individuum, beim einzelnen Staatsbürger, ist die
Anerkennung des* Andern *mit der Anerkennung des* Andern *in
sich selbst verbunden, also dem Blick für die Mehrdeutigkeit der
eigenen Identität.***

Eine Gesellschaft wäre also *gastlich*, wenn sie den aus einer
Wurzel stammenden Widerspruch zwischen «hospes» (Gastfreund) und «hostis» (Feind) ertrüge und fruchtbar machte.
Das meint Muschgs von ihm oft gebrauchte Formel vom *gastlichen Europa*.

Und *Griechenland?* Natürlich erkennt Muschg sein Dilemma: Als schwächstes Mitglied einer vom neoliberalen
Kapitalismus gesteuerten Währungsunion ist es nicht geschäftsfähig – als *griechischer Patient* aber wird es vorerst am Leben
erhalten, damit sein Leichengift nicht das Ganze infiziere.
Und dies allerdings in der guten Gewissheit, dass die verab-
folgten Transfusionen zu den Banken weiterfließen.*** Das
andere, oppositionelle Glied des griechischen Dilemmas aber
ist die allgemeine europäische Überzeugung, dass das Land

---

* Adolf Muschg: *Rede zum Europatag* Universität Freiburg i. B.
2004 (Manuskript).
** Adolf Muschg: *Für ein Europa der Gastlichen.* 2.5.05 (Manuskript).
*** Muschg 2013, S. 18 f.

geschichtlich unbedingt *dazugehört*. Nicht geschäftsfähig, aber dazugehörig – diesen Widerspruch kann auch Muschg nicht als förderlich ausdeuten. Er zeigt zwar auf das Besondere, ganz *Andere* des heutigen Griechenland: *Licht, Lebensart, das Verhältnis zur Zeit, Küche, Gastlichkeit und auch – natürlich – die Schlaumeierei.*[*] Das reicht aber nicht, um es geschäftsfähig zu machen – die Aufzählung sagt es schon selber. Und Europas geschichtliche Schuldigkeit gegenüber den heutigen Griechen um ihrer Ahnen willen? Ist nicht in Euro umzumünzen.

Ein auswegloser Widerspruch? Es bleibt nur noch eine Möglichkeit: *Hellas* auf Griechenland anzuwenden. Dort nämlich – im alten Athen – sind Problemlösungen für die *Polis Europa* vorgeprägt. In unserem Fall hieße eine solche Lösung des Dilemmas *Einschluß und Würdigung des Widerspruchs*. Muschg:

> *Es gibt eine Tragödie, die den Prozeß vom Ausweglosen zum gemeinsamen Weg musterhaft vorexerziert: die* Orestie *des Aischylos. Es ist die Geschichte Orests, der den Mord seines Vaters an der Mutter rächt und damit die Göttinnen der Nacht, die Erinnyen, herausfordert, die ihn mit Wahnsinn schlagen. Zum Anwalt des Muttermörders aber macht sich der ebenfalls göttliche Anstifter dazu: Apoll, der Führer der Musen. Das alte Mutterrecht gegen das neue Patriarchat, ein schwerer Fall, und das Gericht der Alten in Athen, der Areopag, soll ihn entscheiden. Er kann es nicht; die Stimme der Vorsitzenden, der Stadtgottheit Athene, genügt gerade, um ein Patt herzustellen; das aber heißt: keine übergeordnete Norm kann den Bürgern die eigene Entscheidung abnehmen. Aber nun kommt die Weisheit der Athene ins Spiel: sie schlägt vor, den beleidigten Erinnyen in der Polis einen Kult, also einen Ort religiösen Respekts zu errichten; das ist das Mittel, sie zu Eumeniden, «Wohlgesinnten», zu machen, und Orest aus ihrer Rache zu entlassen, ohne seine Schuld zu negieren.*[**]

---

[*] Muschg 2013, S. 19 f.

[**] Adolf Muschg: *Gibt es eine europäische Identität?* Vortrag Universität Fribourg, 31.5.2007 (Manuskript).

Die Rache der Erinnyen wird storniert und zugleich die Schuld Orests nicht mehr bestritten – in den Widerspruch von Schuld und Sühne ist hier das sonst ausgeschlossene Dritte einbezogen: Beides kann jetzt nebeneinander bestehen. Das hat zwar keine Gesetzeslogik mehr, doch lebenspraktische Vernunft, die die Widersprüche verschleift. Ein auch heute mögliches Verfahren?

Adolf Muschgs Plädoyers für Europa geben keine Handlungsanleitung – doch sie sind weit mehr als *schöne Sätze*, mit denen *Europa* beschworen wird (das auch). Sie helfen oft aus einem Dilemma. Denn sie verhandeln ihren Gegenstand im Denkstil des Schriftstellers, dem die Ambivalenz, die Mehrdeutigkeit, das nicht mehr ausgeschlossene Dritte geläufig sind – und der das anderen auch vermitteln kann. Die Schärfe der digitalen Widersprüche wird durch ein Bild oder eine Analogie unscharf (*fuzzy*) gemacht. Auf diesem Wege liegen dann nicht die konkreten Problemlösungen selbst, doch er führt eine zögernde praktische Vernunft ganz in ihre Nähe. Der Europa-Diskurs, in dem sich die – politischen, wirtschaftlichen und kulturellen – Sachlogiken oft gegenseitig blockieren, ist auf solche schönen Entzerrungen dringend angewiesen.

Späte Romane

Es ist schließlich derselbe Autor: Der Denkstil, der sich im Europa-Diskurs bewährt, webt auch am Text seiner letzten Romane – er hat Unschärfe oder er flimmert von Mehrdeutigkeit. Die Romane sind deshalb nicht leicht zu lesen, doch wer sich auf ihr Bedeutungsspiel einlässt, gerät in bunte, intellektuelle, historische, abstruse, erotisch verquere Kleinwelten, die alle miteinander fließend verbunden sind. Seit 2008 erschienen im Zweijahresabstand: *Kinderhochzeit* (2008), wo es anfängt beim Selbstmord einer schönen, reichen Frau mit dem Shake-speare-Namen Imogen, der sich noch auswirken wird ... *Sax* (2010) hat seinen Titel nach einem protestantischen Ritter, den sein katholischer Neffe am 3. Mai 1594 erschlagen hat und dessen Haus heute ein linkes Anwaltskollektiv beherbergt ... *Löwenstern* (2012) heißt ein junger livländischer Adeliger, der 1803 die erste russische Weltumsegelung mitmacht, um nach Japan zu gelangen: *Ich möchte nach Japan, um plötzlich ohne Frage zu wissen, warum ich da bin, sogar ohne Warum.* Goethe persönlich bestärkt ihn darin – oder jedenfalls einen der bei-den Löwensterns, die verwirrenderweise nämlich doppelt vorkommen.

Identitätsgrenzen fallen, eine russische Hafenhure aus Ar-changelsk wird zu einer echten Japanerin, die aber Löwen-sterns, ihres Geliebten, Augen hat und am Ende doch wohl ein Mann ist ... Was ist durch solchen Mehrdeutigkeitszauber an Kunst gewonnen, welcher Lesegewinn entsteht? Ich habe oben festgestellt, dass Muschgs Literatur es mit einem fra-gilen oder flüssigen Selbst aufnimmt, mit der Neigung zur Dissoziation. Gegen diese Tendenz setzen die Texte Festi-gungsverfahren ein, indem sie das Auseinanderstrebende neu verknüpfen – zu einem *Erzählteppich der Assoziation.* Ich habe das *spät*- oder *postmodern* genannt. Was darunter konkret zu verstehen ist, soll im Folgenden an Muschgs Roman *Sax* von 2010 ersichtlich werden.

Die drei Bücher «Sax»

Der Namensgeber dieses Romans, ein Ritter Philipp von Hohensax, erhält am 3. Mai 1594 in einer Schenke von seinem Neffen einen Hieb mit dem Hirschfänger, der ihm den Schä-del spaltet. Zu Hause, auf dem Wundlager, hat er noch die Kraft für einen Brief an den Zürcher Magistrat, in dem er das an ihm begangene Unrecht anklagt und auf Sühne dringt. Dann stirbt er. Da ihm sein Recht jedoch nicht wird, kehrt er als Untoter wieder und spukt fortan in seinem Haus *Zum eisernen Zeit* (dessen Ort man heute noch im Zürcher Niederdorf ausmachen kann). Der Roman nennt Zürich allerdings *Münsterburg* und übernimmt damit den Decknamen, den Gottfried Keller in seiner Kapitalismuskritik für die Vaterstadt verwendet. Aus Adolf Muschgs eigenem Werk stammt – als Selbstzitat – dann eine eigentümliche Begründung für das Wiedergängertum des Ritters Sax: Er habe nie richtig gelebt und habe deshalb auch nicht richtig sterben können. Liebe und Glück habe Sax eigentlich nur im Buch erfahren, und dies Buch sei die *Manessische Liederhandschrift* gewesen, die er als Kriegsbeute mit sich geführt hatte.

Damit sind auch schon die thematischen Dollpunkte benannt, um die der Roman sich bewegt: Schweizer Zustände und der Lauf der Welt, die Sorge um Leib und Leben, wie Muschg sie immer schon hegt, und der schöne und zweifelhafte Trost der Literatur. Selten aber sind sie bei Muschg zu einem solch originellen und in vielen Facetten schillernden Kunstgebilde zusammengetreten, wie in dieser Gespenstergeschichte, in der neben dem ruhelosen Sax vor allem ein Geist umgeht – der von '68. Noch auf der letzten Buchseite hört man sein Klopfen aus dem Grab eines Genossen.

Im April 1970 aber ist dieser Geist noch quicklebendig und in drei junge Schweizer Anwälte gefahren, die ein revolutionäres Kollektiv gründen: Hubert, Bäckerssohn und entsprungener Mönch, ein Nachdenklicher; Jacques, Millionärssohn und Vaterhasser, ein Zwangserotiker; Moritz schließlich, fast klischeehaft jüdisch, mit einem Händchen für Bankgeschäfte, das er jedoch in einem antikapitalistischen Börsenprojekt betätigt. Die drei eröffnen ihre Kanzlei im Haus *Zum eisernen Zeit* und feiern die Einzugsparty im Stil der angebrochenen Epoche – mit Jimi Hendrix, Cannabis und umfassender Pro-

Am 75. Geburtstag mit dem Schweizer Bundespräsidenten Hans-Rudolf Merz

Mit den Söhnen (v. l.) Philipp (geb. 1970), Benjamin (geb. 1972), Konrad (geb. 1964)

miskuität. Zwei Frauen finden sich dabei ein: Marybel, rothaarige, blauäugige und wünschbar liebesfähige Stewardess, die bald als Kanzleisekretärin anheuert. Und der dunkle Stern des Romans, die Schauspielerin Sidonie – *ihr Mund zuckte wie eine ausgeblutete Wunde* –, wird sich von Hubert ein Kind erzwingen und erweist sich doch als traurige Genossin des untoten Sax: Sie kann nicht lieben und nicht leben. Im Laufe der Jahre driftet sie politisch nach rechts, dorthin, wo Melchior Schiess steht, der Führer der Völkischen Partei (in dem unschwer Muschgs rechtspopulistischer Intimfeind, der Bundesrat Blocher, zu erkennen ist).

So in etwa ist – im *ersten* der drei Bücher des Romans – der erzählerische Kern beschaffen, der Quell, aus dem die einzelnen Geschichten hervorkommen. Sie werden mit Lust erzählt, insbesondere das Skurrile jener 68er-Zeit tritt hervor, ohne dabei ihren Geist zu denunzieren. Der geringe historische Abstand macht, dass Muschg in diesen Geschichten nicht viel entwickeln und begründen muss, man kennt die Verhältnisse und die Personentypen ja, sie stehen einem als Erinnerungszitat rasch vor Augen. Umso mehr kann Muschg sie assoziativ befeuern, in verblüffende Ideenverbindungen verstricken – vom Lilienparfüm einer kleinen indischen Liebesarbeiterin zur unbefleckten Muttergottes ist es da nur ein kleiner blasphemischer Gedankensprung.

Das *zweite Buch* des Romans beginnt mit den 90er-Jahren. Die 68er-Hoffnungen sind längst zerstoben, und das Ende der Historie wird ausgerufen. Die Erzähldynamik wechselt nun vom Politischen in die assoziative Vielschichtigkeit der einzelnen Geschehnisse über. Die Geschichten werden immer bunter und anspielungsreicher, dafür fransen sie an den Rändern aus, verzichten auf einen festen Bedeutungsrahmen. Muschg setzt hier viel kulturelles Wissen ein, zum Beispiel: Über den Politiker Schiess (Blocher) kommt dessen Vorbild Heinrich Moser in den Blick, Uhrenkönig aus Schaffhausen, Vater Fanny

Mosers. Und wer ist Fanny Moser? Sie ist gewissermaßen die Stifterfigur des Romans, ihr Bild hängt im Spukhaus an der Wand, denn sie hat (auch realiter) eine grosse Enzyklopädie des Okkultismus verfasst und im badischen Freiburg das Institut für Parapsychologie finanziert. 1953 ist sie gestorben, doch sie lässt weiterhin von sich hören – etwa über ihre Beziehung zu Sigmund Freud. Ihre Mutter war schließlich die *Emmy v. N.*, eine hysterische Geburtshelferin der Psychoanalyse, Freud hat sie noch eigenhändig massiert und zwar am ganzen Körper. Und so weiter. Muschg hat einen wunderbar spöttischen Erzähl-Essay daraus gemacht.

Das furiose *dritte und abschließende Buch* nutzt ein Geheimnis des Hauses *Zum eisernen Zeit*, das zugleich eines des Romans selbst ist: Die Zeit ist gar nicht eisern, sie ist nicht an die Gegenwart angeschmiedet, sondern kann sich dehnen nach hinten und vorn. Auf einer solchen Zeitschiene fährt Hubert dann in die Vergangenheit zurück – zum Ritter Sax und weiter noch auf Burg Aspermunt im Bündner Rheintal (nicht weit von Schiers, Muschgs einstigem Internat), wo seine frühen erotischen Träume auf ihn warten. Ihre grotesken, archaischen Bilder liest man am besten mit Freud oder mit den Surrealisten. Eine Zukunftsreise ins Jahr 2013 nutzt denn auch eine surrealistische Erfindung – die *Pataphysik* Alfred Jarrys, eine irrwitzige Form der Naturbeherrschung. Mit ihrer Hilfe proben die Schweiz und der futuristische Wüstenstaat Sheidan zusammen die *Ökolipse*, die apokalyptische Selbstauflösung der überstrapazierten irdischen Materie: Eine sinnreiche Apparatur lässt die Gegenmaterie zum Zuge kommen, die Menschheit fällt ins schwarze Loch, und die Erde zerglüht zum Schutthaufen gläserner Kügelchen. Simulation oder Tatsache? Wie am Anfang, so klopft es dann zum Schluss des Romans. Dem Pochen des Ritters Sax auf Gerechtigkeit antwortet ein Klopfen aus dem Grab eines gefallenen chinesischen Genossen. Sentimentaler Spuk? Mehr. Eine schwache messianische Hoffnung.

Muschgs Roman ist ein Leseabenteuer – um mit dem buchverliebten Ritter Sax zu sprechen: eine rechte Aventiure voll bunter Ereignisse, mit lohnenden Irrwegen und mit manchen sprachlichen Wundern. Das dritte Buch ist ein wahres Assoziationsfest, in dem sich vieles schon Erzählte neu kombiniert und neuen Sinn gewinnt. Hubert Achermann, der eigentliche Held, ist er vielleicht der wiedergekehrte Sax? Was macht er auf dem Genter Altar der Maler Jan und Hubert van Eyck? Ist der 24. September 2013 der Jüngste Tag, oder geht es weiter? Solche Fragen sind beim ersten Durchgang kaum zu beantworten. Sollte man denn zweimal lesen? Kann man das heute noch verlangen?

Erzählteppich der Assoziation

Im Haus *Zum eisernen Zeit* spukt es also. Der ermordete Ritter Sax geht um, die tote Dr. Fanny Moser ebenfalls, schon von Berufs wegen (sie war Parapsychologin). Wie ist das möglich? Das liegt daran, dass das Haus – wie man bei einer Krankheit sagen würde – einen *Herd* hat, der Impulse sendet, die den Organismus verändern. Dieser Herd ist die verborgene Sternwarte auf dem Dachgarten – ein Bauwerk, dessen Geheimnis Rechtsanwalt Achermann eines Tages erfährt: Es *wies die Zeit ab wie Ölpapier Wasser.* Und mit der Zeit verfällt auch der Raum – und mit Raum und Zeit wird die Grenze zwischen zwei Welten hinfällig. Das ist der Grund, warum Ritter Sax und Dr. Fanny Moser aus dem Jenseits erscheinen können.

Das aber ist auch das bewusste Erzählprinzip des Romans: Die Grenzen zwischen seinen verschiedenen Wirklichkeiten werden geschwächt oder hinfällig – umrissene Identitäten sind aufgeweicht. Alles hat mit allem etwas gemeinsam: die Kanzleisekretärin Marybel mit Dr. Fanny Moser, diese natürlich mit ihrer Mutter (ebenfalls Fanny), der hysterischen Patientin Sigmund Freuds und Tochter Heinrich Mosers, des Schaffhauser Uhrenkönigs, der das große kapitalistische Vorbild des populistischen Parteiführers Schiess ist, der Sidonie, der aus Deutschland geflüchteten Jüdin, eine rechtslastige Parteikarriere ermöglicht, die sie an den Persischen Golf führt, wo ihr Sohn … und so fort.

Das sind keine oberflächlichen Assoziationsketten mit geringer Haftung untereinander – dahinter steht offenbar eine Art innerweltlicher Mystik, eine reale Erfahrung: dass alle Inhalte unserer Welt miteinander zu tun haben. Muschg nennt es *Schöpfungsgeschwisterlichkeit**. Er verlässt sich in seinen Romanen in zunehmendem Maße auf diese umfangreiche Weltverwandtschaft. Leser, die im Roman mehr für die Kleinfamilie übrighaben, vermissen allerdings eine linear und überschaubar gehaltene Handlung. Leser jedoch, die dem Assoziationsspiel folgen und sich – gewiss nicht ohne Schwindel – ganz darauf einlassen können, erleben dabei die Welt wie nach dem Schütteln eines Kaleidoskops: neuartig, frisch.

Damit das auch gut gelingt, ist – heute eine unglaubwürdige Zumutung? – anzuraten, den jeweiligen Muschg-Roman *zweimal* zu lesen. Erst dann wird der Reichtum der Assoziationen – die hergestellten Weltausschnitte – ganz erkennbar. Die Moderne jedenfalls kennt einige Autoren, die das ausdrücklich von ihren Lesern verlangten – zwei seien hier angeführt. Sie haben beide das Problem, den inneren Zusammenhang einer äußerlich dispersen Welt in ihren Texten darstellen zu müssen.

Der eine schrieb: *Es ergiebt sich von selbst, daß, unter solchen Umständen, zum Eindringen in den dargelegten Gedanken, kein anderer Rath ist, als das Buch zweimal zu lesen […]* – so Arthur Schopenhauer über seine *Welt als Wille und Vorstellung* (1818).

---

* Im Vorwort zu seinem neuen Essayband *Im Erlebensfall* (S. 26), das auch eine Poetologie darstellt.

Der andere: *Was soll ich nun über das Buch selbst sagen und da-*
rüber, wie es etwa zu lesen sei? Der Beginn ist eine sehr arrogante
Forderung, nämlich die, daß man es zweimal lesen soll. Das verlangte Thomas Mann für seinen *Zauberberg* (1924). Beide –
Schopenhauer und Mann – schrieben ihre Bücher in einer zer-
fallenden Welt und handelten von der Fragwürdigkeit des
(modernen) Selbst. Sie setzten dagegen hochgradig kompo-
nierte Texte ein, die auch dem Selbst der Autoren Festigkeit
verliehen.

Adolf Muschg steht für unsere Gegenwart. Die Moderne
ist zu Ende und übergegangen in einen flüssigen, schwer
bestimmbaren Zustand, der mit *Postmoderne* jedenfalls schon
einen Namen hat. Muschgs Werk hat bereits diesen Übergang
markiert, der in den Siebziger-, Achtzigerjahren die Signatur
des *Narzissmus* trug. Jetzt lassen sich seine Romane und Essays auf einige neue – *postmoderne* – Lebens- und Schreibmög-
lichkeiten ein. (Während er andere wie die digitale Netzwelt
ablehnt.) Seiner Selbstempfindung entspricht es nun, die Identitätsgrenzen des Individuums für durchlässig oder *erstaunlich*
ausdehnungsfähig zu halten. Die soziologische Metapher dafür
ist: *flüssig* (Zygmunt Bauman). Überhaupt stehen das späte literarische Werk und auch die kulturpolitischen Texte Adolf
Muschgs im Horizont einer *Postmoderne,* wie sie Zygmunt
Bauman* und Richard Rorty entworfen haben: Das Subjekt
muss ambivalenzfähig werden. Dann gelingt ihm auch die
Abwehr jedes Fundamentalismus, der Ambivalenz als Chaos
erlebt.

* Zygmunt Bauman: *Moderne und Ambivalenz. Das Ende der*
Eindeutigkeit, Hamburg: Junius 1992, Kapitel 7: Die Postmoderne oder: mit
Ambivalenz leben.

Bergwanderung (2012)

Phantasie vom geretteten Selbst

Im Jahr 1985 hielt Muschg im badischen Freiburg einen Vortrag vor einem Kreis von Psychoanalytikern. Es ging darin um den Mythos von Ödipus, wie ihn die Psychoanalyse als Seelenerzählung versteht: aufs Bewusstsein fixiert und von monologischer Struktur. Muschg setzte dagegen den Mythos von Orpheus, des von den Mänaden zerstückelten Sängers, dessen Haupt singend im Meer treibt. Die Interpretation, die er dafür fand, ist eine bergende, trostreiche Phantasie vom eigenen Selbst – schon vorgreifend auf dessen heutige Lage*: *Da will kein Es zum Ich werden, sondern da verteilt sich ein Ich in die Natur, im Vertrauen darauf, daß es in ihr nicht verloren gehen kann; da lässt es sich von den eigenen Es-Kräften tragen, um keine Grenze besorgt, und sammelt die zerstreuten Glieder des Ganzen, wie seine eigenen, zum Lied.*

* Adolf Muschg: *Psychoanalyse und Manipulation – oder warum ich mit diesem Thema nicht fertig wurde,* in: Dierks (Hg) 1989, S. 306.

ANHANG
Adolf Muschg über WOHNEN und SCHREIBEN

Zweihäusigkeit

Atsuko und Adolf Muschg leben im Zentrum von Männedorf, einer Seegemeinde am rechten Ufer des Zürichsees, in einer Umgebung, die von Handwerkern und kleinen Angestellten geprägt ist. Die Muschgs bewohnen hier anderthalb Häuser – einen modernen Atelierbau in einem kleinen japanischen Garten mit Fujiyama und Goldfischteich und, nebenan, die Hälfte eines alten Hauses im Stil des Viertels. Vom Neubau zum Altbau geht es durch den Garten, und deshalb wechselt man im Altbau die erdigen Schuhe gegen ein paar bunte Hauspantoffeln. Wie nicht selten: Die Bau- und Umbaugeschichte dieser Häuser ist zugleich ein markantes Stück Lebensgeschichte des Bauherrn und seiner Frau. Sie begann 1989, als Atsuko Kanto mit ihren Kindern in Berlin ankam und mit Muschg in eine Familienwohnung des Wissenschaftskollegs zog. Es wurde klar, dass ein neuer Hausstand in der Schweiz fällig wurde.

Der Versuch, im benachbarten Thalwil ein altes Häuslein zu kaufen, schlug fehl bzw. scheiterte an der Inkompetenz der mit dem Ausbau beauftragten Architekten; dann nahm ich den Umbau des 1990 in Männedorf gekauften Hausteils mit einem jungen örtlichen Baumeister zusammen selbst in die Hand. Da mein gesamtes müt-

terliches Erbe im Kilchberger Haus steckte (das bei der Scheidung an Hanna ging), brauchte ich für den Umbau mein ganzes Erspartes und musste mich überdies mit einer hohen Summe bei der Bank verschulden.

Man zog neue Decken ein, eine neue Treppe und gewann so einen Raumzusammenhang auf unterschiedlichen Niveaus – die Verbindung des eingesetzten Stahls mit den traditionellen Werkstoffen ist ästhetisch sehr reizvoll. Die Fassade des regionalen Handwerkerhauses ist erhalten geblieben.

Im Garten stand nur der Ponystall des unseligen Vorbesitzers, eines Maurers, der auch als Motorrad-Freak aufgefallen war. Wir bekamen es bereits mit seiner Erbengemeinschaft zu tun, von denen keiner an den Ort einer verkorksten Kindheit zurückwollte; als ich den Hausteil kaufte, war außerdem noch der größere Teil an eine Witwe und ihren Sohn vermietet, die aber rechtzeitig vor dem Umbau auszogen. Im Grunde: ein Armeleute-Milieu, unter dem Atsuko mehr gelitten hat als ich: der immer etwas wirre Umbau hatte für mich etwas Belebendes, «bei Null beginnen». Ich betrachtete das alte Haus als Dornröschen, das mit ein wenig Pfiff wachgeküßt werden wollte. Aber zugleich war es ein Provisorium, das einzige, was mir daran wirklich am Herzen lag, war der Garten, mit dem Teich, der gleichzeitig mit dem Umbau fertig wurde, es gab sogar noch einen zweiten Teich (heute aufgehoben und mit schwarzem Kies gefüllt): vom Garten her versuchte ich unsere kleine Welt zugleich wohnlich zu machen und zu japanisieren.

Die neue Häuslichkeit war originell, für Atsukos Kinder, die in Männedorf eingeschult wurden, wohl auch erträglich, aber für andere Bedürfnisse zu eng: für Atsukos Flügel blieb erst nur der Keller. Die Kinder hatten ihre Zimmer auf der Küchen-Etage, daneben Atsukos Arbeitszimmer (dabei ist es bis heute geblieben). Das heutige Gastzimmer war mein Arbeitszimmer, die neuen Eheleute schliefen zuoberst unter dem Dach.

Man plante bald ein Erweiterungsprojekt.

Zum Glück waren wir in einer Kern-, nicht in der Einfamilien-

zone der Gemeinde angesiedelt und konnten darum das kleine
Grundstück bis an die Grenze nützen, für das Projekt, welches die
Enge des alten Hauses endgültig als Provisorium erscheinen ließ: den
Atelierneubau im Garten, den unser alter (damals schon wirklich
alter) Freund und Architekt Felix Schwarz ausführte, ein ehemaliger
Trotzkist, mit dem ich an der ETH gemeinsame Seminare zum Thema
Theater gehalten hatte (er hatte zuvor das neue Basler Theater ge-
baut, das Zürcher Schauspielhaus renoviert und ebenso das Limmat-
haus, einen alten Sammelplatz der Zürcher Linken). Es sollten im
Grunde nur zwei Räume werden, jenseits des Familienlebens, das im
alten Haus stattfand: ein Musikzimmer nach Atsukos Herzen (die
zum Neubau auch finanziell beigetragen hat) und ein Studio für
mich (wir leisteten uns dann noch ein Badezimmer und eine Sauna
im Untergeschoß). Aber im Grunde war der Neubau nach Japan
orientiert, seine bleibende Stammzelle war der Teich mit den zwei
Steinlaternen; und wir brauchten lange – bis zum Jahr 2013 – bis wir
diesen Garten mithilfe eines Sitzplatzes «zweiseitig» einrichteten,
nämlich so, daß man auch von der Gartenseite her das neue Haus
genießen kann, an dem wir sehr hängen.

Muschgs Arbeitstrakt ist in diesem Bungalow dem japanischen Garten zugewandt – hell durch hohe Glastüren, ausgestattet mit PC und Bücherregalen, das Hauptregal ist rund
und kann umwandert werden. Im Hintergrund findet sich
eine lederne Sitzecke mit Kamin. Japanisches Design und japanische Kunstwerke zitieren Atmosphäre. In der anderen
Haushälfte befindet sich Atsukos Musikzimmer mit dem Flügel. Der Zugang zu beiden Häusern liegt an der Straßenseite
des Bungalows.

Mit dem Auszug von Atsukos Kindern veränderte sich die
Symbiose von Familienleben-Musik-Schreiben.

Wirklich lebendig ist im alten Haus nur noch die Küche, Atsukos
Arbeitstisch mit dem PC und – deutlich abnehmend – das Fernseh-
zimmer. Das eigentliche Wohnen im alten Haus besorgt uns der
Kater Kuma, die schwarze Katze, die im Neubau nicht heimisch ge-

worden ist. – Ja, an der Gesamtarchitektur unserer Liegenschaft fällt dies oder jenes «Ungelöste» auf. Sowohl im Musikzimmer wie in meinem Studio gibt es eine Galerie; diejenige in meinem Studio dient uns heute als Schlafzimmer (und kollidiert mit meinen Rauchgewohnheiten), diejenige in Atsukos «japanischem» Musikzimmer bildet die Schatzkammer ihres Familienarchivs und bleibt sonst «unbelegt».

Die Zweihäusigkeit, die sich so entwickelt hat, hat ihre Vorgänger sowohl in ihrem wie in meinem Leben: man muß immer wieder «von Haus zu Haus» gehen, sei es, um zusammenzukommen oder um für sich zu sein.

Es gibt aber noch eine Ausgründung in Berlin.

Eigentlich gehört «Berlin» dazu, wo wir seit 2003 eine feste Absteige haben; bis 2006 Räume im Altbau der Akademie am Hanseatenweg, seither die gemietete Dreizimmerwohnung im Westen, Nähe Savignyplatz; hier ist alles weit und leer, besonders das große «Berliner Zimmer», und wir bringen es fertig, auf der Straßenseite unseren Arbeitsplatz zu teilen. Dafür ist das städtische Leben in wirklicher Reichweite, das Atsuko weniger leicht entbehrt als ich. So lange wir diese erweiterte Zweihäusigkeit halten können, werden wir es tun.

Aspekte des Schreibens

Der literarische Schreibprozess ist heute in bestimmten Ebenen durchaus darstellbar geworden. In seinen Grundvorgang allerdings reicht – wie in jede so hochkomplexe menschliche Tätigkeit – kein psychologisches Modell. Auch die Introspektion der Autoren kommt dort nicht an, irgendwann gehen ihr die Begriffe aus, darauf die Metaphern und dann jede Wahrnehmung überhaupt. Die feststellbaren und beschreibbaren Zonen des literarischen Schreibprozesses sind jedoch aufschlussreich genug – hier unterscheiden sich die Autoren auch erheblich. Und es gibt – wie dies Buch zeigen wollte – tief liegende und reizvolle Zusammenhänge zwischen der Biographie eines Autors und der Art, wie er schreibt.

Im Folgenden antwortet Adolf Muschg auf einige grundsätzliche Fragen, die ich ihm zur Entstehung eines Werkes gestellt habe. Seine Antworten werfen Licht auf Eigentümlichkeiten seiner Texte – vor allem in den letzten Romanen.

Wo kommen die Schreibanstöße her?

Bei mir: wohl aus traumatischen Erfahrungen, auch wenn sie mir als solche nicht (mehr) bewußt sind.

Ein Beispiel, mit dem ich gerade umgehe: vor einem halben Monat wurde mir im Zürcher Hauptbahnhof die Reisetasche gestohlen, als ich ihr ein paar Sekunden den Rücken drehte. Der glückliche «Finder» verfügt nun buchstäblich über alle Schlüssel zu meiner Existenz, (auch die Hausschlüssel zu zwei Wohnungen), Adressen, Handy, Agenda, und ich kann mir auszurechnen versuchen, was er davon verwenden kann: das Wenigste, aber fast alles, was er nicht brauchen kann, ist unschätzbar für mich. Das gilt – aus bestimmten Gründen – fast am meisten für die Tasche, die schon eine Geschichte für sich ist; ihm sagt sie nur, daß er sie möglichst spurlos entsorgen muß. Das Uninteressante an dem Vorgang ist das Technische und Lästige: Schlösser kann man auswechseln, Kreditkarten sperren, ein paar hundert Euro abschreiben.

Aber inzwischen ist mir die Gestalt dieses Diebes erschienen: ich brauche ihm nur ein Beziehungsdelikt zu unterstellen, dann wird eine Geschichte daraus – mit unabsehbaren Folgen für uns beide. – Aus dem Schaden – welchem immer – Schadensersatz zu ziehen, dürfte auch sonst keine ganz kalte Spur dafür sein, wie es beim Schreiben zugeht, auch wenn die Schäden nicht so handfest sind wie der eben erlittene; der Schock, den auch er mir bereitet hat, hat einen bestimmten Erkenntniswert, der Dir vielleicht für Deine Fragestellung dienen kann. Etwa: was nicht mehr gut zu machen ist, kann man immer noch wahrer machen; auch wahrer, als es «in Wirklich-

Im «Japanischen Garten» hinter dem Atelier

keit» war. So entsteht die Wahrheit der Fiktion, jedenfalls bei mir
hat sie immer etwas davon gehabt. Verluste machen findig. «Vindec-
lîche vlust» – erfinderischer Verlust – hieß das in religiöser Hinsicht
bei einem Mystiker des deutschen Mittelalters. Kunst hat wohl allerhand mit dieser Findigkeit zu schaffen.

Gesetzt, aus dem Verlust der Reisetasche sollte –
etwa durch Hinzuerfindung des Diebes und eines Beziehungs-

deliktes – wirklich eine Geschichte werden. Wie ginge das nun weiter?

Bis ich in ein Buch hineinkomme, muß sich eine Art «Feld» aufbauen: ich lebe und webe eigentlich 24 Stunden darin und messe, was immer mir begegnet, an den Bedürfnissen dieses «Feldes», noch ohne sie recht zu kennen; aber es gibt keinen andern Weg, sie kennenzulernen. Ich muß mit meinem sich abzeichnenden Personal und seinen Verhältnissen leben, und wenn ich ehrlich bin, gehen sie meiner «normalen» Lebenshaltung vor. Die ist eher manchmal etwas störend. Doch, wie Thomas Mann einmal schrieb: Störung sei alles, es komme nur darauf an, ob sie uns willkommen oder unwillkommen sei.

Mit den Jahren bin ich ein fast zwanghafter «Verwerter» meiner Erfahrungen zugunsten oder zuhanden meiner fiktiven Geschöpfe geworden, diesen Aliens, die meine Rätsel nicht lösen, aber hinreichend zu stellen versprechen. Am intensivsten ist der Umgang mit ihnen vor dem Einschlafen, wo sie mir so leibhaft wie möglich erscheinen, dann kommt es vor, daß ich wieder Licht mache, um mir diese oder jene Beobachtung bzw. den Satz, der sie einfängt, nicht entschlüpfen zu lassen; dafür stehe ich oft mitten in der Nacht auf und setzte mich dann vor mein Notizbuch – nie an den Computer, dessen Eigensinn mir in die Quere käme; nein, dazu gehört Handschrift (auch wenn ich sie am andern Morgen kaum entziffern kann) und Papier. Keine der Gedankenverbindungen oder Figurenverhältnisse, die sich dann als tragfähig erwiesen, hat sich je anders als in dieser halb unbewußten Vor-Arbeit hergestellt.

Und so ist es auch die Nachwirkung dieser nur halb aktiven Inkubation, die mich am nächsten Vormittag – meiner eigentlichen Schreibzeit – am Laufen hält; ich muß das Gefühl haben: es sei eigentlich alles schon da, ich brauche es jetzt nur noch ein wenig zu Paaren zu treiben. Anders herum: das ist wohl meine Art, mich um das Hic et nunc des Schreibens ein wenig herumzumogeln; ich darf – das war schon immer so – selbst nicht zu genau wissen, daß ich jetzt im Ernst am Schreiben bin, um gewissermaßen auf meiner eigenen Höhe zu sein: sonst schleicht sich ein Krampf ein und ich «for-

*muliere» nur noch, immer wieder; recht brav, und doch: das Beste ist
schon verloren.*

Muschg darf beim Schreiben nicht zu genau wissen,
dass es jetzt ernst ist – dass etwas auf dem Spiel steht –, dann
bleibt er auf seiner *eigenen Höhe.* Andernfalls *schleicht sich ein
Krampf ein.* Das ist – abgemildert – die notwendige Selbsttäuschung, die ihm 1965 seinen ersten Roman *Im Sommer des
Hasen* eingetragen hat. Jahrelang hatte er vergeblich versucht,
eine Geschichte zu erzählen – das Papier blieb leer. Der Grund
war die Größenphantasie, die auf dem Spiel stand: *Zu schreiben
war augenblicklich und ohne Umschweife das längst fällige Meisterwerk, das alles klar machte.* Damit diese Größenphantasie durch
das allfällig Geschriebene nicht widerlegt werden konnte –
schrieb man am besten gar nicht, bekam einen Schreibkrampf.
Die Blockade hatte sich damals durch die Selbsttäuschung
Muschgs aufgelöst, er würde nur eine redaktionelle Überlei-
tung zwischen verschiedenen Feuilleton-Texten schreiben – es
stand also nichts auf dem Spiel. Unter der Hand aber entstand
der Roman. Diese Ursituation bleibt – abgemildert – eine
Schreibbedingung.

Wenn nun das vormittägliche Quantum geschrieben
wurde – bleibt es dann auch stehen? Es gibt doch immer eine
Differenz zwischen dem, was man schreiben wollte und dem,
was dann tatsächlich dabei herausgekommen ist?

*Natürlich setzt sich dann doch die Schrift, das Geschriebene an die
Stelle des Vorbedachten oder Vorgefühlten; aber dieses muß mir als
Kontrollinstanz unbedingt erhalten bleiben, und drängt mich – heute
viel mehr als in jungen Jahren –, geschaffene Tatsachen, das heißt:
Texte, wieder zu verwerfen und umzuschaffen. Da gibt es einen
sokratischen Daimon, der mir sagt; so nicht, oder so noch nicht. Ich
kann immer weniger «gut sein lassen». Um mir gut genug zu sein,
muß der Text einiges, und wenn er es noch so flott sagt, wieder ver-
schweigen, «vergessen» lernen. Ich streiche dann. Gut (oder wenigs-*

tens: mich selbst befriedigend) schreiben, heißt, mehr als früher,
Spielräume zu öffnen, statt Spielfiguren möglichst gut zu setzen,
«Weniger ist mehr». Aber um das zu realisieren, muß erst sehr viel da
sein, und das Gefühl, daß sich das meiste davon erübrigt, wenn das
Rechte gefunden wird, darf nicht einschlafen oder sich im kleinen
Rausch an etwas lokal vielleicht ganz Gelungenen betäuben. Wenn
ich meine letzten vier Bücher ansehe, so ist das Ausformulierte ein
Vielfaches dessen, was schließlich stehen bleibt, und auch bei diesem
verfolgt mich das Gefühl, ich hätte mir zuviel durchgehen lassen.

Tatsächlich gibt es in den Romanen seit *Eikan, du bist spät* (2005) erhebliche Aussparungen – es werden dann faszinierende *Spielräume* eröffnet, die aber vom Autor nicht erschöpfend bespielt werden. Hier ist der Leser eingeladen und gefordert. Das ist also eine Folge gewachsener Ansprüche ans Schreiben? Und interessanterweise gerade begleitet von einer größeren Produktion von Textversuchen als früher – die später aber meist ausgespart werden.

Natürlich ist daran auch etwas von Alterserscheinung. Es gibt einen
Überfluß und Überschuß, der nicht nur sein darf, sondern sein muß,
er ist ein Anzeichen dafür, daß man mit Vergnügen bei der Sache
war, und dieses Vergnügen teilt sich dem Leser ja wohl mit. Daß man
wählerischer wird, heißt ja leider nicht, man sei besser geworden,
man traut sich nur weniger und hat leider auch seine Gründe dazu.
Es ist einem nicht mehr so leicht gegeben, von den eigenen Phanta-
sien begeistert oder doch besessen zu sein, und ein Minimum dieser
Unschuld ist ja doch notwendig.

Aber es gibt auch so etwas wie eine Verpflichtung gegenüber
meinen Fiktionen, das Bedürfnis, einer Figur gerecht zu werden, und
dafür sind mehr Annäherungen an sie nötig als früher. Mein PC
wird so zu einem Magazin von solchen Anläufen, immer wieder-
holten Entwürfen, denen dann die Leidenschaft abhanden kam, sie
auch auszuführen; dann droht aus dem Gewebe eine Kompilation
von Mustern zu werden, die alle sagen, wie das Ding eigentlich sein

müßte, und zugleich beweisen, daß es das noch nicht ist. – Ja, ich bin
wohl anspruchsvoller geworden.

Zum Glück – zum Glück? – schafft der Prozeß der Textverarbei-
tung seine eigenen Fakten. Wenn man sich am nächsten Tag wieder
liest, ist man leichter bereit zu akzeptieren, was daran – schlecht
oder recht – gelungen ist, als was man einer Geschichte schuldig
blieb. So setzt sich das Gelingen aus vielen verschwiegenen Nieder-
lagen zusammen, der Text macht dicht gegen die Weitläufigkeit sei-
ner Genese, und schließlich bleibt einem nur übrig, als sich auf seine
Seite zu schlagen. Dann wird Schreiben zur «Redaktion». Und oft
muß man froh sein, wenn man wenigstens so weit kommt. Je länger
man sich in diesem Spiegel betrachtet, desto mehr läßt man sich
gelten, schon weil einem ja nichts anders übrig bleibt.

Und was geschieht mit dem beachtlichen Rest der
Geschichte, der nicht im Text hat realisiert werden können?
Lebt er im Kopf weiter, oder ist er nun abgetan?
Ich habe noch keinen Text geschrieben, von dem ich – wenn er noch
ungedruckt war – nicht das Gefühl gehabt hätte: JETZT erst wisse
ich, wie ich ihn recht hätte machen sollen. Aber mit jeder Woche, die
vergeht, bin ich weniger untröstlich deswegen. Das heißt: der Text
hat jetzt sein Eigenleben angetreten, er ist nun, wie er ist, und ich
darf mich der Phantasie überlassen: das nächste Buch werde dann
das rechte, das ich immer habe schreiben wollen.

Und fange ich damit an – von einem Anlauf zum andern – bleibt
natürlich nicht aus, daß ich bald wieder vor lauter Bäumen den
Wald nicht mehr sehe – und nur hoffen kann und muß, wer mich
liest, vermöge das Waldförmige dann doch zu erkennen – an jedem
Stück Holz, das ich bearbeitet habe. Denn, das ist Glück wie Fluch
dieser Arbeit: man entgeht seinen Motiven ja doch nicht; man mag
sich so klug oder dumm anstellen, wie man will. Das Motiv im
Persönlichen, durchschaut oder nicht, wird in jedem Fall zum Motiv
im Sinne der Kunst, und man darf von und mit der Hoffnung leben,
daß sich das, was daran «Bewegung» ist, überträgt, auf welchen

Wegen immer. Und daß man diese Wege nicht kennen muß, um auf ihnen nicht ganz fehlzugehen.

Zum Schluss die betriebstechnische Frage: Wann geschieht das alles? Wie verteilt sich die Arbeit über den Tag? *Bei mir ist der Vormittag die am ehesten erfolgversprechende Arbeitszeit, immer noch zwanghaft mit Pfeifenrauch verbunden. Um die Schätze der Nacht (s. o.) zu retten, kann ein Frühstück (wenn es denn sein muß) nicht stumm genug sein, die Zeitung bleibt liegen bis nach dem Mittagessen. Am Nachmittag bin ich klüger, aber für das «Schreiben» darf ich das nicht sein; wehe, ich lasse mich dazu hinreißen, die morgendliche Arbeit fortzusetzen!*

Zu Pflichtarbeit – Vorträgen etc. – reicht die Energie einstweilen immer noch. Besser wäre es wohl, ich täte etwas ganz anderes. Was zu kurz kommt: Bewegung, um der lieben Gesundheit willen. Lesen geht immer noch, und geht immer; es ist eine nie versiegende Kraftquelle. Die Literatur von Zeitgenossen ist es nur ausnahmsweise, bei Eugen Ruge oder Georg Klein, zum Beispiel. Aber wenn ich mich am Möglichen aufrichten will, kenne ich immer noch nichts (und immer weniger) als die Griechen: Euripides war die letzten Monate mein ständiger Begleiter, und bevor mir die gestohlene Tasche dazwischenkam, wollte ich auch etwas daraus machen. Aber es bleibt wohl definitiv größer als mein Vermögen.

LITERATURVERZEICHNIS

Abkürzungen

AG *Albissers Grund*
Ed *Eikan, du bist spät*
Hw *Herr, was fehlt dir?*
IK *Die Insel, die Kolumbus nicht gefunden hat*
KG *Das Kerbelgericht*
LaT *Literatur als Therapie?*
OH *O mein Heimatland!*
PW *Papierwände*
RR *Der Rote Ritter*
SG *Sutters Glück*
SH *Im Sommer des Hasen*

Albers, Irene/Franke, Anselm (Hg) (2012): *Animismus. Revisionen der Moderne*, Zürich: diaphanes.

Basler, Otto u. a. (1954): *Für Thomas Mann*. Basel: Stephan Joos.

Bauman, Zygmunt (1992): *Moderne und Ambivalenz. Das Ende der Eindeutigkeit*, Hamburg: Junius.

Blätter für deutsche und internationale Politik, Berlin: Blätter-Verlagsgesellschaft, Hefte 5, 9/2013.

Böhler, Michael (2008): *Adolf Muschg: homme politique – homme de lettres*, in: Quarto, Zeitschrift des Schweizerischen Literaturarchivs, Nr. 25/2008.

Böschenstein, Renate (1989): *Schreiben nach und mit Freud. Zum Verhältnis von Text und Subtext in Romanen von Adolf Muschg*, in: Manfred Dierks (Hg): *Adolf Muschg*, Frankfurt am Main: Suhrkamp 1989, S. 56–81.

Bunte, Hans Bernd (2012): *Das Lächeln von Antikratos. Mythos, Liebe und Tod in Adolf Muschgs Roman «Kinderhochzeit»*, Marburg: Tectum.

Bunte, Hans Bernd (2013): *Vom Ende aller Zeiten: Spuk, Kunst und Religion in Adolf Muschgs Roman «Sax»*, Marburg: Tectum.

Burger, Hermann (1979): *Diabelli*. Erzählungen, Frankfurt am Main: S. Fischer.

Burger, Hermann (1982): *Die künstliche Mutter*, Frankfurt am Main: S. Fischer.

Burger, Hermann (1983): *Ein Mann aus Wörtern*, Frankfurt am Main: S. Fischer.

Burger, Hermann (1986): *Die allmähliche Verfertigung der Idee beim Schreiben*, Frankfurt am Main: S. Fischer.

Deckert, Renatus (Hg) (2007): *Das erste Buch: Schriftsteller über ihr literarisches Debüt*, Frankfurt am Main: Suhrkamp.

Dierks, Manfred (1981): *Autor – Text – Leser: Walter Kempowski*, München: Francke.

Dierks, Manfred (Hg) (1989): *Adolf Muschg*, Frankfurt am Main: Suhrkamp.

Ehrenberg, Alain (2004): *Das erschöpfte Selbst. Depression und Gesellschaft in der Gegenwart*, Frankfurt am Main: Campus, (frz. 1998).

Frisch, Max (1977): *Kein Sänger der Schweiz-AG*, in: *Der Spiegel*, Nr. 32, 1977, S. 120–122.

Gellner, Christoph (2010): *Westöstlicher Brückenschlag. Literatur, Religion und Lebenskunst bei Adolf Muschg*, Zürich: Pano.

Häsing, Helga/Stubenrauch, Herbert/Ziehe, Thomas (Hg) (1979): *Narziß: ein neuer Sozialisationstypus?*, Bensheim: pädextra.

Kohut, Heinz (1971): *The Analysis of the Self. A Systematic Approach to the Psychoanalytic Treatment of Narcissistic Personality Disorders*, New York 1971; dt. *Narzißmus*, Frankfurt am Main: Suhrkamp 1973; Taschenbuchausgabe: *Narzißmus. Eine Theorie der psychoanalytischen Behandlung narzißtischer Persönlichkeitsstörungen*, Frankfurt am Main: Suhrkamp 1976.

Lasch, Christopher (1982): *Das Zeitalter des Narzissmus*, München: Bertelsmann.

Latour, Bruno (2008): *Wir sind nie modern gewesen. Versuch einer symmetrischen Anthropologie*, Frankfurt am Main: Suhrkamp.

Lützeler, Paul Michael (2007): *Kontinentalisierung. Das Europa der Schriftsteller*, Bielefeld: Aisthesis.

Mann, Thomas: *Gesammelte Werke in dreizehn Bänden* , Frankfurt am Main: S. Fischer 1990.

Mann, Thomas: *Große kommentierte Frankfurter Ausgabe*, Frankfurt am Main: S. Fischer 2002 ff.

Messerli, Alfred (Hg) (2004): *Schreibsucht: autobiografische Schriften des Pietisten Ulrich Bräker (1735–1798)* Göttingen: Vandenhoeck & Ruprecht.

Miller, Alice (1979): *Das Drama des begabten Kindes und die Suche nach dem wahren Selbst*, Frankfurt am Main: Suhrkamp.

Miller, Martin (2013): *Das wahre «Drama des begabten Kindes». Die Tragödie Alice Millers*, Freiburg: Kreuz 2013

Muschg, Adolf (1961): *Der Dichter Barlach*, Aarau: Keller.

Muschg, Adolf (1985): *Aussteigen? Einsteigen!* In: *Frankfurter Rundschau* vom 24.8.1985.

Muschg, Adolf (1989): *Psychoanalyse und Manipulation – oder warum ich mit diesem Thema nicht fertig wurde*, in: Dierks (Hg) 1989. S. 293–318.

Muschg, Adolf (2000): *«Talentlos vor dem Schicksal». Zur Polemik Walter Muschgs gegen Thomas Mann*, in: Thomas Sprecher (Hg): *Vom «Zauberberg» zum «Doktor Faustus»*, Frankfurt am Main: Klostermann. S. 13–30.

Muschg, Adolf (2013): *Vergessen wir Europa? Eine Gegenrede*, Göttingen: Wallstein.

Muschg, Adolf (2014): *Im Erlebensfall. Versuche und Reden 2002–2013*, München: C.H.Beck.

Muschg, Walter (1929): *Der dichterische Charakter. Eine Studie zu Albrecht Schaeffers «Helianth»*, Berlin: Junker und Dünnhaupt.

Muschg, Walter (1935): *Die Mystik in der Schweiz. 1200–1500*, Frauenfeld und Leipzig: Huber.

Muschg, Walter (1968): *Umriß eines Gottfried-Keller-Porträts*, in: W. M.: *Gestalten und Figuren*, Bern: Francke.

Muschg, Walter (2009): *Die Zerstörung der deutschen Literatur und andere Essays*, hg. von Julian Schütt, Zürich: Diogenes.

Psychoanalytisches Seminar Zürich (Hg) (1981): *Die neuen Narzissmustheorien: zurück ins Paradies?* Frankfurt am Main: Syndikat.

Reich, Wilhelm (1974): *Der Krebs*, Köln: Kiepenheuer & Witsch (engl. 1948).

Ricker-Abderhalden, Judith (Hg) (1979): *Über Adolf Muschg*, Frankfurt am Main: Suhrkamp.

Rorty, Richard (1992): *Kontingenz, Ironie und Solidarität*, Frankfurt am Main: Suhrkamp.

Schmidt-Degenhard, Meinhard (1995): *Adolf Muschg. Liebe, Literatur und Leidenschaft*, Zürich: Pendo.

Schütt, Julian (1996): *Germanistik und Politik. Schweizer Literaturwissenschaft in der Zeit des Nationalsozialismus*, Zürich: Chronos.

Schütt, Julian (2011): *Max Frisch. Biographie eines Aufstiegs 1911–1954*, Frankfurt am Main: Suhrkamp.

Schult, Friedrich (Hg) (1985): *Barlach im Gespräch*, Hanau: Dausien.

Sontag, Susan (1978): *Illness as Metaphor*, New York: Farrar, Straus and Giroux (dt. 1981).

Sprecher, Thomas (2013): *Karl Schmid (1907–1974). Ein Schweizer Citoyen*, Zürich: Verlag Neue Zürcher Zeitung.

Wysling, Hans (1974): *Zur Situation des Schriftstellers in der Gegenwart*, Bern und München: Francke.

Wysling, Hans (1993): *Macht und Ohnmacht des Narziss. Hermann Burgers «Zauberberg»*. In: Heinz Gockel u. a. (Hg): *Wagner – Nietzsche – Thomas Mann, Festschrift für Eckhard Heftrich*, Frankfurt am Main: Klostermann 1993, S. 357–368.

Wysling, Hans (1996): *Streifzüge. Literatur aus der deutschen Schweiz 1945–1991*, hg. und eingeleitet von Hans-Rudolf Schärer und Jean-Pierre Bünter, Zürich: Schulthess.

Ziehe, Thomas (1975): *Pubertät und Narzißmus. Sind Jugendliche entpolitisiert?*, Köln: EVA.

Zorn, Fritz (1977): *Mars*. München: Kindler.

Manuskripte

Adolf Muschg: *Rede zum Europatag* Universität Freiburg 2004 (Manuskript)

Adolf Muschg: *Für ein Europa der Gastlichen*. 2.5.2005 (Manuskript)

Adolf Muschg: *Gedanken zu einem Schwerpunkt der Akademie*, 11.5.2005 (Manuskript).

Adolf Muschg: *Gibt es eine europäische Identität?* Vortrag Universität Fribourg, 31.5.2007 (Manuskript).

Adolf Muschg: *Gibt es und brauchen wir eine europäische Identität?* Vortrag in Wolfsburg, 24.1.2008 (Manuskript).

Links

www.forum-grundeinkommen.de

http://www.hkw.de/de/programm/2012/animismus Ausstellung «Animismus» Berlin 2012.

http://www.spiegel.de/spiegel/print/d-44943970.html Archiv Der Spiegel

DANK

Ich danke Atsuko und Adolf Muschg herzlich für lange und eindringliche Gespräche. Deren Tonaufzeichnungen liegen mir als Referenz vor. – Ch. D. war bei der kritischen Lektüre des Manuskripts unbestechlich wie immer und überall.

BILDNACHWEIS

VITA

1934   geboren in Zollikon am 13. Mai als Sohn des
Primarlehrers Adolf Muschg und der Kranken-
pflegerin Frieda, geb. Ernst. Halbbruder des
Basler Literaturhistorikers Walter Muschg
(1898–1965) und der Jugendbuchautorin Elsa
Muschg (1899–1976)

1946–1953   Gymnasium in Zürich und 2 Jahre Internat in
Schiers (Graubünden)

1948   Tod des Vaters

1953   Matura am Literargymnasium Zürich

1953–1959   Studium der Germanistik, Anglistik und
Psychologie an der Universität Zürich und in
Cambridge

1959   Promotion mit einer Dissertation über Ernst
Barlachs Dramen bei Emil Staiger

1959–1962   Hauptlehrer für Deutsch an der Kantonalen
             Oberrealschule.
             Daneben Redaktor der literarischen Sendereihe
             das offene buch bei Radio Zürich und Dozent an
             der Volkshochschule

1962–1964   Lektor für Deutsch an der International
             Christian University in Tokio.
             Heirat mit Charlotte, geb. Iklé (1962),
             1964 Sohn Konrad geboren

1964–1967   Wissenschaftlicher Assistent von Walther Killy
             am Deutschen Seminar der Universität Göttin-
             gen

1965   *Im Sommer des Hasen*
             Förderungspreis der Schweizerischen
             Schiller-Stiftung
             Förderungspreis des Kantons und der Stadt
             Zürich

1966   Förderungspreis des Landes Niedersachsen

1967   *Gegenzauber*
             Hamburger Lesepreis
             Georg Mackensen-Literaturpreis

1967–1969   Assistant Professor für neue deutsche Literatur
             an der Cornell University, Ithaca, NY. Heirat mit
             Hanna, geb. Meyer (1967)

1968   *Rumpelstilz*
             Fremdkörper
             C. F. Meyer-Preis

1969   *Das Kerbelgericht*
            Mitgespielt

1969–1970   Assistenzprofessor an der Universität Genf

1970   *Papierwände*
            Mitbegründer der Schweizer Autoren-«Gruppe
            Olten»

Seit 1970   a.o. Professor für deutsche Sprache und Literatur
            an der Eidgenössischen Technischen Hochschule
            in Zürich
            Wohnsitz in Kilchberg am Zürichsee. Sohn
            Philipp geboren

1971   *Die Aufgeregten von Goethe*

1972   *Liebesgeschichten*
            Sohn Benjamin geboren

1973   *High Fidelity oder Ein Silberblick*

1974   *Albissers Grund*
            Lesereise in England
            Hermann Hesse-Preis

1974–1977   Mitglied der Kommission für die Vorbereitung
            einer Totalrevision der Schweizerischen Bundes-
            verfassung

1975   *Von Herwegh bis Kaiseraugst*
            Kellers Abend
            Ständeratskandidat der Sozialdemokratischen
            Partei des Kantons Zürich

1976   *Entfernte Bekannte*
            Lesereise Kanada-USA

1977   *Gottfried Keller*
            Vorwort zu Fritz Zorn: *Mars*
            Lesereise nach Österreich

1978   Reise nach China
            Seit 1978 Beiträge für «Blick in die Zeit», SWF 2

1979   *Noch ein Wunsch*
            Gastdozentur für Poetik an der Universität
            Frankfurt/M

1980   *Bayun oder die Freundschaftsgesellschaft*
            Besprechungen 1961–1979

1981   *Literatur als Therapie?*
            Lesereisen in Holland und Italien

1982   *Leib und Leben*
            Lesereise in Taiwan und Japan

1984   *Das Licht und der Schlüssel*
            Literaturpreis der Stadt Zürich

1985   *Empörung durch Landschaften* (Ansprachen)
            Februar-April: «Swiss Writer in Residence» an der
            University of Southern California, LA – Mai:
            Aufenthalt in einem japanischen Kloster

1986   *Goethe als Emigrant*

1986/87	Mehrere Reisen nach Japan im Zusammenhang mit der Arbeit am Film *Deshima* – Lesereise in Portugal
1987	*Der Turmhahn* *Deshima* (Drehbuch)
1987/88	Fellow des Wissenschaftskollegs in Berlin
1990	*Die Schweiz am Ende. Am Ende die Schweiz*
1991	*Zeichenverschiebung* Heirat mit Atsuko, geb. Kanto
1993	*Der Rote Ritter. Eine Geschichte von Parzivâl*
1994	Büchner-Preis *Herr, was fehlt Euch?*
1995	*Nur ausziehen wollte sie sich nicht* *Die Insel, die Kolumbus nicht gefunden hat*
1997	Rede zur Eröffnung des deutschen Germanistentags in Bonn *Wenn Auschwitz in der Schweiz liegt*
1998	*O mein Heimatland!*
2001	*Sutters Glück* Grimmelshausen-Preis Einladung nach Teheran (zus. mit Enzensberger u. Schrott)
2002	*Das gefangene Lächeln*

| 2003/05 | Präsident der Akademie der Künste, Berlin |
| | *Gehen kann ich allein* (2003) |

| 2004 | *Der Schein trügt nicht. Über Goethe* |

| 2005 | *Eikan, du bist spät* |
| | *Was ist europäisch?* |

| Seit 2006 | Teilnehmer an Richard von Weizsäckers «Neuer Mittwochsgesellschaft» in Berlin |

| 2008 | *Wenn es ein Glück ist. Liebesgeschichten* |
| | *Kinderhochzeit* |

| 2010 | *Sax* |

| 2012 | *Löwenstern* |
| | Lesereise nach Griechenland |

| 2014 | *Im Erlebensfall* |

Mitgliedschaften
Akademie der Künste (Berlin), Akademie der Wissenschaften und der Literatur (Mainz), Bayerische Akademie der Schönen Künste (München), Berlin-Brandenburgische Akademie der Wissenschaften (Berlin), Deutsche Akademie für Sprache und Dichtung (Darmstadt), Freie Akademie der Künste (Hamburg)

PERSONENVERZEICHNIS

Aischylos 274
Angst, Fritz 137, 159, 171- 179, 184, 187, 204 f
Attenhofer, Elsie 65

Bachofen, Johann Jakob 92
Bally, Gustav 65
Balzli, Ernst 91
Barlach, Ernst 61, 70–73, 76, 88–101, 107, 116, 132, 215 f, 221–223, 226, 246
Barth, Karl 103
Barthelme, Donald 122, 205
Bauman, Zygmunt 205, 272, 283
Baumgart, Reinhard 237
Beck, Ulrich 205
Beeler, Jürg 227 f
Behnisch, Günter 253
Benn, Gottfried 197, 252
Bichsel, Peter 126, 251
Bigler, Rolf R. 115
Bill, Max 61
Binswanger, Ludwig 64, 93
Bleuler, Eugen 30, 52 f, 55

Blocher, Christoph 163, 167 f, 279
Bodmer, Johann Jakob 62, 195
Boesch, Hans 201
Born, Nicholas 184
Borsche, Dieter 81
Böschenstein, Bernhard 113, 115, 126
Böschenstein, Renate 88, 133
Bräker, Ulrich 21 f, 28 f, 42, 68
Bremi, Ulrich 41
Brunner, Beatrice 54
Brunner, Emil 105, 107
Büntig, Wolf 134–136
Burger, Hermann 129, 132, 152–157, 187 f, 194, 201

Dante 23
Derrida, Jacques 265, 271
Döblin, Alfred 84, 94, 246
Drews, Jörg 227
Dürckheim, Karlfried 213
Durieux, Tilla 221
Dürrenmatt, Friedrich 94, 103, 126, 201

Eckhart, Meister 60, 106, 111, 208, 215–217
Eco, Umberto 160, 265, 271
Ehrenberg, Alain 202 f
Emmy v. N. (s. Fanny Moser, Mutter)
Escher, Alfred 161

Fehr, Hermann 41
Feldenkrais, Mosche 136
Forster, Miriam 57 f
Freud, Sigmund 19, 35, 53, 55–57, 68 f, 78, 88, 146, 155, 179, 182, 185, 198, 218, 238, 248, 280, 282
Freundlich, Otto 82 f
Fried, Erich 227
Frisch, Marianne 122
Frisch, Max 90, 94, 103, 126, 129, 159, 163, 165 f, 201, 234
Fromm, Erich 60, 134
Furgler, Kurt 164

George, Stefan 77, 192
Giddens, Anthony 205
Glinz, Hans 63 f
Goethe, Johann Wolfgang von 62, 64, 131, 195, 226, 276
Gotthelf, Jeremias 91 f
Grass, Günter 113, 165
Gunther, John 72
Gunther, Johnny 72–74, 76, 145, 192 f

Habermas, Jürgen 21, 160, 260, 265, 267, 271
Hackethal, Julius 174
Handke, Peter 184, 266
Harrada Sekkei 111, 209, 213
Härtling, Peter 114, 189
Heidegger, Martin 64 f, 93
Hentig, Hartmut von 115, 261

Hisamatsu Shin-ichi 111, 209
Hölderlin, Friedrich 66, 95, 112, 270
Hotzenköcherle, Rudolf 63

Jahnn, Hans-Henny 94, 222, 246
Jaspers, Karl 245
Jens, Walter 253, 256, 261, 263
Johansen, Hanna (s. Hanna Muschg)
Johnson, Uwe 189
Joller, Melchior 52 f, 55
Jung, Carl Gustav 30, 52 f, 55, 57, 60, 65, 103
Jünger, Ernst 71

Kallimachos 24
Katzenellenbogen, Ludwig 221
Keller, Gottfried 116, 129–133, 154, 161–163, 169, 193, 226, 277
Keller, Wilhelm 65
Kempowski, Walter 153, 158, 200, 227
Kernberg, Otto 179
Kerr, Alfred 199
Kerouac, Jack 61
Kierkegaard, Søren 65, 103
Killy, Walther 112–115, 129 f
Kleist, Heinrich von 84
Kohut, Heinz 179, 181–184, 190, 192, 194, 199
Konrád, György 251, 261
Kühn, Dieter 238

Lasch, Christopher 178 f, 200, 205
Lassalle, Hugo Enomiya 110, 213
Leisi, Ernst 64
Leuwerik, Ruth 81
Liebermann, Max 252, 256
Lindemann, Gisela 115
Loetscher, Hugo 114
Luther, Martin 14

Mann, Heinrich 252
Mann, Thomas 10, 62, 69, 79–81,
    84, 86 f, 93, 153, 156 f, 165, 175,
    178 f, 195–201, 205, 225, 229, 238 f,
    240, 244–249, 257, 283, 291
Marcuse, Herbert 19
Matt, Peter von 95
Mayer, Hans 119
McCarthy, Eugene 121
Merswin, Rulman 219, 223 f
Mesmer, Franz Anton 54, 56
Meyer Rieß 253
Meyer, E. Y. 201
Miller, Alice 20, 37, 175, 179,
    183–189, 192, 194, 200, 205
Miller, Martin 186 f
Morgenthaler, Fritz 137
Moritz, Karl Philipp 21–23, 42
Moser, Fanny (Mutter) 55 f, 280 f
Moser, Fanny (Tochter) 51–57, 59,
    279–281
Moser, Heinrich 55, 279, 282
Moser, Tilmann 184
Müller, Heiner 253
Muschg, Adolf (Vater) 11–17, 20 f,
    24, 27, 29–32, 35 f, 42, 47, 54, 57 f,
    82–86, 88, 91, 241
Muschg, Atsuko, geb. Kanto 209,
    229–235, 239, 261, 266, 285–288,
    301
Muschg, Benjamin 131, 278
Muschg, Charlotte, geb. Iklé 105,
    107, 109, 125
Muschg, Elli, geb. Zollikofer 97
Muschg, Elsa 31, 58, 82 f, 106,
    208
Muschg, Frieda, geb. Ernst
    (Mutter) 11–13, 27, 29–32, 34, 36–
    40, 47, 73, 80, 86, 102, 105, 192 f,
    241–243
Muschg, Hanna, geb. Meyer 115,

121 f, 130, 134, 136, 205–207, 231,
    239, 286
Muschg, Hans 31, 82 f
Muschg, Hedwig 31, 52, 82 f, 85
Muschg, Konrad 115, 237, 278
Muschg, Philipp 131, 278
Muschg, Walter 12, 31 f, 64, 68, 70,
    73, 81–99, 102, 111, 116, 132, 216 f,
    222, 224 f, 244–249

Nietzsche, Friedrich 21, 43–46, 199

Oprecht, Hans 165

Pallmann, Hanns 32
Parin, Paul 137–139, 144, 146 f
Preiswerk, Samuel 53
Pringsheim, Katia 80

Rank, Otto 78
Reemtsma, Hermann F. 98, 222 f
Reich, Wilhelm 134, 176
Reich-Ranicki, Marcel 118, 131, 152,
    184
Rilke, Rainer Maria 24, 66, 95
Roosevelt, Franklin D. 87
Rorty, Richard 247, 265, 283
Ruh, Kurt 33

Schaeffer, Albrecht 76, 78, 84 f, 92
Schauwecker, Alex 233
Schauwecker, Detlev 230
Schauwecker, Nanna 233
Schifferli, Peter 118 f
Schimmang, Jochen 184
Schmid, Karl 65, 129 f, 133, 152 f,
    196
Schöne, Albrecht 113
Schütt, Julian 90–93
Sennett, Richard 204 f, 272
Sontag, Susan 176

Sophokles 67, 238
Soutter, Louis 151, 248
Speer, Albert 252 f
Sprecher, Thomas 93, 133, 249
Staiger, Emil 61, 63–65, 70, 73, 90,
    93–96, 113, 115, 152, 196, 198
Stern, Joseph Peter 71
Straumann, Heinrich 64
Suzuki, Daisetz Teitaro 59–61,
    106, 111, 147 f, 209

Turrini, Peter 227

Vattimo, Gianni 265
Vollmer, Antje 159, 261, 267

Walser, Robert 15, 154

Walter, Otto F. 117
Wapnewski, Peter 237
Weber, Werner 118
Wehrli, Max 62, 234 f
Wellershoff, Dieter 237
Wohmann, Gabriele 119 f, 144
Wolfe, Tom 178 f
Wolfram von Eschenbach 38, 209,
    234–243
Wysling, Hans 129 f, 153, 156, 179,
    196–201

Zangerl, Helen 61, 68, 73 f, 104 f
Ziehe, Thomas 181 f, 200
Zimmermann, Silvia 180
Zorn, Fritz (s. Fritz Angst)
Zwingli, Huldrych 12, 14